나무를
심은
사람들

고규홍 지음

나무를 심은 사람들

이 땅에 누가 왜 나무를 심었을까?

들어가는 말

나무를 심은 사람들의 자취를 찾아서

사람들은 오래전부터 나무를 심었다. 농경문화가 우리 살림살이의 중심에 놓여 있던 때 나무 심는 일은 특별하지 않았다. 일상적이었다. 자식을 낳으면 그들의 앞날을 생각하며 아비는 나무를 심었다. 아들을 낳으면 소나무를 심고, 딸을 낳으면 오동나무를 심었다. 오순도순 살아갈 초가 한 채를 지은 뒤에도 나무를 심었고, 언덕마루에 정자를 지은 뒤에도 나무를 심었다.

농경문화가 우리 문화의 중심에서 조금 빗겨나기는 했다 해도 나무를 심는 일은 여태껏 여전하다. 사람들은 중요한 순간을 오래 기억하기 위해 나무를 심는다. 죽은 사람의 묘지 앞에도 나무를 심고, 조상에게 제사를 올리는 제단 앞에도 나무를 심는다. 한 나라를 대표하는 권력자가 다른 나라를 방문해서도 나무를 심고, 여러 나라의 대표들이 만난 자리에서도 어김없이 나무를 심는다. 얼마 전에는 한반도의 남과 북 정상이 만난 역사적인 자리, 휴전선에도 나무를 심었다.

사람은 나무를 심고, 나무는 사람을 지켜주며 나무와 사람은 그렇게 이 땅에서 오랫동안 더불어 살아왔다. 돌아보면 나뭇결에 담긴 사람살이를 탐색하고, 나무를 심은 사람이 나무에 남긴 뜻을 살피는 것은 이 땅의 인문 역사를 탐구하는 일과 다를 게 없다.

*

길 위에 머물렀던 지난 20년, 나무를 찾아 떠난 길이었지만 돌아보면 나무를 심은 사람, 나무에 기대어 사는 사람, 나무를 지키며 사는 사람들의 자취를 찾아 헤맨 시간이기도 하다. 처음에는 나무가 좋아서 길을 떠나 이 땅의 큰 나무를 찾아다녔다. 그러나 나무를 찾아 나무 앞에 머물던 시간에 나를 찾아온 것은 나무보다 먼저 그 나무를 심은 혹은 나무에 기대어 사는 사람들이었다. 나는 나무를 찾아갔지만 나무보다 더 많은 사람을 만났다.

신라시대 때에 왕비의 병을 낫게 한 스님들을 위해 절집을 짓고 나무를 심은 임금이 있었는가 하면, 어린 나이에 임금의 자리에 올라 갈팡질팡하는 사이 숙부의 칼에 왕위를 빼긴 뒤 외딴곳으로 쫓겨나 슬픔을 씹어 삼키던 조선의 임금도 만났다. 그 어린 임금은 가슴속 깊은 곳에 담긴 한을 이겨내기 위해 나무에 기대어 새로운 치유의 신화를 지어냈다. 왕위를 차지하기 위해 조카를 몰아냈던 임금은 자신의 권위를 높일 수 있는 나무의 전설을 만들어야 했고, 외딴 절집에 한 그루의 나무를 심으며 평안을 빌었다.

학문의 길에 나선 천 년 전의 대학자도 나무를 심었다. 세상의 풍진에 염증을 느낀 선비는 속세의 이야기들로 더러워진 귀를 깨끗이 씻은 뒤 오랜 세월 동안 거친 걸음을 지탱해주던 지팡이를 개울가에 꽂고 자신을 따르던 사람들에게 "이 지팡이가 나무로 살아 자라나면 나도 어디엔가 살아 있을 것이고, 나무가 죽으면 나도 따라서 죽은 것으로 알라"는 말을 남겼다. 한 그루의 나무를 자신의 삶과 동일시한 것이다.

개혁 정치를 이루려는 선비들도 나무를 심었다. 고상한 취미를 가지고 늘 삶을 여유롭게 즐기던 선비들은 흔히 소나무나 대나무를 즐겨 심고 나무 그늘에서 거문고를 뜯으며 풍류를 즐겼지만, 남도의 어느 고을에 살던 선비들은 남몰래 모여 동백나무를 심었다. 왜 하필 동백나무였는지는 알 수 없다. 기록으로 남기지 않아서다. 그러나 나무를 가만히 바라보며 나무의 특징을 하나둘 톺아보면 나무줄기에서 배어 나오는 옛 선비들의 한 많은 목소리를 들을 수 있다. 하고많은 나무 중에 동백나무를 골라 심은 뜻은 서서히 드러난다, 분명하게!

오래도록 불가의 전통을 이어온 탓에 큰 절집이 많은 이 땅에는 스님의 이름이 담긴 나무도 헤아릴 수 없이 많다. 대개의 경우 스님들의 나무는 평소 짚고 다니던 주장자, 즉 지팡이를 꽂았는데 그게 저절로 자라서 큰 나무가 되었다는 믿기 어려운 전설과 함께 남았다. 과학적으로 믿을 수 있느냐 없느냐를 따지는 것은 의미 없는 일이다. 다만 왜 그 나무에 그 스님의 혼이 담긴 이야기가 더불어 전하게 되었는지 절집의 사연이 더 궁금해질 뿐이다.

이름도 남기지 않고 하늘에 기대어 살던 우리의 평범한 아버지들도 나무를 심었다. 극심한 보릿고개를 넘기지 못하고 젖먹이 어린 아이를 죽음에 들게 했던 아비들은 죽어 넋이 된 아이를 위로하기 위해 나무를 심었다. 이팝나무였다. 그런 나무들이 한두 그루가 아니겠지만 뚜렷한 증거로 남은 나무는 그리 많지 않다. 그래서 몇 그루 남지 않은 오래된 이팝나무는 소중할 수밖에 없다.

*

얼마 전에 우리의 역사 이야기를 맛깔나게 이야기하는 젊은 역사 연구자와 방송 프로그램에서 긴 시간 동안 이야기를 나눈 적이 있다. 그는 우리의 역사 속에 기록으로 남은 이야기들을 풀어놓았고, 나는 나무에 담긴 사람의 입에서 입으로 전해오는 한 많은 이야기들을 풀어냈다. 한참 이야기를 나눈 뒤 그는 “우리가 어렴풋이 짐작은 하고 있었지만 기록으로 남겨지지 않아 정확히 알 수 없었던 사람살이의 역사가 나무에 담겨 있었다. 나무에 담긴 이야기를 통해 우리 역사의 빈자리를 마치 퍼즐 맞추듯이 꿰맞추게 되었다”고 말했다. 그렇다. 나무는 필경 살아 있는 사람의 역사다.

다시 나무를 심은 사람으로 그래서 백범 김구 선생을 떠올린다. 김구 선생도 나무를 심었다. 김구 선생은 광복 후 우리나라로 돌아와 일제 강점기의 치욕스러운 역사의 현장을 돌아보았다. 자신이 승려로 살 결심을 하고 머물렀던 공주 마곡사에 들러 향나무와 무궁화를 심었다고《백범일지》에 손수 기록했다. 그가 심은 무궁화는 지금 찾아볼 수 없지만 한 그루의 향나무는 여전히 살아남았다. 나무는 일제 침략이라는 수치스런 역사와 그 극복 운동의 역사 자체다.

디지털시대에도 나무 심는 일은 끊이지 않는다. 예전의 일상적인 일과 달리 나무 심는 일은 더 중요한 일이 되었다. 미세먼지의 습격을 견디기 힘들어하는 요즈음 사람들은 나무를 이야기하고, 다시 나무를 심는다. 나무 심는 일은 우리 삶의 모든 순간순간 필수적이었고, 앞으로도 언제까지나 필수적인 삶의 과정일 수밖에 없다. 따지고 보면 나무 없는 삶이란 있을 수 없다. 결국 세상의 모든 삶은 나무와 더불어 이어졌으며 나무를 통해 기억될 것이고, 나무를 심은 사람은 곧 그때의 모든 역사를 나무 안에 오래 기억시키기 위해 안간힘을 쏟았다.

나무를 찾아 떠난 길에서 만난 사람들의 이야기로 한 권의 책을 엮는다. 순전히 나무를 심은 사람을 중심으로 한 나무 이야기다. 앞에서 이야기한 역사 연구자의 말처럼 우리가 잘 알고는 있지만 구체적인 증거가 없는 역사일 수 있다. 나무가 그 증거로 살아남아 지금 우리에게 옛 역사의 증거가 된 경우다. 나무 안에 담긴 사람의 자취를 더 오래 소중하게 간직할 수 있는 계기가 되기를 바란다.

2019년 세밑에

고규홍

차례

2장 곁에서 숨 쉬는 존재가 전해줄 위로

3장 윤회의 굴레에서 언젠가 시들더라도

4장 더불어 배부른 웃음 지으려면

5장 마땅히 있어야 할 자리를 찾아

1장

꼬장꼬장해도 올곧은 마음일 수 있다면

최치원

세상사에 실망한 은둔거사의 자취

우리의 정신문화를 이끌었던 옛 선비들은 자신과 나무의 생명을 동일시하는 경우가 많았다. 중요한 일이 있을 때마다 나무를 심은 것은 물론이고, 길라잡이를 해온 지팡이를 의미 있는 장소에 꽂았다는 이야기도 심심치 않게 들을 수 있다.

고운(孤雲) 최치원(崔致遠, 857~?)도 그런 선비 중 한 사람이다. 통일신라시대 말기인 857년(헌안왕 1)에 태어난 최치원은 어린 시절 당나라로 유학을 떠나 그곳에서 여러 벼슬을 두루 거치며 명문장가로 이름을 떨친 신라의 대표적인 학자다.

특히 반란을 일으킨 황소(黃巢)를 토벌하기 위해 지은 〈토황소격문(討黃巢檄文)〉은 그의 대표적인 명문으로 널리 알려져 있다. "무릇 바른 것을 지키고 떳떳함을 행하는 것을 도(道)라 하고, 위험한 때를 당하여 변통하는 것을 권(權)이라 한다. 지혜로운 사람은 때에

순응하여 성공하지만 어리석은 자는 이치를 거슬러 패하는 법이다(夫守正修常曰道 臨危制變曰權 智者成之於順時 愚者敗之於逆理)"로 시작하는 〈토황소격문〉에서 최치원은 "세상 사람이 모두 너를 죽이려고 생각할 뿐 아니라, 지하의 귀신까지도 몰래 베어 죽이려고 의논하리라(不唯天下之人皆思顯戮 仰亦地中之鬼已議陰誅)"라고 엄포를 놓는가 하면, "귀순하면 영화롭게 되어 원하는 바를 이룰 것(曷若順而榮貴 但所望者)"이라며 회유하기도 했다. 난을 일으킨 황소가 최치원의 격문을 읽다가 놀라서 침상에서 떨어졌다는 일화가 전할 만큼 뛰어난 명문이었다. 그때 당나라 사람들 사이에서는 "황소를 격퇴한 것은 칼이 아니라 최치원의 붓이다"라는 말이 나돌 정도로 최치원의 문장은 천하에 위력을 떨쳤다.

열일곱 해의 당나라 생활을 접고 고국으로 돌아온 최치원은 스물여덟 살의 청춘이었다. 인생 전체를 통틀어 가장 혈기 왕성하다고 할 수 있는 나이다. 신라 헌강왕 때인 885년이었다. 그러나 귀국해 한 해도 채 지나지 않은 이듬해 여름에 헌강왕이 세상을 떠났다. 그러자 최치원과 의견이 달랐던 헌강왕의 반대 세력들은 최치원을 지방 외직으로 내몰았다. 세상살이에 대한 의욕이 충천해 있던 최치원은 뜻을 이루지 못한 채 쫓겨나는 신세가 되고 말았다.

그리고 얼마 뒤 신라는 내란 상태에 빠져들었다. 국가의 창고가 텅 빌 정도로 재정은 궁핍해졌고, 농민은 사방에서 봉기했다. 혼란은 걷잡을 수 없었다. 지방 외직을 전전했지만 세상을 바로잡겠다는 개혁 의지를 접어둘 수 없을 만큼 여전히 의욕적이던 최치원은 구체적인 개혁안을 담은 '시무십여조(時務十餘條)'를 진성여왕에게 올렸다. 진성여왕은 최치원의 시무책을 받아들였다. 하지만 골품제도의 그늘에 안주하던 성골과 진골 출신의 귀족들은 육두품의 최치원이 올린 개혁안을 받아들일 수 없었다.

최치원은 점차 현실 정치와 세상사에 염증을 느끼고 은둔 생활을 하기로 결심했다. 당대 최고의 문장가이자 유교·불교·도교를 통합한 새로운 사상을 펼칠 풍운아 최치원이 마흔을 넘긴 때였다. 그가 경상남도 가야산으로 들어간 것은 그래서였다. 그 뒤 그의 행적은 별다른 기록이 남아 있지 않아 정확히 알 수 없다. 천하를 방랑하다가 객사했다고도 하고, 하늘로 올라가 신선이 되었다고도 하는 이야기만 떠돌 뿐이다.

사람은 그렇게 자취를 남기지 않고 사라졌지만, 그가 은둔 생활 중에 손수 심었다고 알려진 나무는 천년의 세월을 견디며 여전히 생생하게 살아남았다. 2012년 천연기념물 제541호로 지정된 합천 학사대 전나무가 바로 그 나무다. 그러나 이 원고를 탈고하고 한창 편집 중이던 지난 2019년 9월 한반도 남부지방에 불어온 강력한 태풍 '링링'의 습격으로 줄기가 부러졌다. 천연기념물을 관리하는 문화재청 정재숙 청장은 이 나무가 생물학적 가치를 상실했지만, "뿌리를 보존 처리하고 후계목(後繼木)을 심어 역사를 기리는" 등 나무의 가치를 오래도록 기념하고 활용할 방안을 연구하겠다고 했다. 하지만 나무의 원형을 다시는 볼 수 없게 되었다.

학사대는 합천 가야산 해인사 경내의 서쪽 가장자리에 자리잡은 청화당 뒤편 낮은 둔덕을 가리키는 이름으로, 최치원이 비운에 빠진 고국의 운명을 설워하며 거문고를 타면서 시간을 보내던 곳이다.

비운에 빠진 나라의 운명을 설워하며 꽂은 지팡이에서 나무가 자라다.

- 합천 학사대 전나무

최치원은 학사대 한가운데에 자신이 편히 쉴 곳의 표시로 늘 짚고 다니던 지팡이를 꽂았다. 해인사 요사에서 밤을 보낸 최치원은 동이 트면 하릴없이 지팡이를 꽂아놓은 학사대에 나와 거문고를 뜯으며 우울한 마음을 달래곤 했다. 세월 흐르면서 최치원의 지팡이에서는 싹이 돋아났다. 그리고 그로부터 천 년이 지난 지금까지 쑥쑥 자라 하늘을 찌를 듯 높지거니 솟아올랐다. 마침내 한 그루의 융융한 전나무가 되었다.

줄기가 부러지기 전의 학사대 전나무는 전형적인 전나무와는 사뭇 다른 모습이었다. 나무줄기의 껍질과 잎은 분명 전나무이지만, 대개의 전나무가 곧은 줄기 하나로 우뚝 솟아오르는 것과 달리 줄기가 5미터쯤 솟아오른 뒤 둘로 갈라졌다. 갈라진 두 줄기는 모두 중심에서 조금씩 벗어나면서 비슷한 굵기로 자랐다. 한 줄기는 곧게 자랐지만, 다른 한 줄기는 비스듬히 자라다가 다시 하늘로 곧게 솟구쳤다. 아래쪽을 가리고 멀리서 보면 영락없이 두 그루의 전나무로 보인다. 어쩌면 긴 세월을 살아오는 동안 중심이 되었던 줄기는 오래전에 부러지고 부러진 줄기 위에 두 개의 새로운 줄기가 나온 것일지도 모른다. 줄기가 둘로 갈라지기 전 사람 가슴 높이쯤에서 잰 줄기의 둘레는 5.5미터에 이른다. 이 굵기는 우리나라 전나무 중에서 가장 굵은 것이다. 줄기의 굵기에 비하면 키는 작은 편으로 19미터밖에 되지 않는다. 작지만 옹골차게 느껴지는 것은 키에 비해 다부진 근육질로 굵어진 줄기 때문이지 싶다.

최치원의 지팡이가 자라났다는 전설대로라면 천 살이 훨씬 넘은 나무로 봐야 한다. 우리나라에 살아 있는 전나무뿐만 아니라 다른 종류의 모든 나무를 통틀어서 가장 오래된 몇 그루의 나무 중 하나로 봐야 한다. 그러나 다른 곳에서 자라는 전나무의 자람을 바탕으로 보면 학사대 전나무의 나이는 수긍하기 어려운 것도 사실이다. 이 전나무가 최치원이 심었다는 나무의 손자뻘이 되는 나무 아니겠느냐는 짐작이 나오게 된 까닭이다. 그러나 한자리에서 대를 이어 나무의 후계목이 자라났다는 이야기 역시 확실한 근거는 없다. 다만 은둔한 선비 최치원의 삶을 상징하는 나무였다는 의미만 남았다.

그나마 몰아쳐온 태풍을 이겨내지 못하고 쓰러지는 바람에 얼마 전의 특별한 위용을 다시는 볼 수 없게 되어 안타까울 뿐이다. 그러나 안타까움은 여기서 잠시 접어두자. 어차피 나무도 살아 있는 생명인 이상 생로병사의 굴레에서 벗어날 수 없는 법이니까.

다행스러운 것은 최치원이 심었다는 또 하나의 나무가 있다는 사실이다. 속세를 떠나 해인사에 은거했지만 세상 소식으로부터 귀를 막을 수 없었던 최치원은 마침내 해인사에서조차 떠나기로 마음을 굳혔다. 사람을 아예 만날 수 없는 지리산 깊은 곳이 다음 행선지였다. 해인사를 떠난 그는 하동 쌍계사 옆을 흐르는 화개천을 따라 걸었다. 한참을 걷던 그는 개울가의 커다란 너럭바위에 이르러 잠시 다리쉼을 하면서 계곡 사이로 내다보이는 지리산 천왕봉 골짜기 깊숙이 들기로 작정했다. 그러고는 속세의 이야기들로 더러워진 귀를 씻은 뒤 해인사에서부터 짚고 온 지팡이를 개울가에 꽂았다. 그는 자신을 따르던 시종들을 그 자리에서 물리칠 생각으로 "이 지팡이가 나무로 살아 자라나면 나는 어딘가 살아 있을 것이고, 나무가 죽으면 나도 따라서 죽은 것으로 알라"는 말을 남겼다.

“이 나무가 죽으면 나도 따라서 죽은 것으로 알라.”

- 하동 범왕리 푸조나무

쌍계사의 유명한 벚꽃길을 지나면 칠불사(七佛寺)와 대성골 쪽으로 가는 갈림길이 나온다. 이 개울가 삼거리가 바로 최치원이 세속과 마지막 이별례를 치른 곳이다. 그가 더러워진 귀를 씻었다는 개울가의 너럭바위를 뒤에 남은 사람들은 세이암(洗耳岩)이라고 불렀고, 사람들은 그가 꽂아놓은 마지막 지팡이를 바라보면서 그의 안부를 확인하며 지냈다. 그로부터 얼마 뒤 신기하게도 지팡이는 그 자리에 튼튼히 뿌리를 내렸고, 이내 초록 싹이 돋아났다. 이후 천 년에 걸쳐 지팡이 나무는 무럭무럭 자라서 한 그루의 커다란 푸조나무로 우뚝 섰다. 최치원이 귀를 씻은 너럭바위 앞을 흐르는 개울 건너 100미터쯤 떨어진 곳에 서 있는 하동 범왕리 푸조나무가 그 나무다. 경상남도 기념물 제123호다.

이름이 다소 이국적으로 느껴지는 푸조나무는 남부지방에서 잘 자라는 우리 토종 나무로, 가지가 넓게 퍼져서 느티나무처럼 정자나무로 많이 심어 키운다. 주로 따뜻한 바닷가에서 자라는 까닭에 중부 내륙지방에서는 보기 어렵다. 이곳 범왕리와 같은 내륙의 산중에서 이처럼 크게 자란 푸조나무를 보는 것은 흔치 않은 일이다.

하동 범왕리 푸조나무의 중심 줄기는 튼실하게 버티고 있지만, 세월의 풍진을 이겨내지 못하고 여러 개의 굵은 줄기가 부러져나갔다. 그러나 키 25미터, 가슴높이 줄기 둘레 6.25미터나 되는 하동 범왕리 푸조나무는 여전히 늠름한 생김새를 잃지 않았을 뿐 아니라 싱그러운 푸른 잎을 무성하게 돋아낼 만큼 건강한 편이다. 높이로는 우리나라의 푸조나무 중 으뜸이다.

학사대 전나무와 마찬가지로 하동 범왕리 푸조나무도 최치원의 지팡이에서 싹이 돋아 자랐다는 전설을 가지고 있으니, 두 나무 모두 1천 살을 넘긴 나무여야 한다. 그러나 학사대 전나무가 그랬듯이 하동 범왕리 푸조나무도 아무리 높게 보아야 400살 이상으로 보기 어렵다.

지팡이가 자라났다는 전설을 곧이곧대로 믿기 어려운 것처럼 전설 속의 나이 역시 그대로 받아들이기는 어렵다는 이야기다. 세상의 모든 전설은 합리적 근거를 바탕으로 하지 않는다. 상징이고 은유일 뿐이다. 사람들은 나무의 용맹한 자람을 보고 선조의 위대함을 떠올렸고, 그의 위대한 가르침을 오래 기억하기 위해 나무에 기대어 은유를 만들어낸 것이다. 나무와 그의 전설에는 사람살이의 중요한 가르침이 담긴 것이다. 과학의 시대에 터무니없어 보이는 나무의 전설에 귀를 기울여야 하는 까닭이다.

강회백

옛 주인을 반긴 고고한 암향

불현듯 내 살던 고향 찾아오니　　偶然還訪石山來
한 그루 매화 향기 뜰 가득 맑다　　滿院淸香一樹梅
무심한 나무도 옛 주인을 알아보고　　物性也能至舊主
눈 속에서 나를 향해 은근히 피어난다　　慇懃更向雪中開

젊어서 나무를 처음 심은 사람이 나이 들어 고향 땅에 돌아왔다. 오랫동안 보지 못한 나무이지만 나무는 오래전에 자신을 손수 심고 가꿨던 주인을 알아보고, 눈 내린 차가운 겨울날 은은한 꽃향기를 뜨락 가득 채운다. 아련한 향수와 함께 나무와 사람이 나누는 교감을 절감하게 하는 칠언절구의 한시 〈단속사수종매(斷俗寺手種梅)〉다.

이 시의 지은이는 고려 말 여러 벼슬을 거쳐 이조판서에 이르렀다가 나중에는 정당문학(政堂文學)이라는 벼슬에까지 오른 통정(通

亭) 강회백(姜淮伯, 1357~1402)이고, 옛 주인을 알아보고 향기를 그윽이 뿜어낸 나무는 강회백이 어린 시절 손수 심어 가꾸던 매실나무다. 나무가 서 있는 자리는 경상남도 산청군 단성면 운리 단속사(斷俗寺) 터다. '세속과 연을 끊는다'는 다소 비감한 느낌의 이름을 가진 절집 단속사는 8세기 중엽에 창건한 신라의 고찰로, 한창때는 승려 100명이 넘게 머무를 만큼 큰 절이었다. 하지만 정유재란(丁酉再亂) 때 불에 타 모든 전각이 소실되고 지금은 터만 남았다. 폐허가 된 절터에는 당간지주와 삼층석탑이 있으며, 터 주변에는 금당지와 강당지 등의 초석이 남아 있어 신라시대 때 지은 절집의 구조를 확인할 수 있다.

강회백이 시에서 노래한 나무는 그와 그의 형제 회중(淮仲)이 단속사에서 공부하던 어린 시절에 심은 나무라고 한다. 그 시기를 대략 1372년경으로 짐작하는 근거다. 무려 650년 정도 되는 나무다. 사람들은 우리나라의 매실나무 중 가장 오래된 이 나무를 정당매라고 부른다. 정당문학을 지낸 강회백이 심은 나무라서 그의 벼슬 이름을 붙여 부르는 것이다.

1982년 11월 10일 보호수로 지정된 정당매는 키가 3.5미터 정도 된다고 산림청 기록에 남아 있지만 이미 수명을 다한 상태나 매한가지다. 이른 봄, 3월쯤이면 여전히 매화꽃이 피어나기는 하지만 예전의 아름다움은 잃었다. 기세가 좋던 때의 정당매는 네 개의 줄기가 높이 솟아오르며 역삼각형 모양의 아름다운 모습이었지만, 지금은 세 개의 크고 굵은 줄기가 말라 죽었고 한 개의 줄기에만 겨우 생명이 남았다.

이 자리에 나무를 심은 강회백은 어린 시절부터 재주가 출중해 단속사 스님들의 사랑을 받았다고 전한다. 글공부를 마친 그가 단속사를 떠나 중앙 정계에 진출해 활동할 때에도 단속사의 스님들은 강회백을 기리며 그가 심은 매실나무를 애지중지 보살폈다.

세월이 지나 나무를 심은 강회백이 세상을 떠난 뒤 그의 후손들은 나무 곁에 비각을 세웠다. 나무를 길이길이 잘 보전하려는 정성이다. 비각에는 매실나무를 감상하고 칭송하는 시문(詩文)을 섞어 넣었다. '정당매각(政堂梅閣)'이라고 비각의 이름을 정하고, 정갈한 현판도 걸었다. 비각 안의 비석에는 비각을 세운 이유를 적은 '정당매각기(政堂梅閣記)'와 강회백의 시, 강회백 후손들이 지은 시 등 여러 편의 시가 들어 있어 정당매의 역사를 살펴볼 수 있다.

650년 전에 처음 심은 정당매. 세월의 풍진을 이겨내지 못하고 이제는 마침내 생명의 끈을 내려놓아야 하는 상황에 처했다. 그러나 지금 가늘게 생명을 이어가는 정당매는 예전에 강회백이 심은 정당매가 아니다. 여러 기록에서 살펴볼 수 있지만, 특히 탁영(濯纓) 김일손(金馹孫)이 남긴 '정당매시문후(政堂梅詩文後)'는 그 대표적인 기록이다. "이 자리에서 매실나무가 자라기 시작한 것은 600년이 넘었다. 처음에는 단속사에서 공부하던 강회백이 심었다. 그러나 강회백의 매실나무는 100년 넘게 살다가 죽었다. 그 뒤 강회백의 증손인 강용후가 1487년 묵은 뿌리 곁에 새 뿌리를 옮겨 심은 것이 오늘의 정당매"라고 했다. 강회백의 손자이며 《양화소록(養花小錄)》을 남긴 강희안(姜希顔)도 정당매에 대해 쓴 글이 있는데, 그 글에서도 역시 강회백의 매실나무는 거의 죽은 것으로 다음과 같이 묘사했다.

"불현듯 내 살던 고향 찾아오니 한 그루 매화 향기 뜰 가득 맑다."

– 산청 운리 단속사 터 정당매

"단속사에 통정이 손수 심은 매화를 중들이 매년 북을 주고 잘 길러 가지와 줄기가 구불구불하고 이끼가 덮여 있었다. 그 밑에 아직 죽지 않은 한 자 남짓한 낡은 등걸이 있다." 다시 말하면 강회백이 심은 650년 전의 매실나무는 이미 죽었고, 지금의 매실나무는 강회백의 증손인 강용후가 심은 530년이 조금 넘은 나무라는 이야기다. 물론 530년이라는 나무의 나이 역시 여느 매실나무에 비하면 매우 오래된 것이지만, 우리나라에서 가장 오래된 매실나무라는 이야기는 고쳐야 하지 않을까 싶다.

강회백의 정당매를 이야기할 때 빼놓을 수 없는 사람이 한 명 더 있다. 조선 성리학의 최고 학자인 경상좌도의 이황과 함께 당대 경상우도를 이끈 남명학파의 거두인 조식(曺植)이다. 사명대사 유정(惟政, 1544~1610)이 단속사에 주석하던 때에 조식을 찾아가 만난 적이 있다. 단속사에서 멀지 않은 산청군 시천면 사리에 있는 조식의 서재, 산천재(山天齋)에서였다. 이때 조식은 사명대사에게 준 시에서 헤어질 때를 기억하라며 그때를 '정당매의 열매가 푸르게 맺을 때'라고 했다. 사명대사가 머무르던 단속사 안에서 자라던 정당매에 대한 기억을 떠올린 시였다.

그러나 평생 은둔처에서 은사의 품격을 유지하며 살았던 조식에게 강회백의 행태는 탐탁지 않았다. 고려의 마지막 왕인 공양왕 때 세자의 스승이 되는 등 벼슬을 누렸던 강회백이 고려가 망하고 조선이 들어선 뒤인 1398년(태조 7)에 다시 조선의 임금을 섬기는 벼슬자리에 나아간 처신이 불만스러웠던 것이다. 그즈음에 조식이 단속사를 찾은 적이 있었는데 마침 정당매가 꽃을 피웠다. 강회백의 매화꽃을 보며 조식은 시 한 수를 지었다.

절은 무너앉고 스님도 기력을 잃고 산도 바뀌었는데	寺破僧羸山不古
옛 임금은 집안 단속을 제대로 못 했나보다	前王自是未堪家
조물주는 추위 뚫고 피어난 매화의 사정을 그르쳐	化工正誤寒梅事
지난날에 피었던 꽃이 오늘도 다시 꽃피운다	昨日開花今日花

한겨울에도 지조를 지키며 꽃 피우는 매화의 품격을 생각하니, 멸망한 나라 고려의 임금을 섬기던 지조를 지키지 못하고 다시 조선의 임금을 섬긴다는 것이 말이 되냐는 질타였다. 남명 조식도 매화를 좋아했고, 손수 나무를 심어 키웠다. 그가 심은 매실나무는 지금까지 남명매라는 이름으로 그의 서재인 산천재 뜨락에서 잘 자라고 있다. 정당매와 남명매는 모두 산청 지역에서 자라는 오래된 매실나무로, 지금은 죽어서 잎도 나지 않는 원정공(元正公) 하즙(河楫)의 원정매와 함께 산청삼매로 불린다.

불굴의 절조를 가지고 세속과 연을 끊은 절집에 들어 꿋꿋한 선비의 삶을 배우고자 했던 강회백이나 은둔의 삶을 실천한 진정한 은사(隱士) 조식과 같은 훌륭한 선비의 삶을 곁에서 더 아름답게 빛내주고 먼 훗날까지 그들의 삶을 전해준 정당매와 남명매는 언제부터인가 아름다움을 잃고 이제 새로운 운명을 준비하고 있다.

맹사성

명재상이 600년간 나눠준 씨앗

조선시대 세종 때 우의정과 좌의정을 모두 거친 명재상 고불(古佛) 맹사성(孟思誠, 1360~1438)은 우리 역사를 통틀어 청백리의 상징으로 기억되는 인물이다. 기록에 따르면 그는 정사를 다룰 때에는 과단성 있고 엄격했지만, 평소에는 소탈하고 어진 품성을 지닌 인물이었다. 출중한 능력을 널리 인정받아 세종 때 좌의정에 올라 역대 좌의정 가운데 가장 오랫동안 자리를 유지했다.

당대 최고의 권좌에 있으면서도 그는 평범한 백성이 찾아오면 몸소 대문 밖까지 나가 맞이했을 뿐 아니라 윗자리에 모시기도 했으며, 헤어지는 순간에도 공손하게 배웅했다고 한다. 지위에 어울리지 않게 황소를 즐겨 타고 다녀서 지나치는 사람들은 그가 최고의 권력자라는 것을 알아보지 못한 경우가 많았다고 한다.

그의 소박한 품성과 가난한 청백리로서의 삶을 엿볼 수 있는 흔적이 있다. 바로 충청남도 아산시 배방읍 중리에 남아 있는 그의 옛 살림집, 이른바 '맹사성 고택'이다. 우리나라에서 가장 오래된 살림집이기도 한 이 고택은 오래전이라고는 하지만 재상의 살림집이라고 믿기 어려울 만큼 작고 초라하다.

맹사성 고택은 고려 말에 최영(崔瑩, 1316~1388) 장군이 처음 지었다. 최영 장군이 집을 지은 뒤 마루에 누워 낮잠을 자는데, 난데없이 용 한 마리가 나타나 집 앞의 돌배나무를 타고 하늘로 올랐다. 꿈이었다. 깨어나 바깥을 보니 한 어린아이가 돌배나무에 올라가 주인 허락도 없이 돌배를 따고 있었다. 최영이 꾸짖자 아이는 당황하지 않고 예를 갖추어 용서를 청했다. 자칫 줄행랑을 놓기만 하는 여느 아이들과는 사뭇 달랐다. 어리지만 늠연한 태도를 갖춘 어린 맹사성이었다. 맹사성의 됨됨이를 알아본 최영은 그 뒤로 그를 무척 아꼈다고 한다. 나중에는 마침내 그를 자신의 손녀사위로 받아들이고는 꿈속에서 용이 타고 올랐던 돌배나무가 서 있는 자신의 집을 물려주었다. 그 집이 맹사성 고택이다.

H자형으로 지어진 정면 4칸, 측면 3칸의 맞배지붕의 이 앙증맞은 집은 두 칸의 대청과 양쪽 한 칸씩의 온돌방으로 이루어졌다. 꼭 필요한 것 이상은 안에 들여놓을 수 없을 만큼 단출하고 소박한 집이다.

이 작은 집을 크게 느낄 수 있는 것은 여기에서 삶을 꾸려나간 큰 인물의 흔적이 남은 곳이라는 선입견 때문이기도 하겠지만, 마당 가장자리에 솟아오른 한 쌍의 커다란 은행나무 때문임이 틀림없다. 큼직한 몸피 때문이기도 하지만 맹사성이 이 집에 살던 때 손수 심고 가꾼 나무라는 점에서 눈길을 끄는 나무다. 그때가 600년 전이니

600년 세월의 풍파를 겪었지만 두 나무는 여전히 기품을 잃지 않았다.

- 아산 맹씨행단 은행나무

은행나무는 무려 600살이나 된 큰 나무다.

맹사성은 이 집에서 살림을 꾸리면서 마당에 나무를 심었다. 여러 나무 가운데 그는 은행나무를 골랐다. 공자(孔子, BC 551~BC 479)가 제자들을 가르칠 때에 은행나무 그늘에서 가르쳤다는 이야기에 따라 조선시대 유학자들이 많이 심었던 나무다. 오래된 향교나 서원에서 커다란 은행나무를 쉽게 볼 수 있는 건 그런 이유에서다. 유학(儒學)을 국가의 이념으로 따르던 조선의 재상 맹사성이 자신의 집 뜰에 은행나무를 심은 것도 이와 무관하지 않다고 보아야 한다. 맹사성은 나무를 잘 키우기 위해 나무 둘레에 단을 쌓아올렸는데, 이를 마을 사람들은 '맹씨행단'이라고 부른다. '행단(杏壇)'은 공자가 학문을 설파하던 자리를 일컫는 이름이기도 하다.

마주 보고 서 있는 두 그루의 은행나무가 모두 맹사성이 함께 심은 나무라고 하는데, 규모에서는 서로 적잖은 차이를 보인다. 나무 앞에 세워둔 보호수 안내판에는 나무의 키가 35미터, 줄기 둘레가 9미터라고 되어 있지만 이는 한창때의 규모로 생각된다. 지금은 키나 줄기 둘레 모두 안내판의 수치보다 작아 보인다. 특히 중심이 되는 줄기가 썩어 부러져나간 큰 나무는 줄기 둘레를 측정하기도 어렵게 되었다. 하나의 줄기보다는 줄기 바깥에 무성하게 돋아나 자란 맹아지(萌芽枝)의 규모가 크기 때문에 기준을 잡고 측정할 대상이 마땅치 않기 때문이다. 중심 줄기가 없어 허전한 느낌을 자아내지만 무성한 맹아지 탓에 여전히 거목(巨木)의 기품은 잃지 않았다.

둘 중에 작은 나무는 키와 줄기 모두 훨씬 작다. 똑같은 특징을 갖는 같은 종류의 나무라고 하더라도 지나온 세월이 길다 보니 자연스레 드러난 차이다. 작은 나무도 여전히 전체적으로는 튼실하고 싱그러운 자태를 잃지 않았다. 얼핏 보아서는 같은 시기에 심은 나무라는 사실을 의심할 수도 있다. 그러나 가만히 보면 이 작은 나무 역시 세월의 흔적을 역력히 보여준다. 마주 선 나무가 워낙 크기 때문에 작아 보이기는 하지만 이 나무 홀로 서 있는 경우라면 결코 작다고 할 수 없다. 두 그루의 나무가 바로 옆에 나란히 서 있다고 해서 사람들은 쌍행수(雙杏樹)라고 부른다. 600년을 살아오면서 세월의 풍파에 숱하게 많은 가지들이 찢기고 부러졌지만 여전히 나무는 씨앗인 은행을 무성하게 맺는다. 맹사성 고택을 잘 관리하기 위해 고택 바로 아래에 살림채를 짓고 머무르는 신창 맹씨 21대손인 맹건식 노인은 이 은행나무가 해거리를 하기 때문에 은행을 거두는 양이 일정하지는 않지만 잘 열릴 때에는 2가마니 정도의 열매를 거둔다고 한다. 그러나 최근 들어 나무가 점점 기력을 잃어가면서 은행의 양은 더 줄었다고 아쉬워한다. 그래도 적게나마 은행이 열리면 고약한 냄새에도 불구하고 잘 갈무리해두었다가 필요한 사람들에게 나눠준다.

맹사성이 특별히 나무를 사랑했다는 기록이나 또 그가 남긴 글 중에서도 나무를 예찬한 흔적을 찾을 수는 없다. 하지만 그의 고택 주변에서는 그가 손수 나무를 심었다는 흔적을 또 하나 찾아볼 수 있다. 고택 뒤편으로 이어진 야트막한 언덕 중간에 있는 구괴정(九槐亭)이 그곳이다. 이 정자는 맹사성이 이 집에 살던 때 그를 자주 찾아오던 황희(黃喜, 1363~1452), 권진(權軫, 1357~1435) 정승과 함께 시간을 보낸 곳이다. 세 명의 재상이 자주 만난 정자라고 해서 '삼

세 정승은 마을 들판이 내다보이는 정자에 앉아 백성의 사정을 살폈다.

- 아산 구괴정 느티나무

상당(三相堂)'이라고도 부른다. 아쉽게도 당시의 건물은 오래전에 무너앉았고, 여러 차례에 걸쳐 복원한 새 정자가 옛 자리에 남아 있다.

세 정승 모두 백성들로부터 지극한 존경을 받던 어질고 지혜로운 재상이었다. 맹사성을 찾아온 그들은 마을 들판이 내다보이는 언덕 위의 정자에 앉아 들일하는 백성의 사정을 살폈다. 지금도 이 구괴정에서 내다보는 마을 풍경은 맹사성 고택 주변에서 내다볼 수 있는 가장 삽상한 풍경이다. 세 명의 정승은 이 상큼한 풍경을 내다보며 백성의 살림살이와 나랏일을 이야기했다. 이어 그들은 이 정자를 자주 찾는 기념으로 제가끔 느티나무 세 그루씩 모두 아홉 그루의 느티나무를 심었다. 느티나무를 뜻하는 괴(槐) 자를 써서 구괴정이라고 부르게 된 것은 바로 이 아홉 그루의 느티나무를 상징하기 위함이었다.

그때 그들이 심었던 아홉 그루의 느티나무 가운데 일곱 그루는 이미 수명을 다해 흔적도 없이 사라졌다. 그나마 두 그루가 남았지만 줄기나 가지가 죄다 부러지고, 남은 줄기만 옆으로 누운 채 세월의 풍진을 힘겨워하고 있다. 사람은 떠났지만 그가 심은 나무가 흔적으로나마 살아남아 옛사람의 자취를 증거한다는 것이 그저 고마울 따름이다.

류윤

"모과나무처럼 쓸모없는 사람"

"옛날에는 여기가 서당이었다고 해요. 그 서당에 다니던 어린 학동이 심은 나무예요. 태풍에 많이 부러져 옛 모습을 많이 잃었어요."

서원 앞마당에서 고추를 말리던 아낙은 나그네를 맞이하며 무덤덤하게 한마디 던진다. 큰 나무의 생명에 대한 믿음을 앞세우기야 했지만, 말꼬리에는 아쉬움이 묻어 있다. 믿음직한 나무이지만 그도 이겨내기 어려운 바람이 있었다는 생각 때문이었지 싶다.

마을의 상징이자 자랑인 송곡서원(松谷書院) 향나무는 조선 전기에 활동한 서산 출신 선비 류윤(柳潤, ?~1476)이 심은 나무다. 서원으로 고쳐 짓기 전에 이 자리에 있던 서당에서 글공부하던 어린 시절에 손수 심었다고 한다.

류윤의 흔적을 담고 600년 가까이 자라온 한 쌍의 향나무는 그토록 오랜 세월을 살아오면서도 여전히 무척 건강한 편이다. 서원에 드나드는 사람들의 몸과 마음을 깨끗이 씻어내고도 남을 듯 장엄하다. 키가 15미터나 자랐고, 가슴높이 줄기 둘레도 2.9미터나 된다. 나무 앞에는 후손들이 '류윤 선생이 심고 가꾼 나무'임을 돌에 새겨 비석으로 세웠다.

오래전에 나무를 심은 류윤의 행적에 관한 기록은 많이 남아 있지 않다. 단지 서산(瑞山)이 본관이고, 무동처사(楙洞處士)라는 남다른 호를 쓰는 정도만 알려져 있다. 송곡서원에서 글공부를 했다는 기록조차 정확한 건 아니다. 청주 출신인 그가 어린 시절에 서산까지 와서 글공부를 하게 된 연유를 찾기가 쉽지 않다. 본관이 서산이어서 이 지역에 일가친척이 살았거나, 부모의 벼슬살이가 이 지역에서 이어졌던 건 아닌가 짐작할 수 있지만 정확한 기록은 없다.

태풍이 이 마을을 휩쓸고 지나간 것은 10년 전이었다. 2010년 곤파스라는 이름의 유별난 태풍이었다. 그때만 해도 송곡서원에 들르면 류윤이 심었다는 향나무도 봐야 하지만, 그 나무 못지않게 마음을 끈 건 서원 곁의 소나무 숲이었다. 그러나 태풍은 마을에 큰 피해를 남겼다. 마을 사람들에게 자랑이자 훌륭한 쉼터였던 솔숲은 하룻밤 사이에 처참하게 변했다.

숲은 완전히 망가졌지만 그나마 류윤이 심었다는 향나무 한 쌍은 고스란히 남았다. 다행이다. 물론 바람이 이 큰 나무에 아무런 피해도 남기지 않고 스쳐간 건 아니다. 적잖은 상처를 받았지만 그래도 굵은 줄기로 바람을 버텨냈다. 한 쌍의 향나무 가운데 남쪽에 서 있는 나무가 받은 상처는 꽤 컸다. 태풍 피해 소식을 듣고 곧바로 달려갔던 그때 그날, 바로 며칠 전까지 나무가 보여주던 울울창창한

나무들이 태풍에 쓰러지는 동안 600년 된 향나무는 그렇게 바람을 이겨냈다.

– 서산 송곡서원 향나무

모습이 비교되어 마음이 아팠다. 사방으로 고르고 넓게 펼친 무성한 가지 중에 한가운데에서 솟았던 굵은 줄기가 부러져나갔다. 땅바닥에 곤두박질한 큰 가지는 처참했던 그날의 아픔을 떠올리게 한다. 예전의 훤칠했던 모습은 상했지만 그나마 생명에 지장이 있을 정도는 아니다. 그가 살아온 긴 세월의 무게에 비춰보면 이 정도 상처는 머지않아 회복할 수 있으리라. 다른 한 그루는 그야말로 시치미를 떼고 의뭉하게 서 있었다.

마을 사람들의 안식처였던 마을 숲에서 100살 된 소나무들이 어이없이 쓰러지는 동안 600살짜리 향나무는 그렇게 바람을 이겨냈다. 600년이라는 긴 세월을 이토록 아름답게 살아온 데에는 분명한 까닭과 노하우가 있었던 것이다.

태풍 참화! 그날로부터 10년이 흘렀다. 한 쌍의 늙은 향나무는 바람의 상처를 잊으려는 듯 한낮의 태양 아래 넉넉하게 몸을 풀고 늠연한 자태를 보여주고 있었다. 10년 전의 상처를 모두 잊은 듯했다. 그 사이에 몇 차례 더 찾아보며 한가운데의 큰 줄기가 버티던 자리가 텅 비어 허전해진 풍광에 익숙해진 탓인지, 태풍 맞고 부러졌을 때의 아쉬움도 큰 문제 되지 않았다. 늙은 나무는 여전히 기력을 회복하기 위해 햇살 한 줌 더 끌어모으려 안간힘을 다하고 있었다.

그 사이에 나무에게는 여러 일이 있었다. 그중에 가장 중요한 것은 나무의 지위가 격상된 일이다. 태풍 피해를 본 10년 전만 해도 나무는 충청남도 기념물이었다. 나무에게 가장 기쁜 소식은 2018년에 찾아왔다. 나무는 우리나라의 살아 있는 향나무 가운데에 대표할 만큼 아름답고 큰 나무라는 사실이 인정되어 마침내 천연기념물 제

553호로 지정됐다. 국가가 살아 있는 생명체에 부여하는 최고 지위, '천연기념물'의 지위를 얻었다. 굳이 안타까움을 꼽자면 태풍 피해를 보기 전인 10년쯤 전에 서둘러 천연기념물로 지정하고 더 세심히 보호했다면 어땠을까 하는 생각이다. 하지만 천연기념물이라고 해서 큰 바람의 습격을 피하기는 어려울 것, 늦게라도 나무의 가치가 국가적으로 인정된 것을 다행으로 여겨야 하지 싶다.

천연기념물로서 그의 공식 이름은 '서산 송곡서원 향나무'이지만, 향나무 앞에 서원을 건립한 것은 향나무를 심은 류윤이 죽고 200년쯤 흐른 뒤인 1694년(숙종 20)의 일이다. 그때 서산 지역의 후손들은 류윤이 심은 한 쌍의 향나무 앞에 홍살문을 세우고 안쪽에 서원을 지었다. 송곡사(松谷祠), 송곡향현사(松谷鄕賢祠)라고도 불리는 송곡서원은 처음에 서산 정씨의 시조인 정신보(鄭臣保, ?~1261)의 덕행을 기리기 위해 세웠다. 정신보는 원래 중국 송나라 사람인데, 13세기 중엽 송나라가 멸망하자 고려에 망명해 이곳에 정착하며 마을을 일으킨 입향조(入鄕祖)다. 그의 아들 정인경(鄭仁卿)도 이 마을의 세(勢)를 키운 대표적 인물인데, 그는 특히 고려 초에 몽골군의 침입을 물리치고 당시 고을 이름이 없던 상태에서 '서주(瑞州)'라는 이름으로 마을을 격상시키는 공을 세운 이 마을의 선조다. 송곡서원에는 정신보와 정인경을 비롯하여 서산 지역의 위세를 높이는 데에 공을 세운 이 지역 출신 선비 아홉 명을 배향했다. 정씨 부자 외에 서산 류씨의 류방택, 류백유, 류백순, 류윤 그리고 이 지역을 빛낸 선조인 윤황, 김적, 김위재 등 아홉 명이 그들이다.

철새 도래지로 유명한 충청남도 서산 천수만 가는 길의 인지면 애정리라는 작은 마을에 자리잡은 송곡서원은 그때부터 이 지역 정신문화의 요람으로 남았다. 충청남도 문화재자료 207호로 지정된 송곡서원은 유생을 키워내는 교육기관의 기능보다 서산 지역을 대표하는 선비들의 덕행을 기리는 제사의 기능으로 운영해왔다. 지금도 후손들은 해마다 2월과 8월에 날을 정해 제를 올리며 조상의 음덕을 기린다. 우리가 지금 찾아볼 수 있는 대부분의 서원들과 마찬가지다.

서원 앞마당에서 자연스레 서원목이 된 향나무는 무릇 모든 생명체에 앞서서 세월의 풍진을 이겨낼 연륜과 생명의 노하우를 갖춘 장한 나무가 되었다. 천연기념물로 지정할 때에 상세한 내력을 조사한 사람들은 이 나무가 조선 단종이 임금의 자리에서 쫓겨나자 벼슬을 버리고 낙향한 류윤이 심은 나무라고 했다. 오랫동안 이 마을에서는 류윤이 어린 시절에 이 자리에 있던 서당에서 공부하며 심은 나무라고 해왔는데, 정확한 기록이 없다 보니 그 사이에 이야기가 와전된 모양이다.

단종이 폐위되자 벼슬을 버린 류윤이 은거를 결심하고 찾아든 곳은 청주 무동, 지금의 충청북도 청원군 강외면 연제리다. '충북도지'의 전설 편에서 찾을 수 있는 류윤의 행적이다. 선비 류윤은 젊은 나이에 생원시에 합격해 벼슬길에 올랐다. 그러나 단종이 폐위되자 벼슬을 내려놓고 청주 지역에 은거하며 후학을 키우는 일에 전념했다고 한다. 정세에 밝고 지혜로운 그를 세조(世祖)는 여러 차례에 걸쳐 벼슬 자리로 불러냈으나 번번이 거절했다. 그때마다 류윤은 마을 한가운데 서 있는 커다란 모과나무를 가리키며 "나는 이 모과나

"나는 이 모과나무처럼 쓸모없는 사람"

- 청주 연제리 모과나무

무처럼 쓸모없는 사람"이어서 벼슬에 나가지 않겠다고 했다.

이야기를 전해들은 세조는 손수 모과나무 무(楙)와 마을 동(洞) 자를 써서 '모과나무가 있는 마을에 사는 처사'라는 뜻으로 '무동처사(楙洞處士)'라고 쓴 어필을 하사했다는 이야기가 전한다. 류윤은 이를 그대로 자신의 호로 썼다. 이때가 1450년이었다. 나중에도 끝까지 벼슬에 나가지 않은 그는 자손들에게도 어지러운 세상에서 정치에 간여하지 말라는 유훈을 남기고 죽었다고 한다. 청주를 중심으로 류윤의 후손들은 번성했고, 그들은 무동처사공파(楙洞處士公派)를 이루었다.

류윤이 모과나무를 아무짝에도 쓸모없는 나무로 이야기한 건 옛 사람들의 일반적인 생각에 따른 것이다. 나무의 효용 가치를 먹는 데에서 찾았던 사람들에게 먹을 수 없는 열매만 주렁주렁 맺는 나무라면 아무짝에도 쓸모없는 나무였다. 게다가 생김새조차 울퉁불퉁 볼썽사납게 생겼으니 더더구나 못난 나무라고 본 것이다.

류윤의 모과나무가 살아 있는 마을은 그때부터 '모과울'이라고 불렸다. 뿐만 아니라 그 모과나무는 아직까지 살아 있으며, 모과나무로서는 유일하게 천연기념물로 지정됐다. 우리나라의 모과나무 가운데에는 가장 크고 아름다운 나무다. 류윤이 자신을 모과나무에 빗대던 그때에도 이 나무는 제법 큰 나무였다고 하니, 지금 청원군 연제리 모과나무의 나이는 500살을 넘긴 것으로 보아야 한다. 키는 12.5미터, 가슴높이 줄기 둘레는 3.7미터다. 현재는 나무의 줄기에 큰 구멍이 나 있지만 생명에 지장이 있는 정도는 아니다. 소나무나 느티나무, 은행나무에 비하면 작은 규모여도 모과나무로서는 큰 나무다. 나무줄기에는 여러 개의 혹도 달렸고, 울긋불긋한 녹갈색의 얼룩도 선명한 전형적인 모과나무의 줄기 모습이 도드라진다.

이 모과나무에는 최근에 있었던 신비로운 이야기가 전해온다. 불과 20여 년 전의 일이다. 나무 바로 맞은편 집에 살던 사람이 원인 모를 병에 걸렸다. 집안사람들이 무당을 불러 푸닥거리를 하는데, 무당은 바로 이 모과나무 밑에 불길한 것이 있으니 그걸 파내면 나을 것이라고 했다. 무당의 말을 듣고 사람들은 모과나무 밑을 파냈으나 아무것도 특별한 것을 찾을 수 없었고, 환자는 정신까지 이상해졌다. 하릴없이 사람들은 모과나무 밑에서 파낸 흙을 다시 원래대로 묻고 정성을 다해 용서를 청하는 고사를 지냈고, 환자는 병상에서 일어날 수 있었다고 한다.

얼마 전까지만 해도 이 나무는 언제 가도 조용한 마을의 뒤켠에서 마을 사람들과 함께 평안하게 살고 있었다. 작고 아담한 마을이었다. 마을 뒤 민틋한 동산 가장자리에 서 있던 이 나무를 찾아가려면 미로처럼 이어지는 골목을 몇 차례나 헛짚으며 찾아가야 했다. 나지막한 살림집들이 얼기설기 엮어낸 비좁은 골목길을 돌아들면 무척이나 커 보이는 나무가 한 그루 있었다. 얕은 지붕, 낮은 울타리로 이루어진 집들이 모여 있는 풍경을 거느리고 홀로 서 있는 까닭에 모과나무는 실제보다 더 크게 보였다. 나무 앞에 닿으면 마을 노파들이 나무 곁에 놓인 평상에 앉아 이런저런 이야기를 나누는 평화롭고도 나른한 풍경을 만날 수 있었다. 노파들 사이에 끼어 사람 사는 이야기를 허수로이 나누던 기억이 생생한 곳이다.

그러나 최근 이 지역은 생명과학단지를 포함한 오송신도시로 개발됐다. 주변 지도는 몰라보게 바뀌었다. 한적한 마을이 아니라 인근에서 가장 번화한 신도시로 뒤바뀌었다. 실핏줄처럼 얽히고설킨 골목에 다닥다닥 이어진 살림집들을 모두 헐어내고 너른 터를 닦았다. 아담한 살림집 대신에 고층 아파트가 들어섰고, '첨단'이라는 수식어를 앞세운 과학단지의 거대한 빌딩이 하나둘 들어섰다. 그토록 커 보이던 나무가 상대적으로 왜소해 보이는 건 그래서다. 옛날 그때의 듬직한 벗은 불과 몇 해 사이에 잃어버렸다. 죄다 헐어내면서도 나무 주위를 공원으로 조성한 건 그나마 다행이다. 모과나무를 중심으로 주변에 새로 잘생긴 조경수를 심고, '모과공원'이라는 이름을 붙였다.

바람 따라 세월 따라 나무는 적잖은 상처도 입었다. 상처가 깊어지면 스스로 상처를 감싸안으며 몸을 부풀리기도 했다. 치유의 흔적으로 남은 울퉁불퉁한 옹이는 뿌리 부근에서부터 침묵 속의 용트림으로 피어올랐다. 단단하면서도 매끈매끈한 줄기 표면에는 모과나무 특유의 얼룩무늬도 선연하다. 나무의 연륜을 한눈에 알아볼 수 있다.

나무 그늘에 들어서서 아직은 따가운 한낮의 햇살을 피하며 사라진 옛 마을, 옛사람들을 떠올려본다. 나무 곁으로 난 텃밭 둑길에 아무렇게나 주저앉아 끊임없이 늘어놓던 노파들의 왁자한 수다가 그립다. 시골집 뒷동산을 잃고 떠난 그때 그 노인들은 지금 어느 낯선 아파트 빌딩 숲 사이를 배회하며 예전의 수다함을 잃었을지도 모른다. 여전히 도시의 자식들을 기다리고 있을 노인들의 안부가 궁금하다.

오후의 태양이 서쪽으로 떨어지며 나무 그늘 안쪽으로 햇살을 밀어 넣을 때까지 공원을 찾는 사람은 아무도 없었다. 기다리는 사람도, 찾아올 사람도 모두 사라진 시골 마을의 추억은 그렇게 산산이 흩어진다.

공서린

뜻을 이어가기 위해 되살아난 생명

나무의 생명력은 놀랍다. 나무 종류마다 차이가 있지만 세상의 모든 나무들이 살아가는 힘은 신비의 경지에 닿아 있다. 그 가운데에도 은행나무의 생명력은 경이롭다. 4억 년 전 이 땅에 처음 뿌리 내린 은행나무는 빙하기와 같은 멸종의 위기까지 다 이겨내고 오늘날까지 살아남았다. '화석식물'이라고 일컫는 근거다. 심지어 제2차 세계대전 당시 원자폭탄의 폭격을 받은 일본의 히로시마에는 피폭 반경 2킬로미터 지역에서 자라던 은행나무 중 여섯 그루가 이듬해 봄 언제 그런 참사가 있었느냐는 듯 푸른 싹을 틔우기까지 했다. 불과 100년을 채 못 사는 사람으로서 4억 년을 이어온 은행나무의 생명을 이야기하는 것 자체가 외려 불손한 일인지 모르겠다.

경기도 오산시에는 죽은 지 250년이 지난 뒤 소생한 은행나무가 있다. 현대 과학에서는 250년 동안 죽어 있던 나무가 다시 살아나는 것은 불가능하다고 단언한다. 그러나 과연 과학만으로 나무의 신비를 가늠하는 게 가당한 일이기나 한가. 오산 궐리사(闕里祀)를 지키는 은행나무 이야기다. 이 신비로운 은행나무를 빼놓고는 오산 궐리사의 역사를 이야기할 수 없고, 또 궐리사에서 이루어지는 모든 가르침을 이야기하는 것도 사실상 불가능하다. 오산 궐리사의 상징이라 할 만하다.

궐리사는 중국 고대의 대사상가이며 유학의 시조인 공자의 영정을 모시는 사당으로 우리나라에 두 곳이 있다. 충청남도 논산과 경기도 오산이다. 그중의 하나인 경기도 오산에 있는 궐리사가 지금 이야기하는 오산 궐리사다.

죽음의 긴 터널에서 빠져나와 새로이 생명을 일으켰다는 은행나무 이야기를 하려면 먼저 궐리사의 역사를 짚어보아야 한다. 조선 중종 때 승지, 대사헌 등을 지낸 공자의 64대손 공서린(孔瑞麟, 1483~1541)에서 시작하는 굴곡의 역사다. 공서린은 20대 중반인 1507년에 생원을 시작으로 홍문관수찬을 거쳐 마흔이 채 되지 않은 1519년에 좌승지 벼슬까지 올랐지만, 기묘사화 때 조광조(趙光祖)와 함께 반역의 죄목으로 감옥에 갇혔다가 풀려났다. 이어 공서린은 기묘사화로 화를 입은 선비들의 무죄를 밝히기 위해 상소를 올리기도 했지만 효과를 거두지는 못했다. 결국 어지러운 조정의 벼슬살이를 떨쳐버리고 고향에 돌아와 후학을 양성하며 훗날을 도모하기로 했다. 그때 지은 서당이 궐리사의 시작이다.

공서린은 서당을 지은 뒤 잘 자란 은행나무를 골라 서당 앞마당에 옮겨 심었다. 나뭇가지에 북을 매달아 놓고, 학동을 불러모으거나 면학을 독려하는 수단으로 쓰기 위해서였다. 공자가 은행나무 그늘에서 가르침을 베푼 것과 마찬가지로 공서린에게도 은행나무는 후학 양성에 필요했다.

그러나 안타깝게도 그는 후계 양성과 관련해 내로라할 성과를 이루기 전에 세상을 떠났다. 더불어 그의 서당과 주변은 돌보는 이 없는 폐허로 바뀌었고, 그가 심은 은행나무도 주인의 운명을 따라 고사(枯死)하고 말았다. 학문 연마의 소임을 이끌어줄 주인을 잃고 생명의 끈을 내려놓은 것이다.

그로부터 250여 년 뒤의 어느 날, 죽음에 들었던 은행나무가 기적처럼 소생의 기운으로 꿈틀거리기 시작했다. 죽어 꼼짝도 않던 은행나무 가지 위에서 홀연히 새잎이 싹을 틔웠고, 창졸간에 바짝 말라 죽었던 나무에 생기가 돌며 무럭무럭 자랐다. 마을 선비들은 나무의 돌연한 생장을 보며 이는 필경 마을에 경사가 있을 징조라고 예언했다.

마을 선비들의 예언은 틀리지 않았다. 정조 즉위 16년 즈음의 일이다. 그때 정조는 부친인 사도세자의 묘가 있는 화성(지금의 수원)을 자주 찾았다. 길이 많지 않던 그 시절에 한양에서 화성으로 가는 길은 궐리사 앞을 지나는 길밖에 없었다고 한다. 정조가 궐리사 앞으로 난 길을 따라 화성으로 행차하던 어느 날 신하들에게 이 마을이 공자의 후손인 공씨 집성촌이며, 중종 때의 선비 공서린이 후학을 양성하기 위해 지은 서당 터가 있다는 이야기를 들었다. 더불어 공서린을 따라 죽었던 서당 앞의 나무 한 그루가 다시 살아나는 중이라는 신비로운 이야기도 들었다.

정조는 몸소 공서린의 서당 터를 찾아보고 그 자리에서 긴 죽음의 적막을 뚫고 다시 살아나는 은행나무도 살펴보았다. 그러고는 공자의 후예가 후학을 양성하던 유서 깊은 곳임을 기념하기 위해 경기감사와 화성부사에게 폐허의 터를 정비하고, 그 자리에 공자의 성묘(聖廟)를 세우라고 명을 내렸다. 공자의 사당을 지으라는 이야기다. 얼마 뒤 임금의 명에 따라 착공된 공자의 사당이 완공되자 정조는 '궐리사'라는 이름의 사액을 손수 내려보냈으며, 마을 이름도 공자의 고향인 중국 곡부현 궐리(闕里)의 이름을 그대로 따서 '궐리'로 고쳐 부르라고 했다. 그때까지 이 지역의 마을 이름은 화성부(華城府) 중규면(中逵面) 구정촌(九井村)이었다. 그때부터 계속 궐리로 불렸던 이 마을은 최근의 행정구역 개편에 따라 '궐동(闕洞)'이라 불린다.

처음에는 공자의 사당으로 지었지만 마을의 중심이었던 궐리사에는 차츰 교육 기능이 보태졌는데, 그게 흥선대원군의 서원 철폐 조치에 의해 철퇴를 맞는 화근이 되었다. 어쩌는 수 없이 궐리사는 다시 폐허의 늪에 빠지게 되었다. 결국 고종 8년 서원 훼철령에 의해 궐리사는 철폐되었다. 그럼에도 불구하고 궐리사를 복원하기 위한 후손과 후학들의 노력은 집요하게 이어졌다. 1901년에는 공자의 76대손인 공재헌(孔在憲)이 중국에서 공자 〈성적도(聖蹟圖)〉 108도를 수입해 궐리사에 보존했으며, 잇달아 증축과 보수를 거치며 오늘에 이르렀다. 공재헌이 들여온 공자 〈성적도〉는 '경기도 유형문화재 제62호'로, 오산 궐리사는 '경기도 기념물 제147호'로 지정되었다.

공자의 뜻을 기리기 위한 후손들의 노력이 가상하기도 하지만 더

죽음에서 다시 생명을 일으켜 세운 건 필경 나무에게도 뜻이 있어서일 게다.

- 오산 궐리사 은행나무

기특한 것은 나무의 소생이다. 큰 나무 아래에 씨앗이 떨어졌다가 나무가 죽은 뒤에 싹을 틔운다는 것이 그리 특별한 일은 아니다. 그러나 200년이라는 긴 시간 전에 죽은 나무가 다시 싹을 틔웠다면, 숨도 쉬지 않고 200년 동안 땅속에서 소생의 기회를 기다렸다는 이야기이므로 놀라울 수밖에 없다.

죽음의 곡절을 딛고 다시 융융하게 일어선 궐리사 은행나무는 처음 이곳에 뿌리를 내린 때부터 500년의 세월 동안 공자 정신의 상징이자 화두로 살아왔다. 곡절 속에서도 나무는 17미터까지 제 키를 키워 올렸고, 줄기 둘레는 5미터 가까이에 이른다. 굵은 줄기가 솟아오르면서 모두 15개의 크고 작은 가지로 나눠지며 솟구친 나무의 모습은 여느 노거수 못지않게 장한 자태다.

죽음에서 다시 생명을 일으켜 세운 건 필경 나무에게도 뜻이 있어서일 게다. 아마도 이 땅에 뿌리내린 한 생명으로 이 민족 정신사의 한 축을 오래 지켜야 한다는 사람의 뜻을 이어가려는 나무의 갸륵한 뜻이지 싶다.

처음에 나무는 사람이 들고나듯 자신에게 생명과 삶의 뜻을 부여해준 사람과 함께 명(命)을 같이했지만, 세월의 한을 붙들어 안고 뿌리만으로 애면글면 살아남았다. 200년 넘게 땅속 깊은 곳에서 움츠렸던 뿌리만으로 버틴 나무는 다시 태어나 300년 세월 동안 이 자리를 지켰다. 가히 우리 정신문화 부흥의 상징이라고 할 만하다. 사람의 들고남을 오롯이 지켜본 한 그루의 은행나무는 긴 세월을 그렇게 살아왔듯이 앞으로도 더 오래 이 자리를 지킬 것이다. 세상이 아무리 변한다 한들 우리의 정신만큼은 영원하리라는 믿음의 상징으로 오래도록 이 땅에 살아가는 사람들의 기억에 또렷이 남을 것이다.

송순

하늘과 땅의 순리를 따라 짓고 싶다

면앙정은 조선 중기의 문신 송순(宋純, 1493~1582)이 1533년에 지은 정자로, 담양지방 정자문화의 시원(始原)이라 할 수 있다. 면앙정은 임진왜란 때 파괴되어 1654년에 후손들이 다시 지었다.

20대에 과거에 급제하여 일찌감치 벼슬길에 오른 송순은 이후 60년 가까이 조정의 주요 관직을 두루 거쳤고, 한때 유배 생활을 하기도 했지만 전체적으로는 별다른 굴곡 없이 많은 사람의 존경을 받으며 은퇴했을 만큼 청렴 강직한 선비였다. 게다가 당시로는 장수했다고 할 수 있을 만큼 오래 살았기에 어쩌면 그의 삶은 조금 심심한 편이었다고 할 만도 하다.

아흔 살까지 살았던 그는 스무 살 시절부터 죽는 날까지 벼슬살이를 떠난 적이 거의 없었다. 아마도 조선시대 전체를 통틀어 송순만큼 긴 벼슬살이한 사람도 찾기 어려울 듯하다. 그가 지낸 벼슬을 일일이 짚어보는 게 쉽지 않을 정도다. 서른 되기 전인 1519년(중종 14)에 별시문과 을과로 급제하여 승문원권지부정자에 오른 것이 시작이었다. 그 뒤 대사헌직을 지내는 동안 김안로(金安老, 1481~1537)와의 갈등으로 벼슬살이를 접고 고향에 돌아와 지냈다. 면앙정을 지은 게 그때였다. 마흔한 살 때인 1533년(중종 28)의 일이다.

송순의 벼슬살이는 그러나 그게 끝이 아니었다. 면앙정을 짓고 4년 뒤인 1537년(중종 32)에 김안로가 사사되자 그로부터 닷새 만에 홍문관부응교에 제수되고, 다시 사헌부집의, 홍문관부제학, 충청도어사 등의 벼슬을 지낸 뒤 승정원우부승지에까지 올랐다. 명나라의 요동도사(遼東都司)가 조선에 왔을 때는 선위사(宣慰使)가 되어 함께 지내기도 했다.

경상도관찰사, 사간원대사간 등의 요직을 거치며 그의 벼슬살이는 평생을 이어갔지만, 쉰 살 되던 1542년에는 전라도관찰사로 좌천되는 일을 겪기도 했다. 그러나 그 정도는 그의 긴 벼슬살이에 비하면 잠깐에 불과했다. 1547년(명종 2)에는 동지중추부사가 되어 《중종실록》을 펴냈으며, 그해 5월에 북경에 다녀와 개성부유수가 되었다. 이어서 이조참판까지 올랐는데, 이때 다시 충청도 서천으로 귀양 가는 일이 벌어졌다. 하지만 역시 바로 이듬해 풀려나 선산도호부사가 됐다. 이쯤이면 벼슬살이에 지칠 만도 하다. 송순 스스로도 벼슬을 내려놓을 뒷날을 생각했는지, 그즈음에 면앙정을 증축하고 유유자적할 여생을 준비했다. 하지만 다시 전주부윤과 나주목사를 거치는 등 고령의 나이에도 벼슬살이는 이어졌다. 일흔여섯 살 되던 1568년에는 한성부좌윤이 되어 《명종실록》을 펴냈고, 한성판윤으로 특별 승진했다가 마지막으로 의정부우참찬까지 거친 뒤 벼슬살이를 마감했다.

면앙정은 아흔 살까지 건강하게 살았던 그의 생애 중간쯤인 마흔한 살 무렵 고향에 돌아올 생각으로 지은 정자다. 무엇보다 자연을 순리대로 내다볼 수 있는 질박한 정자였다. 정자를 지을 무렵 그는 시(詩) 한 수 지었다.

굽어보면 땅이요	俛有地
우러르면 하늘이라	仰有天
그 안에 정자 있어	亭其中
절로 흥이 넘친다	興浩然
바람과 달 부르고	招風月
산과 개울 끌어들여	揖山川
지팡이 짚고 서서	扶藜杖
한평생을 보내리라	送百年

—〈면앙정삼언가(俛仰亭三言歌)〉

송순은 이 시 1, 2, 3행의 첫 글자를 따서 자신이 지은 정자의 이름을 '면앙정(俛仰亭)'이라 하고, 이를 자신의 아호로 쓰기도 했다. '땅을 굽어보고[俛] 하늘을 우러르는[仰] 정자[亭]'라는 뜻이다. 자연의 순리에 맞춰 평화롭게 살아가려는 자연주의적 세계관을 반영한 이름이다.

그가 남긴 가사 작품 가운데에 면앙정을 노래한 〈면앙정가(俛仰

亭歌)〉가 있다. 그의 대표작이자 정극인(丁克仁, 1401~1481)의 〈상춘곡(賞春曲)〉과 함께 호남 가사문학의 상징인 작품이다. 여기에서 그는 면앙정을 "너럭바위 위에 소나무와 내나무를 헤치고 정자를 앉혔으니 구름 탄 청학이 천리를 가려고 두 날개를 벌리고 있는 듯"이라고 표현했다. 송순의 눈에 비친 정자는 구름 탄 청학의 모습이었다는 이야기다.

송순이 지었지만 긴 벼슬살이로 정작 그가 면앙정에 머무른 시간은 그리 길지 않았다. 임제(林悌), 김인후(金麟厚), 고경명(高敬命), 임억령(林億齡), 박순(朴淳), 소세양(蘇世讓), 양산보(梁山甫) 등 당대 최고의 시인 묵객들이 주인이 자리를 비운 정자에 자주 찾아와 시를 지었다. 면앙정을 찾아온 그들은 걸작 가사 작품을 남겼고, 마침내 면앙정은 호남 제일 가단(歌壇)의 정자로 우뚝 서게 되었다. 결국 면앙정은 자연의 멋을 음유하며 호남 가사문학을 낳은 요람인 셈이다.

면앙정을 소재로 한 시문학 작품은 헤아릴 수 없이 많다. "귀신이 돕지 않고서야 지을 수 없을" 아름다움을 갖춘 정자라고 극찬한 기대승(奇大升)의 〈면앙정기(俛仰亭記)〉를 비롯해 정자의 아름다움을 어떤 미사여구로도 표현하기 어렵다 했던 임제의 〈면앙정부(俛仰亭賦)〉, 한 시대의 풍류가 풍성하게 펼쳐지는 정자라 읊은 이건창(李建昌)의 시 〈면앙정〉 등 면앙정에 대한 극찬은 두고두고 이어졌다.

면앙정은 뒤에 호남의 성산가단(星山歌壇)과 영남의 경정산가단(敬亭山歌壇)을 일구는 선구가 되었다고 할 수도 있다. 특히 영남의 가단이 전문 가객 중심인 것과 달리 면앙정가단은 사대부 출신의 문인 가객이 중심이었다는 점도 특별했다.

무려 60년에 이르는 긴 세월 동안 권력의 핵심부를 두루 거친 송순은 비로소 여든 가까운 나이에 은퇴하고 마침내 다시 면앙정으로 돌아와 자연에 파묻혀 백 살을 내다보는 아흔 살까지 천수를 누렸다. 이 시기에 그는 주로 면앙정에서 소일했다. 세상의 온갖 풍진을 다 겪은 그가 노대가로서 이때 남긴 작품들은 호남 지역 누정문학의 귀한 작품으로 남았다.

자연의 순리를 거스르지 않고 이곳에서 검박하게 살기로 작정한 송순은 정자 주위에 나무를 심었다. 송순은 두 그루의 참나무를 정자 주위에 손수 심었다고 한다. 면앙정 주위에 나무를 심어야 했던 까닭이 있다. 기대승의 〈면앙정기〉에 나오는 이야기에 그 실마리가 들어 있다. 면앙정을 찾은 기대승에게 송순이 몸소 들려준 이야기다. 면앙정을 짓기 전에 이 터에는 곽씨 성을 가진 사람이 살았다. 그 사람이 어느 날 꿈에서 금어(金魚)와 옥대(玉帶)를 두른 선비들이 이곳에 모여 노니는 것을 보고, 장차 곽씨 가문의 자손 중에 대학자가 나오리라 생각했다. 큰 기대를 품은 그는 자식들에게 글공부를 시켰으나 별다른 진전은 없고 가산만 탕진했다. 그러자 그는 분을 못 삭이고 주변의 나무를 모두 베어낸 뒤 떠나버렸다는 이야기다.

면앙정을 짓기 전에 이곳에 얼마나 많은 나무가 있었고, 곽씨 성을 가진 전 주인이 얼마나 많은 나무를 베었는지는 알 수 없지만, 이는 자연과의 합일을 꿈꾸던 송순이 정자 주위에 나무를 새로 심어야 하는 까닭이 되었다. 송순은 우리 주위에서 흔히 볼 수 있는 참나무과의 나무들 중 오랜 세월에 걸쳐 융융하게 자랄 수 있는 나무를 골라 심었다. 굴참나무였다.

참나무과에 속하는 굴참나무는 상수리나무, 신갈나무, 갈참나무, 졸참나무, 떡갈나무와 함께 우리의 산과 들에서 가장 흔하게 만날 수 있는 나무 가운데 하나다. 옛사람들은 이 나무들을 특별히 구별하지 않고 모두 '참나무'라고 불렀지만, 참나무는 식물을 분류하는 과(科)의 이름이어서 한 종류의 나무를 가리킬 수 없다. 참나무라는 나무는 없다는 이야기다. 참나무과의 나무들이 모두 도토리를 열매로 맺기 때문에 '도토리나무'라고 뭉뚱그려 부르기도 한다.

송순이 이곳에 정자를 지을 때 특별한 나무를 심지 않고, 우리 산과 들에서 가장 흔하게 찾아볼 수 있는 나무인 굴참나무를 찾아 심은 것은 송순의 자연에 대한 생각을 엿볼 수 있는 대목이다. 있는 그대로 물 흐르듯이 자연의 흐름에 자신을 내맡기는 방식이었다.

당대 최고의 벼슬을 살았던 송순이라면 선비의 절개를 상징하는 대나무나 소나무, 매실나무처럼 선비의 상징으로 삼을 만한 나무를 심었을 법도 한데, 그는 주변에서 흔히 자라는 나무를 골라 심었다. 다른 곳에서 억지로 끌고 와 키우기보다는 주변에서 찾을 수 있는 나무를 그들이 오래 살아온 숲 한켠에 옮겨 심는 게 자연스럽다고 생각한 선택이었다. 자연의 순리를 거스르지 않는 자연주의적 생각을 그대로 반영한 것이다.

면앙정 주변의 숲에는 보호수로 지정된 네 그루의 굴참나무가 있다. 그중에 어떤 나무가 송순이 심은 나무인지는 구별하기 어렵다. 게다가 나무는 고작 200살 정도 된 나무이니, 400년쯤 전에 이 정자에 머물렀던 송순이 심은 나무라고 하기도 어렵다. 비록 송순이 손수 심고 키운 나무는 아니라고 해도 200년쯤 된 굴참나무 네 그루

뜸직하게 자라난 굴참나무는 순리에 맞춰 살아가는 자연의 지혜를 웅변한다.

– 담양 면앙정 굴참나무

는 모두 송순의 뜻대로 융융하게 잘 자랐다. 울창한 숲 그늘에서 햇빛을 움켜쥐기 위해 하늘로 높이 솟아오른 굴참나무의 위용은 주변 숲에 잘 어울리면서도 당당하다. 키 25미터라는 수치는 여기서 별 의미가 없다. 그냥 크고 당당한 나무일 뿐이다.

가파른 언덕 돌계단을 거슬러 올라야 이르게 되는 면앙정. 거기에서 가장 먼저 만나게 되는 나무 한 그루가 바로 송순의 뜻을 품어 안고 자라난 네 그루의 굴참나무 가운데 하나라고 할 수 있으리라. 뜨직하게 자라난 굴참나무는 세월의 풍상을 이겨내며 순리에 맞춰 살아가는 자연의 지혜를 웅변하고 있다.

담양 땅 너른 들판이 훤히 내다보이는 자리에 지은 면앙정은 꼭 필요한 것들만으로 이루어진 검소한 정자, 질박한 경관을 갖추었다. 그 안에서 사람살이와 자연이 이처럼 완벽한 조화를 이루며 사람살이의 지혜를 웅변할 수 있는 것은 아마도 이 정자를 처음 지은 선비 송순의 깊은 생각이 살아남은 까닭이지 싶다. 긴 벼슬살이를 마치고 마침내 자연으로 돌아와 자연의 아름다움을 노래하며 일생을 마친 옛 선비의 풍류가 사뭇 부러워진다.

주세붕

삶과 죽음의 굴레를 담은 철학의 솔숲

우리나라 나무 중에 '학자'로 대접받는 나무가 있다. 가장 먼저 떠오르는 나무가 회화나무다. 그 생김생김이 마치 선비가 지향하는 학문의 자유로운 기상을 품었다 해서 예로부터 선비들은 회화나무를 즐겨 심고 가꾸며 이 같은 별명을 붙였다.

회화나무 이외에도 '학자수(學者樹)'라는 이름으로 오랫동안 보존된 나무가 있다. 경상북도 영주시 순흥면 소수서원(紹修書院) 솔숲의 소나무들이다. 나무를 심은 목적에 맞추어 '학자'로 극진히 모시는 나무는 소수서원 솔숲의 소나무가 유일하다. 오래된 나무를 '할아버지 나무', '할머니 나무' 등의 친근한 애칭으로 부르는 경우는 흔하디흔한 일이지만, '학자수'라는 특별한 이름으로 부르는 경우는 흔치 않다.

소수서원에 솔숲이 조성된 것은 서원을 처음 건립한 470년 전의 일이다. 우리나라 최초의 사설 서원인 소수서원은 1542년(중종 37) 풍기군수를 지내던 신재(愼齋) 주세붕(周世鵬, 1494~1554)이 세웠다. 원래 이 자리에는 숙수사(宿水寺)라는 옛 절이 있었고, 고려 후기에 중국으로부터 성리학을 처음 들여온 회헌(晦軒) 안향(安珦, 1243~1306)이 어릴 때 이곳에서 글을 읽고 공부했다고 한다. 서원 입구의 당간지주를 비롯해 주변 곳곳에 남은 불교식 유물은 이곳이 절터였음을 보여주는 뚜렷한 표지다.

안향을 봉향할 사묘(祀廟) 터를 찾던 주세붕이 이곳을 지나던 때가 있었다. 그때 주세붕은 이곳이 한눈에 보아도 풍광이 아름다울 뿐 아니라 안향을 봉향하기 좋은 자리임을 알아보았다. 머뭇거리지 않고 서원 건립에 착수했다. 1년에 걸친 역사를 거쳐 1543년에 서원을 완성하고 안향의 위패와 영정을 봉안하고, 서원 맞은편 연화봉 기슭에 늘 흰 구름이 머물고 있어 백운동서원(白雲洞書院)이라고 이름지었다. 이어서 더 많은 유생들이 학문을 도야할 터전을 닦기 위해 관련 서적을 구입하고, 서원전(書院田)을 마련하면서 서원의 기초를 닦았다. 사림의 유생들에게 가르침을 베풀 뿐 아니라 사림의 중심 기구로 삼기 위한 생각이었다. 이를 통해 곧 향촌의 풍속을 널리 교화하려는 데에도 생각이 닿았다. 이즈음 경상도관찰사로 부임한 안향의 11대손인 안현(安玹)의 적극 지원으로 백운동서원은 주세붕이 애초에 생각했던 규모 이상으로 넉넉한 기반을 갖추었다. 이어 1550년에는 주세붕에 이어 풍기군수로 부임한 이황의 청원으로 소수(紹修)라는 사액을 받아 조선 최초의 사액서원이 되었다.

서원을 근사하게 세웠지만 남은 문제가 있었다. 주세붕의 눈에는 평지에 자리잡은 서원 터의 기운이 약해 보였다. 어떻게든 땅의 기운을 북돋워야 했다. 주세붕은 서원 입구에 나무를 심어 숲을 조성해 모자란 기운을 보태기로 했다. 이른바 비보림(裨補林)이다. 처음에는 순전히 비보림의 의미만을 생각해 나무를 심으려고 했으나 기왕에 심을 나무라면 배움의 길을 닦을 유생들의 표상이 될 나무를 심는 것이 좋겠다는 데에 생각이 이르렀다. 어떠한 시련에도 굴하지 않고 학문의 뜻을 굽히지 않는 선비의 절개를 상징할 만한 나무로 소나무를 고른 건 당연한 선택이었다. 곧바로 주세붕은 좋은 소나무를 서원 곳곳에 심었는데, 특히 서원으로 들어서는 유생들의 마음을 정화할 요량으로 입구의 너른 터에 여러 그루의 소나무를 빽빽이 심었다. 지금까지 500년 가까이 소수서원의 입구를 지키는 솔숲이다.

최근 소수서원 뒤쪽에는 '선비촌'이라는 이름의 관광 구역이 조성되었다. 영주 지역에 남아 있는 고가(古家)를 재현해 나그네들의 민박촌으로도 운영한다. 보기에 따라서 거슬리는 풍경이라고 이야기하는 사람들도 없지 않다. 옛 모습 그대로 남기를 고집하는 사람들의 생각이다. 사람들이 자주 찾는 문화재라면 더 편하게 자주 찾을 수 있도록 풍경을 바꾸어나가는 건 어쩔 수 없는 이치이지 싶다. 편의 시설 몇 가지 더 늘었다고 해서 그 문화의 정신까지 사라지지는 않는다. 문화재의 훼손은 주변 시설보다 이를 이용하는 사람들의 의식에서 비롯되게 마련이다. 어찌 보면 서원 관람과 함께 오래전부터 서원 주변에 늘어서 있었을 선비들의 옛 가옥을 한꺼번에 둘러보는 체험의 기회로 삼을 수 있다고 긍정적으로 받아들일 수도 있다.

예전의 고즈넉했던 소수서원이 주변에 번화하게 들어선 옛 마을 탓에 번거로워지기는 했지만 편하게 받아들여야 하지 않나 싶다.

주세붕이 처음 심은 소나무는 무려 1천 그루나 된다고 하지만 모두 온전하게 살아남은 것은 아니다. 세월 지나며 대개의 나무는 이미 수명을 다해 스러졌다. 세월의 풍진을 안고 살아온 나무 가운데에 그나마 주세붕 시절의 자취를 들여다볼 수 있는 한 그루의 소나무가 있었다. 가슴높이 줄기 둘레가 2미터를 넘는 큰 나무로, 소수서원의 입구 매표소에서 경내로 들어서는 길 가장자리에 비스듬히 서서 풍성한 그늘을 드리우며 방문객을 맞이하던 나무였다.

이 소나무는 2007년 여름까지 이 숲의 가장자리를 지켰다. 그러다가 그해 여름 예고도 없이 쓰러지며 500년 솔숲 역사의 한 메지가 마무리되었다. 소수서원을 지키는 사람들에 의하면 그때 부러진 나무의 줄기 안쪽은 썩어서 텅 비어 있었다고 한다. 이미 쓰러져야 했지만 다른 소나무들이 솔숲의 새 주인으로 크게 자라날 때까지 고통의 세월을 견뎌온 형국이라는 이야기다.

나무가 쓰러지던 그날은 관람객이 유난히 많았던 주말이었다고 한다. 그러나 놀랍게도 나무가 쓰러지던 그 순간에는 나무 주위에 사람이 없어서 다친 사람은 한 명도 없었다. 소수서원 사람들은 너그러운 학자의 품격을 갖추고 서 있던 나무가 죽는 순간까지 세상에 피해를 주지 않는 자비의 덕을 갖춘 것이 아니겠느냐고 입을 모았다.

그렇게 주세붕이 손수 심었던 오래된 소나무들은 모두 스러졌다. 이 숲에 지금까지 남아 있는 소나무 중 오래된 나무라고 해봐야 대략 200년 정도 되어 보인다. 나무 한 그루가 수명을 다하면 서원을

소수서원의 솔숲에는 삶과 죽음이 모두 자연과 더불어 이루어진다는 철학이 담겨 있다.

- 소수서원 솔숲

지키는 사람들이 그 옆에 한 그루 두 그루의 소나무를 더 심어 가꾸었다. 또 더러는 숲 안에 저절로 떨어진 솔방울들이 흩어지며 뿌리를 내리고 새 생명의 싹을 틔운 나무도 있을 것이다. 그래서 어림잡아 150여 그루쯤 되는 소나무들의 수령은 들쭉날쭉해 보인다. 크고 작은, 늙고 젊은 나무들이 서로 어울리며 애면글면 살아온 끝에 솔숲은 더 아름다운 숲으로 새로워졌다. 과거와 현재의 역사가 어우러지면서 소수서원 솔숲은 마침내 이 땅에서 가장 아름다운 솔숲이 되었다.

처음 나무를 심을 때부터 이 땅의 학자들을 올곧게 키우려는 마음이 담겨 있을 뿐 아니라, 오랜 세월 동안 숱한 학자들의 마음을 다스려온 숲의 나무라는 생각에서 사람들은 머뭇거림 없이 이 숲의 나무를 '학자수'라고 부르는 것이다.

솔숲 외에도 소수서원에서는 유서 깊은 큰 나무 여러 그루를 만날 수 있다. 500년을 한결같이 푸르게 자라고 있는 소나무들의 가장자리를 따라 걸어서 서원 안쪽으로 들어서면 두 그루의 노거수가 길손을 맞이한다. 대개의 유학 관련 교육기관에서 흔히 볼 수 있는 은행나무다. 한 그루는 솔숲 가장자리에, 다른 한 그루는 서원의 대문 앞 경렴정(景濂亭)이라는 작은 정자 뒤편에 서 있다.

두 그루 모두 500년 세월의 연륜을 한눈에 알아볼 수 있을 만큼 늙고 큰 나무다. 어쩌면 솔숲의 기개에 눌리어 제 살림을 널리 펼치지 못하고 솔숲 틈으로 비치는 한줌 햇살을 향해 하늘로 삐죽이 솟아오른 듯 앙상한 모습이라고 할 수 있지만, 그 줄기의 굵기나 높은 키는 소수서원의 긴 역사와 같이했음을 알 수 있다.

나무만으로 유교의 모든 가르침을 상징할 수는 없다. 하지만 옛 사람들은 유교를 상징하는 은행나무와 선비를 상징하는 소나무를 함께 심고 가꿈으로써 이 서원을 드나드는 선비들이 갖춰야 할 덕목을 고루 상징하려고 애썼다.

소수서원의 역사와 궤를 같이하는 나무는 또 있다. 소혼대(消魂臺)라고 불리는 유생들의 쉼터 위에 서 있는 느티나무 고사목(枯死木)이다. 나무가 살아 있었다면 바로 앞의 은행나무와 마찬가지로 500년은 됨직한 굵기의 나무인데, 지금은 낮은 언덕마루에 죽어 바짝 마른 줄기만 앙상하게 남긴 채 옛 유생들의 쉼터 자리였음을 증명할 뿐이다.

작은 대문 바깥의 반듯한 언덕마루. 그곳에 옹기종기 모여 앉아 학문적 주제를 논구(論究)하던 선비들에게 시원한 그늘을 드리웠을 느티나무 한 그루는 이제 세월의 흐름을 모두 그러안고 흔적으로만 남았다. 이제는 지나는 관광객들조차 눈길 한 번 보내지 않는 언덕 위에서 삶의 마지막 순간을 외로이 보내고 있는 이 고사목은 이미 죽은 나무임에도 불구하고 조금은 까탈스러워 보이는 솔숲의 꼬장꼬장한 풍경의 가장자리에 푸근함으로 남았다.

사라져가는 하나의 생명을 포근히 품어 안은 소수서원 솔숲은 그래서 삶과 죽음이 교차하는 사람살이의 평범하면서도 깊은 철학을 고스란히 담아낸 철학의 숲이라 해도 지나치지 않다. 소수서원의 솔숲과 나무에는 삶과 죽음이 모두 자연과 더불어 이루어진다는 평범하면서도 오묘한 생명의 철학이 담겨 있다. 숲과 나무가 사람에게 가르쳐주는 천년의 지혜다.

이황

나무 그늘에서 키운 사유의 힘

어린 시절의 환경은 어른 되어 살아가는 데에까지 적지 않은 영향을 미치게 마련이다. 자연에 묻혀 어린 시절을 보낸 선비들에게서 자연주의 철학의 흔적을 발견하게 되는 건 그래서 특별한 일이 아니다. 물론 왁자한 저잣거리를 피해 고요한 곳에서 글공부를 하는 게 효과적인 건 예나 지금이나 당연한 이치다. 비교적 자연과 가까이 지내던 옛 시절에는 더 그랬겠다. 조용한 산사에 들어 수도승처럼 용맹정진한 선비가 있는가 하면, 산 깊은 곳에 오두막을 짓고 공부에 전념한 선비들도 있다. 퇴계(退溪) 이황(李滉, 1501~1570)도 그랬다. 그를 조선의 대학자로 키운 자연은 경상북도 봉화의 청량산이었다.

'영남의 작은 금강'이라 불리는 봉화의 청량산을 소수서원의 주세붕은 "단정하면서도 엄숙하고, 밝으면서도 깨끗한" 산이라고 칭송했다. 주세붕은 이에 덧붙여 청량산을 빚은 "조물주의 신기가 감탄"할 만하다고 했다. 주세붕뿐이 아니다. 《택리지》를 쓴 이중환(李重煥)을 비롯해 이 땅의 고승(高僧)과 명현(名賢)들이 즐겨 찾고, 기록까지 남긴 곳이 청량산이다. 그 많은 선인들 가운데에서도 스스로 '청량산인'이라는 호를 쓸 정도로 이 산을 아낀 사람이 퇴계 이황이다. 누구보다 청량산을 아낀 이황은 〈청량산가(淸凉山歌)〉라는 노래를 지었다.

청량산 육육봉(六六峰)을 아는 이는 나와 흰기러기뿐
흰기러기야 날 속이랴마는 못 믿을 손 복사꽃이로다
복사꽃이여, 물 따라 가지마라, 어부가 알까 하노라
淸凉山 六六峰을 아ᄂᆞ니는 나와 白鷗ㅣ로다
白鷗ㅣ야 엇더ᄒᆞ랴 못 밋들손 桃花ㅣ로다
桃花ㅣ야 믈 ᄯᆞ라 가지 마라 舟子ㅣ 알가 ᄒᆞ노라

뭇사람들에게 알려져 사람들의 손때를 타게 될까 저어한 이황의 지극한 청량산 사랑이 배어 있는 시조다. 훗날 이황은 겨울 청량산을 오르며 〈십일월의 청량산에 들다(十一月入淸凉山)〉라는 장편 한시를 남기기도 했다.

벼슬 내려놓고 고향에서의 병치레 서글퍼
가까운 신선의 산에 다리 끌고 힘겹게 올랐다
고산암에서 밤을 지새우고 새벽에 두 고개 넘어

겹겹 쌓인 얼음판 구비치는 강물 바라본다
외나무다리로 급류 건넌 길섶에는 신비로운 것들
깊은 숲에는 태곳적 눈, 대낮에 그림자조차 없어
비탈길은 미끄러워 위태롭고 아래는 함정 깊은 듯
걸을수록 기력 다해도 마음은 강렬해지는데
스님 웃으며 서쪽의 고요한 요사채로 이끌어
마음 가다듬고 아흐레쯤 문 닫고 묵묵히 지낸다
눈의 신이 노하지 않았는데 안개가 어찌 앞을 가리랴
아침 햇살 고와 지팡이 짚고 나서니 바위 길이 길고
하늘 닿은 고개 넘자, 우주로 치달리는 광경 나선다
힘 모자라 높은 곳 두려우니 내 소원은 이뤄지지 않아
훠이 산 오르려고 겹겹이 드리운 구름 살핀다
자연의 뜻 말로 다 못 해도 아름다운 곳은 홀로 차지하고
한 해 저무는데 한적한 곳에 홀로 있어도 한스럽지 않다
평생의 동무 그리워 내 마음에는 애달픔만 쌓여
귀한 약속 이루지 못해 멀리 오라 다시 청할 수 없어
어찌 더불어 애써 더 좋은 땅으로 나아갈 수 있을까

休官處里閭 養疾頗相梗
仙山不在遠 引脰勞耿耿
夜宿孤山庵 晨去越二嶺
俯看積層氷 仰視攢疊潁
跨木度奔川 凌兢多所警
深林太古雪 白日無纖影

側徑滑以阽 其下如坑穽

行行力已竭 上上心愈猛

山僧笑且勞 延我西寮靜

安神八九日 閉戶藏頭頸

不見滕六怒 焉知屛翳逞

今朝愛日姸 策杖巖路永

陟彼揷天嶺 宇宙雙眼騁

衰筋畏峻極 此願未遽幸

躋攀猶少試 顧眄雲千頃

妙意秪難言 佳處每獨領

歲律行欲窮 不恨身幽屛

懷哉平生友 使我心怲怲

珍諾未成踐 遐蹤又難請

安得此同來 努力造絶境

이황이 처음 청량산을 찾은 것은 열두 살 때였다. 당시 안동부사를 지내던 그의 숙부 이우(李堣, 1469~1517)를 따라 글공부를 하기 위해서였다. 이우는 청량산 중턱에 청량정사라는 이름의 작은 집을 짓고 어린 조카 이황이 그곳에 머물며 공부에 전념할 수 있도록 배려했다. 산속의 작은 집에 머물며 학문의 기초를 닦은 이황은 나중에 다시 청량정사에 들어 후학 양성에 힘을 기울이기도 했다. 그의 시 〈도산십이곡(陶山十二曲)〉을 쓴 곳도 바로 청량정사에서였다고 한다. 청량정사는 '우리 산의 집'이라는 뜻을 가진 '오산당(吾山堂)'

어린 시절 글공부에 매진하던 틈틈이 이 느티나무 그늘에서 사색에 잠겼으리라.

- 청량산 느티나무 고사목

나무를 사랑한 대선비의 자취를 품었던 나무의 흔적이나마 짚어본다.

- 소수서원 소나무 고사목

이라고도 불린다.

청량정사 앞에는 한 그루의 느티나무 고사목이 있다. 이미 생명의 흔적이 사라진 지 오래된 고사목이다. 살아 있을 때 넓게 가지를 펼쳤을 나무 윗부분은 잘려나가고 줄기만 남았지만, 그것만으로도 그 생김생김이 듬직한 고사목이다. 줄기 둘레는 어른 세 명 정도가 둘러서야 겨우 끌어안을 정도로 굵고, 키도 8미터가 넘는다. 이 정도면 살아 있을 때의 크기를 짐작하고도 남음이 있다.

죽은 나무의 나이를 정확히 가늠하는 건 불가능하다. 그러나 현재의 모습만으로 보아 이황이 이곳에서 글공부하던 500년 전에도 이 나무가 무척 큰 나무였음을 짐작할 수 있다. 이황이 이 느티나무를 기록에 남기지 않았지만, 어린 시절 글공부에 매진하던 틈틈이 이 느티나무 그늘에서 사색에 잠겼으리라 짐작하는 건 충분히 가능하다. 아름다운 청량산, 풍요로운 느티나무 그늘에서 그렇게 어린 이황의 사유는 차츰 폭을 넓히고 깊이를 더해갔다. 어린 시절에 거의 유일한 벗이자 버팀목이었던 나무를 보다 가까이 느낄 수밖에 없었으리라.

나무 그늘에서 철학의 바탕을 닦은 이황은 나중에 존경받는 대학자로 일가를 이룬 뒤 손수 나무를 심기도 했다. 아쉬운 건 그가 심은 나무 가운데 지금까지 살아 있는 나무를 찾는 게 쉽지 않다는 것이다. 그나마 볼품없이 죽은 나무 가운데에서 그의 손길이 닿은 나무를 찾을 수 있는 건 다행이지 싶었다. 그런데 그 나무조차도 이제는 완전히 사라지고 말았다. 아쉬움이 크다.

지금은 볼 수 없는 나무가 되었지만 산과 숲에서 살며 나무를 사랑한 대선비의 자취를 품었던 나무의 흔적이나마 짚어본다. 이황이 손수 심은 나무가 고사목의 형태로 남아 있던 곳은 바로 경상북도 영주의 소수서원이다. 주세붕이 세운 학당이지만 소수서원은 이황에게도 각별했다. 소수서원이라는 사액을 내린 것은 이황의 적극적인 청원 덕이었다. 이 나라 최고의 교육기관으로 자리잡은 소수서원을 이황은 찾아왔다. 서원의 유생들을 가르치는 교수로서였다. 강의를 마치고 쉴 짬이 생기면 죽계수(竹溪水)라고 부르는 서원 앞 개울가의 오솔길을 산책했다. 특히 경렴정 맞은편의 개울가를 좋아했다고 한다. 이 자리를 이황은 손수 '취한대(醉寒臺)'라고 이름 붙였다. '마음이 시릴 정도로 맑은 물에 취할 만한 아름다운 자리'라는 뜻이다. 취한대를 자주 찾던 이황은 그 주변에 21그루의 소나무를 심었다고 전한다. 하지만 그 많은 소나무는 모두 죽었다. 그 가운데 두 그루가 불과 5, 6년 전까지만 해도 허옇게 말라죽은 상태의 고사목으로 서 있었다. 허옇게 말라죽은 이황의 고사목은 개울 건너 경렴정에서도 훤히 바라다보였다. 이황이 쓴 '백운동(白雲洞)'과 주세붕이 쓴 '경(敬)'이라는 글씨가 선명하게 남아 있어 '경자바위'라고 부르는 큰 바위 바로 옆이다. 여러 그루의 침엽수가 울창하게 푸르름을 빛내며 늘어선 가운데에 허옇게 말라죽은 두 그루의 나무가 바로 이황의 소나무 고사목이었다.

두 그루의 고사목은 한창때 사방으로 넓게 펼쳤을 가지를 모두 떨구고 곧은 줄기 하나만 하늘을 찌를 듯 높이 솟아올랐다. 죽은 나무여서 특별히 보호하는 것도 아니고, 나무 앞에 이황의 자취를 가리키는 아무런 표시도 없다. 다만 소수서원의 유적 안내서에만 이황 선생의 행적이 기록되어 있고, 몇몇 해설사만이 이 나무의 유래를 공들여 소개할 뿐이다. 나무줄기에는 송진 채취 자국만 흉측하게 드러나 있었나. 이미 생명을 다한 나무지만 이황 선생이 남긴 자취라는 사실이 고맙게 여겨질 뿐이었다.

그러나 지난해 가을 다시 취한대에 남아 있는 이황의 고사목을 찾았을 때에는 두 그루의 고사목이 모두 흔적도 없이 사라졌다. 사실 나무가 서 있던 자리는 개울가 둔덕이어서 위태로웠다. 긴 세월 동안 어렵사리 버텨오기는 했지만, 세월의 풍진을 이겨내기에는 나무가 터잡은 자리가 불안했다. 결국 나무는 쓰러지고 말았다. 샅샅이 톺아보니 나무줄기를 잘라낸 흔적만 아프게 남아 있었다. 아쉽고 아쉬운 일이다.

어린 시절 느티나무 그늘에 들어 사유의 힘을 키우고, 그 힘으로 큰 스승이 되어 몸소 나무를 심고 가꾸었던 이황은 죽는 순간까지 나무와 함께했다. 그는 죽음에 들기 전에 마지막으로 "저 나무에 물 주거라"라는 말을 남겼다. 그가 마지막 순간에 물을 주라 했던 나무는 예로부터 선비들이 유난히 좋아했던 매화나무, 즉 매실나무다.

이황의 삶을 마지막까지 지켜준 나무는 안동 도산서원(陶山書院)에서 자라던 '도산매', '퇴계매'라고 불리는 매실나무다. 그러나 안타깝게도 이황이 아끼던 매실나무는 소수서원의 고사목처럼 그보다 훨씬 먼저 생을 마쳤다. 지금 도산서원 곳곳에서 '도산매'라는 이름으로 불리는 나무는 이황의 남다른 매화 사랑을 잇기 위해 후학들이 새로 심은 나무다.

이황은 1560년에 도산서당(陶山書堂)을 짓고 스스로를 '도옹(陶

이황의 남다른 매화 사랑을 잇기 위해 후학들이 새로 심다.

- 안동 도산서원 도산매

翁)'이라 했다. 이때부터 7년 동안 서당에 머무르면서 후학을 가르치고 이승에서의 삶을 마쳤다. 그때 그가 남긴 말이 바로 '저 나무에 물 주거라'였다. 그로부터 4년 뒤 후학들은 도산서당 뒤에 서원을 지었고, 나중에 도산서원의 사액을 받았다.

도산서원의 매실나무에는 남다른 유래가 전한다. 이황은 충청북도 단양군수를 지내던 때부터 부임지를 옮길 때마다 한 그루의 매화나무를 갖고 다녔다. 그토록 애지중지하던 매실나무를 처음 만나게 된 건 단양에서 군수를 지내던 마흔여덟 살 때였다. 당시 단양에는 미모의 어린 관기(官妓) 두향(杜香)이 있었다. 그이는 이황의 마음을 사로잡으려고 여러 선물을 올렸으나 번번이 거절당했다. 급기야 두향은 이황이 거실하시 곳에 선물로 한 그루의 매실나무를 화분에 고이 담아 보냈다. 모든 선물을 돌려보낸 이황이었지만, 예상대로 매실나무 화분만큼은 거절하지 않고 받아서 잘 키웠다. 그게 바로 이황이 그토록 애지중지 여기며 키웠고, 이 땅에서의 삶을 마감하는 마지막 순간에 바라보았던 매실나무다.

굳이 나무에 대한 기록을 따로 남기지 않았어도 이황은 누구보다 나무를 사랑하고 아꼈던 인물이다. 어린 시절부터 깊은 산 느티나무 그늘에서 사유의 힘을 키웠던 경험은 그처럼 그의 일생을 떠나지 않았던 것이다. 자연보다는 전자기기를 더 가까이하는 우리 아이들의 손을 잡고 가까운 숲을 찾아가야 할 중요한 이유가 여기에 있지 싶다.

신사임당

천재 예술가의 자취를 고스란히 담은 매화

사람살이의 오래된 자취를 간직한 옛집[古宅]이나 오래된 절집[古刹]과 같은 문화재에서 옛사람의 흔적을 가장 많이 담고 서 있는 건 노거수(老巨樹), 즉 나무다. 건축물이나 조형물은 오래 보존하기 위해 사람의 손길이 조금씩 덧대어지는 경우가 대부분이다. 그러나 제아무리 솜씨 좋은 건축가라 해도 오래된 나무만큼은 새로 지어낼 수 없을 뿐더러 덧댈 수도 없다. 옛사람들의 숨결을 조금씩 담아내며 살아온 나무를 사람이 흉내낼 수는 없는 일이다. 나무는 앞에 나서서 스스로를 드러내지 않지만 오래된 문화재 안팎에서 옛사람들의 숨결을 고스란히 지켜주는 참으로 소중한 자연문화재다. 물론 그 깊은 속내를 들춰내는 것은 사람에게 주어진 몫이다.

오래된 문화재를 찾는 사람들 가운데 그 안에 남아 있는 나무를 돌아보는 사람은 과연 얼마나 될까? 신사임당(申師任堂, 1504~1551)

과 율곡(栗谷) 이이(李珥, 1536~1584)의 숨결이 남아 있는 강릉 오죽헌 뒤란에 서 있는 한 그루의 매실나무 앞에서 불현듯 떠오르는 의문이었다.

사람살이의 오랜 자취를 담고 있는 오죽헌의 큰 나무에 눈길을 맞추는 사람을 수굿이 기다렸다. 문화재 해설사의 안내에 따라 찾아드는 단체 관광객들은 쉼 없이 이어지지만, 뒤란의 큰 나무 앞에서 발길을 멈추는 이는 그리 많지 않다.

"이렇게 큰 나무가 매실나무 맞아? 정말 크네."

"여기 그렇게 써 있잖아. 신사임당이 살아 있을 때부터 있던 나무래."

말없이 스쳐 지나가는 사람들 틈에서 신혼부부로 보이는 한 쌍의 젊은 연인이 나무 앞의 안내판을 바라보며 허투루 두어 마디 던지고는 곧바로 걸음을 옮긴다. 잠시 머무르는 듯했지만 나무에게 곁을 주지는 않는다.

나무와 두런두런 이야기를 나눌지도 모를 누군가를 기다리며 시간을 더 흘려보냈다. 공들여 사진을 찍고 나무 주위를 천천히 돌며 나무에서 눈길을 떼지 못하는 한 명의 여대생이 나무를 찾아온 것은 1시간쯤 나무 앞에서 시간을 보낸 뒤였다. 그녀는 여러 장의 사진을 찍고 나서도 걸음을 떼지 않고 신기한 표정으로 나무를 바라보았다.

"나무에 대해 잘 몰라요. 그런데 안내판을 보고서는 그냥 지나칠 수 없었어요. 신사임당과 율곡 선생님이 애지중지 키운 나무라는 게 신기해요. 나무의 내력을 알고 나니 오죽헌 방 안에서 사임당의 목소리가 들려오는 듯해요."

사임당이 태어난 집인 강릉 오죽헌을 찾은 여대생이 사임당의 목소리가 들리는 듯하다고 한 나무는 두 그루다. 매실나무와 배롱나무. 그 가운데 매실나무는 2007년 가을에 '강릉 오죽헌 율곡매'라는 이름으로 천연기념물 제484호에 지정한 오래된 나무다. 600여 년 전인 1400년대 초반에 이조참판을 지낸 최치운이 이 집을 짓고 뒤란에 심은 나무다. 신사임당이 이 집에 머무를 때에는 이미 100년쯤 된 큰 나무였다.

사임당은 매화를 유난히 좋아했다고 한다. 뒤란의 매실나무를 극진히 보살폈을 게 틀림없다. 사임당이 남긴 그림 중에는 〈고매도(古梅圖)〉, 〈묵매도(墨梅圖)〉 등 매화를 소재로 한 그림이 여럿 있다. 대개는 자신의 집 뒤란에서 도담도담 자라는 매실나무를 보고 그린 것이지 싶다.

신사임당을 율곡의 어머니로만 기억하는 것은 아무래도 모자람이 있다. 가부장제 사회의 여자로 살아온 사임당의 운명이지 싶기는 하지만, 그이가 남긴 시와 그림에서 드러난 천재적인 재능을 슬쩍 지나치게 된다는 건 아무래도 안타까움이 앞설 수밖에 없다. 워낙 뛰어난 대학자인 이이의 그늘에 가리울 수밖에 없기는 했겠지만, 이이의 어머니로서가 아니라 천재 예술가로서 신사임당의 위상은 제고되어야 할 일이다. 물론 우리 역사를 통틀어 신사임당만큼 존경받는 여자도 없긴 하다. 심지어 여자로서는 최초로 5만 원권 화폐에 등장하기까지 했다. 하지만 그것도 사임당 자신의 업적으로서가 아니라 율곡의 어머니, 현모양처로서의 의미를 인정한 때문이었다.

신사임당은 서울 사람인 아버지 신명화(申命和, 1476~1522)와 강릉 사람인 어머니 용인 이씨 사이에서 다섯 딸 중 둘째로 태어났다. 아버지 신명화는 벼슬에 뜻이 없어 과거에도 응시하지 않고 초야에 묻혀 살았다. 마흔을 넘긴 나이에 진사가 되었지만, 벼슬을 사양하고 홀로 학문과 덕행을 쌓아간 전형적인 은사였다.

어진 부모에게서 태어난 사임당이 친정이자 외가인 강릉에서 오랫동안 살았다는 점은 요즘의 상황으로 보아 조금 특별한 일이 아닐 수 없다. 그러나 이는 조선 전기의 가족문화에서는 그리 남다른 일이 아니었다. 그때만 해도 가족문화는 어머니, 즉 외가와 친정 중심으로 이루어졌기 때문이다. 아버지 중심의 가족문화가 이루어진 건 그때로부터 100년쯤 뒤인 17세기 조선 중기 때부터다.

외가에서 어린 시절을 보낸 사임당은 일곱 살 때부터 스스로 그림을 그렸다고 한다. 그는 풀벌레, 포도, 화조, 매화, 난초, 산수 등을 주제로 그림을 그렸는데, 그 가운데에서도 특히 풀벌레와 포도 그림은 매우 뛰어났다고 한다. 사임당의 이 같은 예술적 능력은 오죽헌에서 살던 어린 시절 외가의 가르침에서 비롯된 것이다. 게다가 혼인한 뒤에도 친정에서 살았기 때문에 여성들이 겪어야 했던 생활의 부담이 비교적 적었다는 것도 사임당이 자신의 예술적 재능을 마음껏 펼칠 수 있었던 요인으로 여겨진다. 사임당의 그림에 대해 명종 때 활동한 문인 어숙권(魚叔權)은 여섯 권으로 된 자신의 수필집 《패관잡기(稗官雜記)》에서 "사임당의 포도와 산수는 절묘하여 평하는 사람들이 '안견 다음에 간다'고 한다"며 격찬했다.

사임당은 열아홉 살 때 덕수 이씨 이원수(李元秀, 1501~1561)와 혼례를 치르고, 그의 어머니가 그랬듯이 친정인 강릉 집에 머물렀다. 혼례 몇 달 뒤 아버지가 돌아가시어 친정에서 3년상을 마치고 서울로 올라가 한동안은 남편 이원수의 가문이 대대로 자리를 잡고 살았던 경기도 파주 율곡리에서 살았다. 그러나 친정 강릉을 자주 찾았고, 셋째 아들 이이도 강릉에서 낳았다. 이이의 출산과 성장에 관한 재미있는 이야기가 하나 전한다.

사임당이 이이를 출산하기 얼마 전에 일어난 일이었다. 길을 지나던 한 도사가 오죽헌을 찾아와 "뒷산에 밤나무 1천 그루를 심지 않으면 태어나는 아이에게 흉한 일이 생길 것"이라고 했다. 사임당과 남편 이원수는 도사의 말에 따라 뒷산에 밤나무를 열심히 심었다. 그 사이 아이는 무사히 태어났고 총명하게 자랐다. 이이가 다섯 살 되었을 때 도사가 다시 찾아와 "뒷산에 밤나무가 얼마나 잘 자라는지 살펴보자"고 했다. 이미 1천 그루의 밤나무를 심어 키운 이이의 아버지는 자신 있게 도사와 함께 뒷산에 올라가 나무를 꼼꼼히 헤아렸다. 그런데 아무리 헤아려도 1천 그루에서 한 그루 모자란 999그루였다. 도사가 아쉬워하는 표정을 짓는 순간 갑자기 밤나무 숲 한켠에서 "나도 밤나무! 나도 밤나무!" 하는 소리가 연거푸 들렸다. 밤나무는 아니지만 얼핏 보기에 밤나무로 착각할 만큼 밤나무를 닮은 한 그루의 나무가 간절하게 내뱉는 소리였다. 나도밤나무였다. 나도밤나무의 간청으로 결국 밤나무 1천 그루가 채워진 것으로 확인되었고, 어린 이이는 탈없이 잘 자랐다는 이야기다. 안타까운 것은 그때 숲을 이루었던 밤나무를 지금은 찾아볼 수 없다는 사실이다. 조선의 대학자로 우뚝 선 율곡 이이가 나중에 전쟁 때의 비상식량으로 밤나무 열매만큼 요긴한 것이 없다는 내용의 '밤나무 식재론'을 주장한 것과 무관하지 않은 전설이다.

강릉과 서울, 파주를 오가며 생활했지만 강릉 오죽헌에서 많은 시간을 보냈다는 증거가 될 만한 이야기다. 사임당이 서울의 시집에 정착한 것은 서른여덟 살이 된 뒤였다. 결혼한 뒤 20여 년을 친정에 머무른 셈이다. 서른여덟 살이 되던 1541년에 사임당은 남편의 집안 살림을 맡기 위해 서울 종로구 수송동에서 10년쯤 살다가 1551년 삼청동으로 이사하고, 이듬해 갑자기 마흔여덟의 나이로 세상을 떠났다.

결국 강릉 오죽헌은 사임당의 모든 것이 담겨 있는 곳이라고 해도 지나치지 않는다. 이 집에서 사임당이 정성껏 키운 나무는 사임당의 자취를 고스란히 간직한 나무라고 할 수 있다. 이 나무가 율곡매라는 이름을 얻은 건 최근의 일이다. 오래된 매실나무는 대부분 자기만의 이름을 가진다. 오래전부터 선비들이 매화를 좋아했던 까닭에 그의 기품을 살리기 위해 특별한 이름을 붙인 것이다. 이를테면 남명 조식이 심은 매실나무를 남명매, 퇴계 이황이 키운 도산서원의 나무를 퇴계매로 부르는 방식이다. 오죽헌의 매실나무는 율곡 선생이 사임당과 함께 키운 매실나무여서 율곡매라 이름했다.

율곡매는 연분홍 꽃을 피우는 홍매로 키가 9미터를 넘고, 줄기 둘레는 2미터 가까이 된다. 나뭇가지는 동서로 8미터, 남북으로 7.4미터를 뻗었다. 우리나라의 매실나무 중 손꼽히는 규모다. 600살이라는 나이 또한 우리나라 최고령의 매실나무 가운데 하나인 수치다.

매화는 은은한 향기가 좋은 꽃이다. 옛 선비들은 그래서 매화의

정갈한 방 안에 든 사임당이 침묵 속에서 벼루에 먹을 갈아 한 송이 매화꽃을 그리다.

- 강릉 오죽헌 율곡매

율곡매가 꽃 지고 열매를 매달 즈음 배롱나무는 서서히 붉은 꽃을 피운다.

- 강릉 오죽헌 배롱나무

향을 암향(暗香)이라고 했다. 코를 찌르는 짙은 향기는 아니지만 은은하면서도 아득히 멀리까지 퍼진다는 것이다. 또한 선비들은 매화의 암향을 감상하는 것을 문향(聞香)이라고 했다. 코를 바투 들이밀고 향기를 맡는 것이 아니라 침묵을 깨뜨리면서 고요하게 번져오는 향기를 귀로 들어야 한다고 강조한 것이다. 이는 번잡한 저잣거리가 아니라 선비의 고택이나 천년 고찰의 정원에 서 있는 매화를 매화 중의 으뜸으로 꼽는 근거다. 정갈한 방 안에 든 사임당은 침묵 속에서 벼루에 먹을 갈아 한 송이 매화꽃을 그리고, 뒤란의 매화는 까무룩히 암향을 퍼뜨리는 풍경이 긴 세월의 늪을 탈출해 살아난다.

율곡매뿐 아니라 오죽헌에서는 놓치지 말고 살펴보아야 할 오래된 명품 나무가 한 그루 더 있다. 여름에 붉은 꽃을 피우는 배롱나무다. 오죽헌 앞마당에 서 있는 이 배롱나무 역시 율곡매와 같은 나이의 나무로, 사임당이 이곳에 머무르던 때부터 사임당의 손길을 타고 자란 나무다. 뒤란의 율곡매가 꽃 지고 열매를 매달 즈음 앞마당의 배롱나무는 서서히 붉은 꽃을 피워 여름 한낮의 무더위를 희롱한다.

오죽헌에서 율곡매와 배롱나무 없이 신사임당과 율곡의 자취를 온전히 느끼는 건 불가능하다. 두 그루의 나무는 모두 사임당보다 먼저 이곳에 자리잡고 살았으며, 사임당과 율곡의 손길을 타고 명품 나무로 다시 태어났다. 그리고 이제 두 그루의 오래된 나무는 이 땅의 어머니를 표상하는 여인이자 우리나라 역사상 가장 뛰어난 천재 여성 화가 신사임당의 자취를 탐색하기 위해 찾아오는 사람들에게 옛 사람살이의 이야기를 서리서리 풀어낼 것이다.

주이

비범한 건축물에 가장 평범한 나무 심어

합천 호연정(浩然亭)은 찾아가는 길부터 쉽지 않다. 길가에 안내판이 별로 없다. 자동차의 내비게이션을 이용할 수야 있지만, 그것도 잇단 갈림길을 지나야 하는 마을 골목골목을 돌아들어야 하는 길이어서 헷갈리기 십상이다. 합천에 들어서면 온갖 길 안내는 해인사를 중심으로 이루어졌을 뿐 호연정에 대한 안내는 소홀하다.

합천읍에서 창녕 방면으로 가는 24번 국도로 갈아타는 데까지는 어렵지 않다. 그다음이 문제다. 2킬로미터쯤 가면 폐교된 문림초등학교 앞에서 비보호 좌회전으로 마을로 들어서야 하는데, 이곳에는 호연정 입구 안내판 대신 '사고 다발 지점'이라는 안내판만 있다. 점멸 신호가 깜빡이는데 교통량은 적지 않다. 내비게이션의 길 안내를 받기는 했지만 역시 긴가민가하다가 지나쳤다. 오히려 잘됐지 싶다. 한참 더 진행했다가 다시 돌아오면서 우회전해 들어가는 것이 안전하지 싶어서다.

그렇게 마을로 들어서니 언덕 위에 허름한 담배 가게가 눈에 들어온다. 골목이 계속 이어지는 듯해서 그 가게 앞 길모퉁이에 자동차를 세웠다. 가게를 지키던 노파에게 '호연정'을 물으니 마을 바로 뒤 언덕 너머에 있다고 꼼꼼히 짚어주었다. 가게 오른쪽으로 난 골목길로 들어서니 비탈진 빈터와 그 가장자리에 늘어선 큰 키의 느티나무, 굴참나무, 팽나무가 눈에 들어온다. 그 왼편에 호연정이 있다. 널찍한 주차장도 있다.

호연정은 우리나라 고건축과 관련한 어느 책을 통해서 알았다. 건축 관련 서적이어서 나무 이야기는 나오지 않았는데, 그냥 건축물 자체만으로도 흥미로웠다. 내가 본 책에서는 호연정을 천재적 장인의 솜씨가 그대로 드러난 비범한 건축물로 묘사했다. 그런 탓에 건축물이 보고 싶어 찾았다. 물론 곁에 훌륭한 나무가 한 그루쯤 있으리라는 막연한 기대가 없었던 건 아니다.

주로 나무를 이용해 짓는 우리의 옛 건축물은 유난히도 살아 있는 큰 나무와 잘 어울린다. 세상 어떤 건축이 나무와 이만큼 완벽한 조화를 이룬단 말인가? 그런 생각과 함께 호연정 대문 안으로 들어섰다. 따로 관리하는 사람은 없고 출입은 자유롭다.

호연정은 조선 명종 때의 문신 이요당(二樂堂) 주이(周怡, 1515~1564)가 예안현감을 사직하고 낙향해 지은 독특한 정자의 이름이다. 주이는 성품이 너그럽고, 행동거지가 마치 신선과 같다는 평을 받은 조선의 선비다. 그는 명예와 물욕을 버린 채 모든 벼슬을 사양하고 호연히 돌아와 지은 정자라는 뜻에서 호연정이라는 이름을 붙였다.

주이의 행적은 그리 많이 알려지지 않았다. 그의 행적을 적은 기록 가운데 이황이 이끈 영남학파의 중추적 인물인 이상정(李象靖)의 69권짜리 시문집《대산문집(大山文集)》권 51의 〈승의랑 행 청홍도 도사 이요당 주공 행장(承議郎行淸洪道都事二樂堂周公行狀)〉 편이 있다. 여기에서 이상정은 주이의 시적 재능을 높이 평가했다. 여덟 살 때부터 시를 지을 정도로 문재(文才)가 뛰어났다는 주이는 효성이 지극하기로도 소문이 자자했다는 게 이상정의 술회다. 주이는 늘 "나무는 고요하려 하지만 바람이 허락하지 않는다(樹欲靜而風不饒)며, 부모를 잘 섬겨 모시려고 하지만 시간이 모자라 안타까웠다"고 적었다. 시간을 아끼며 부모 섬기기에 게을리하지 않았다는 이야기다.

주이는 성균관에서 학정(學正), 전적(典籍), 낭관(郎官) 등을 지냈으며, 춘추관기주관(春秋館記注官)을 거쳐 관동(關東)과 관서(關西)에서 도사(都事)를 세 차례나 지냈다. 서장관(書狀官) 임무를 맡아 중국 연경에 간 적이 있었는데, 그때 그는 황제의 요청으로 화분에 담긴 소나무, 즉 분송(盆松)을 읊은 절구 한 수를 지었다.

한 뼘 남짓한 작은 화분에 알맞춤한 소나무	半尺沙盆半尺松
풍상 겪으며 외로이 절개 지키며 늙어 비틀렸다	風霜孤節老龍種
하늘로 치솟아 오르는 법을 배우지 않은 때문이다	知渠不學干天長
이 땅에서 하냥 올곧게 살기가 쉽지 않음이어라	驗得人間直不用

올곧게 살아가는 정도(正道)가 허락되지 않는 그때의 중국 조정의 상황을 화분의 소나무에 빗대어 풍자한 시다. 지은이의 꼿꼿한

절개와 세파에 흔들리지 않는 절조를 표현한 이 시에 중국 황제가 감동했다는 이야기가 전한다. 황제의 찬탄으로 주이의 필명은 중국에 널리 알려졌다. 그 뒤로 중국에서 조선에 사신을 보낼 때에는 반드시 황제가 주이의 안부를 물었다고도 한다.

조선의 조정에서도 주이의 능력을 인정해 오랫동안 여러 벼슬을 거쳤지만, 벼슬살이를 지내는 동안에도 그는 늘 고향으로 돌아가 은거할 준비를 하고 있었다. 예안현감으로 있을 때 지은 〈술회시(述懷詩)〉에 그 마음이 그대로 드러나 있다.

마음 깊이 도연명을 사모하였으니	襟懷自是慕淵明
어찌 벼슬살이하며 무성에 머무르랴	肯佩牛刀滯武城
하얀 돌, 맑은 시내, 단풍나무 무성한 곳으로	白石淸川紅樹裏
의연히 한 서생으로 돌아가 머물고 싶어라	依然還作一書生

마음으로는 오래전부터 고향으로 돌아갈 준비를 하고 있었다는 이야기다. 마침내 벼슬을 버리고 돌아온 곳이 합천이고, 고요히 머무르기 위해 지은 정자가 호연정이다. 그 뒤에도 주이는 여러 차례 임금의 부름을 받았지만 모두 사양하고 일개 서생으로 남고자 했다. 주이는 자신의 뜻대로 유유자적하며 농촌 생활에 묻혀 지내며 여생을 보냈다.

선비 주이가 손수 이 정자를 짓지는 않았을 게다. 건축주라면 누구나 그렇듯이 주이 역시 다른 이의 손을 빌려 정자라는 건축물에 자신의 생각을 담고자 했다. 호연정을 지은 장인이 누구인지는 알려지지 않았으나, 그 역시 건축주인 주이의 생각을 외면하고 정자를 짓지는 않았으리라. 주이는 건축의 장인과 함께 건축물에 자신의 철학을 오롯이 구현했다. 주이 스스로를 천재적 건축가라고 하지 않을 수 없다.

무엇보다 정자의 기둥을 이룬 나무들이 그렇다. 기둥 가운데에는 둘레가 2미터를 넘는 굵은 거목이 있는가 하면, 그 절반에도 이르지 못하는 가느다란 나무도 있다. 또한 대청의 윗부분인 창방을 떠받치는 나무로는 일부러 심하게 휜 나무를 이용했다. 도저히 건축 자재로 사용하기 어려운 나무를 골라낸 것처럼 보인다. 주이는 시류(時流)를 거부했다. 모두가 건축 재료로 사용할 수 없다고 생각할 만한 목재를 골랐다. 좋지 않은 재료라고 내팽개쳤던 목재만으로 얼마나 훌륭한 건축물을 지을 수 있는지 보여주려 했다. 천재의 도발성이다. 자연 상태 그대로의 나무를 이용하면서도 완벽한 조화를 이루었다. 보는 것만으로도 감탄사가 절로 나온다.

어쩌면 천재는 건축물의 자재를 고르기 위해 오랫동안 절치부심하고, 또 멀리서 건축 자재를 힘겹게 운반해와 건축하는 세도가들의 건축 방식 자체를 철저히 부정하고 마을에서 쉽게 구할 수 있는 자재를 골라 정자를 지었다. 보여주고 싶었던 것이다. 벼슬을 버리고 자연에 묻혀 살겠다고 다짐한 것처럼 세상을 향해 웅변하고 싶었다. 자연의 흐름을 따른다는 것은 건축의 토대부터 기둥까지 모두가 그대로 자연에서 얻어야 한다는 것임을 실천으로 보여준 결과다.

건축가는 자연을 배경으로 하나의 건축물을 최대한 자연스럽게 없었다. 있는 그대로의 자연을 건축물 안으로 끌어들였다. 동쪽에서 자란 나무는 동편 기둥에 쓰고, 서쪽에서 자란 나무는 서편 기둥으로 쓰던 옛사람들의 자연주의 건축관을 그대로 실천했다. 자연과의 합일을 이루려는 생각을 완벽하게 구현했다. 벼슬살이를 하면서도 화려하고 비싼 옷은 거부했을 뿐 아니라 살림집도 세를 들어 살았던 특별한 청백리가 바로 주이였다. 담백한 성품과 고결한 정조를 갖춘 그가 자신의 성품을 고스란히 담아 자신의 정자 호연정을 완성했다.

굽이치듯 휜 나무를 그대로 목재로 사용한 예는 물론 다른 곳에서도 찾아볼 수 있다. 특히 충청남도 서산 개심사(開心寺) 심검당(尋劍堂)의 재료로 사용한 목재는 그 휘어지고 비틀린 것이 신비에 가깝다고들 이야기한다. 비슷한 듯해도 호연정은 개심사 심검당과 다르다. 개심사 심검당은 휘어진 나무를 바로잡지 않은 채 똑바로 눕혔지만, 호연정의 건축가는 휜 나무의 곡선을 정자의 서까래와 문틀에 그대로 이용했다. 신비로운 멋을 일부러 강조하지 않았고, 그저 있는 그대로의 모습을 얼마나 완벽하게 이용할 수 있는지를 보여주려고 했다. 도발적이라는 것은 그래서다.

건축물이 완성되었을 때 누구보다 즐거워했을 사람은 아무래도 건축주 주이였을 게다. 자신의 생각이 완벽하게 반영된 정자를 그는 분명히 마음에 들어 했을 것이다. 그리고 낙동강 지류인 황강(黃江)이 내다보이는 정자 앞뜰에 나무를 심었다. 정자 이름처럼 호연지기(浩然之氣)를 풀어나감에 모자람이 없는 광활한 풍경에 알맞춤한 나무, 은행나무였다. 호연정을 짓고 심었다고 전하니 무려 400년

정자 이름처럼 호연지기를 풀어나감에 모자람이 없는 나무, 은행나무

- 합천 호연정 은행나무

이 넘은 나무다.

그러나 나무는 아쉽게도 이미 수명을 다했다. 오랜 세월을 거치며 부풀려온 나무의 거대한 줄기는 여전히 이 집의 예술성과 천재 장인의 호방함을 그대로 닮고 하늘로 수천의 가지를 뻗어 올렸다. 마치 정자를 짓기 훨씬 전부터 그 자리에 그렇게 서 있었던 것처럼 의연한 모습으로 호연정의 호방한 기개를 상징하며 고사목이 되었다. 죽어서도 호방하다.

주이가 심은 나무는 한 그루 더 있다. 정자의 서쪽 담장에 붙어서 세월의 모진 풍상을 이겨내며 푸르게 자란 은행나무다. 이 나무는 마치 호연정을 찾는 이들에게 위치를 알려주기 위한 표식이라도 되는 듯, 정자 담장 곁에 우뚝 서서 멀리까지 호연정의 호방한 기품을 한껏 드러낸다. 무려 20미터에 이르는 큰 키다. 낮은 담장에 붙어 자라는 통에 실제보다 훨씬 더 커 보인다.

천재 건축가는 가장 자연스러운 건축물을 만들었다. 사람들은 이를 보고 비범한 재료를 사용했다고 하지만, 건축가의 입장에서는 가까이에서 흔히 구할 수 있는 가장 평범한 재료였다. 그렇다. '가장 자연스러운 것' 그것은 언제부터인가 '가장 비범한 것'이 되었다. 정자의 주인 주이는 그래서 예부터 느티나무와 함께 우리 마을 주변에서 흔히 보던 평범한 나무, 은행나무를 정자의 상징으로 심었다. 뜻밖의 자재를 이용해 놀라울 만큼 환상적인 걸작을 지어낸 호연정의 분위기에 비추어본다면 은행나무처럼 평범한 나무가 오히려 뜻밖이다.

그러나 비범한 건축물 안에서 자란 평범한 나무들의 호방함이야말로 자연에 묻혀 살아가려 했던 옛 선비의 뜻을 완벽하게 보여주는 게 아닌가 싶다. 가장 자연스러운 자재로 비범한 아름다움을 빚어내고, 그 비범함 가운데에 가장 평범한 나무를 심었던 옛사람의 심미안에 사뭇 고개를 숙이게 된다.

김정희

조선 최고의 선비의 어린 시절 추억

옛 선비들은 나무를 많이 심었다. 굳이 그들의 학문에 담긴 자연주의 철학을 들먹이지 않아도 농경문화권의 민족에게 나무를 심는 일은 일상다반사였다. 지위가 높은 선비는 물론이고 농사짓는 민초들도 마찬가지다. 그래서 선조들이 나무를 심은 뜻에는 민족이 살아온 살림살이의 역사가 고스란히 담기게 마련이다. 평범한 백성들이 심은 나무에는 백성의 살림살이가, 학자들이 심은 나무에는 그들의 철학이, 종교인이 심은 나무에는 종교적 신앙이, 정치가들이 심은 나무에는 정치의 역사가 담겨 있다. 또 오래전에 국가 간의 외교를 담당했던 선비들이 심은 나무에는 어렴풋이나마 외교의 역사가 살아남아 있다.

추사(秋史) 김정희(金正喜, 1786~1856) 선생도 나무를 심었다. 그가 살아온 내력은 물론이고, 중국과의 학문적 교류 사정을 그대로 담은 한 그루의 나무가 여전히 살아 있다. 충청남도 예산의 추사 고택에 살아 있는 천연기념물 제106호 예산 용궁리 백송이 그 나무다.

이름에서 짐작할 수 있듯이 백송은 소나무의 한 종류인데, 줄기 표면에 하얀빛이 도는 특별한 나무다. 물론 우리에게 특별한 나무이지 그의 고향인 중국에서는 흔히 볼 수 있는 나무다. 자람이 비교적 까탈스러운 백송은 고향인 중국 외에서는 잘 자라지 않는데다 옮겨심기도 잘 안 되는 특징을 가졌다. 우리나라에서 특별한 나무라 할 수 있는 이유다.

줄기 표면이 하얗다고는 했지만, 정확히 하자면 하얀색 바탕에 밝은 회색의 얼룩이 아름답게 무늬지어 있다고 해야 한다. 회색 얼룩무늬가 빚어내는 독특함이 남다르다. 신비로워 보이는 무늬다. 백송의 다른 이름도 모두 이 하얀 줄기와 얼룩무늬에 기대어 지어졌다. 중국에서는 흰색 줄기 껍질의 특징에 기대어 백피송(白皮松)이라는 이름으로, 또 회색의 얼룩무늬가 호랑이 가죽을 닮았다고 해서 호피송(虎皮松)이라고도 부른다. 영어권에서도 이 무늬를 특징적으로 보아 얼룩무늬소나무(Lace-bark pine)라고 한다. 헷갈리지 말아야 할 이름도 있다. 영어권의 나무 이름 가운데에 화이트파인(White Pine)이라고 부르는 나무가 있지만, 이는 스트로브잣나무를 민간에서 부르는 이름이지 백송과는 관계없는 이름이다.

줄기의 빛깔을 제외하면 백송은 여느 소나무와 크게 다를 게 없다. 다른 점이 있다면 잎 나는 방식이다. 두 개의 잎이 모여나는 소나무와 달리 백송은 세 개의 잎이 한데 모여 돋아난다. 그 밖에 대부분의 생육 특징은 소나무와 비슷하다. 소나무 가운데에 백송처럼 가는 잎이 세 개씩 모여나는 나무로 우리나라에서 찾아볼 수 있는 종류로는 리기다소나무가 있다. 그러나 나라 밖에서 자라는 소나무 종류 가운데에는 바늘잎이 세 개씩 모여나는 나무도 적지 않다. 특히 아메리카 지역에서 자라는 소나무 종류들이 그렇다. 김정희가 심은 예산 용궁리의 백송은 잎이 세 개씩 모여나는 우리나라에 흔하지 않은 소나무 종류이다.

예산 용궁리에서 태어난 김정희는 어린 시절을 서울에서 보냈다. 지금의 서울 종로 적선동 정부서울청사 부근이다. 당시 이곳에는 영조 임금의 둘째 딸인 화순옹주(和順翁主, 1720~1758)가 혼사를 치른 뒤에 살던 집이 있었다. 화순옹주는 김정희의 증조부인 김한신(金漢藎, 1720~1758)과 결혼을 했고, 김한신은 영조 임금으로부터 월성위(月城尉)라는 작위를 받았다. 월성위 김한신이 화순옹주와 함께 살던 그 집은 월성위궁으로 불렸다. 김한신은 후사를 보지 못하고 서른아홉의 젊은 나이에 세상을 떠났다. 남편을 잃은 화순옹주는 장례를 치르고 곧바로 곡기를 끊어 열나흘 만에 남편을 따라 죽음에 들었다. 후손이 없는 이 집안의 대를 이은 사람은 양자로 들인 김한신의 조카 김이주(金頤柱, ?~1797)였다. 김이주는 장남 노영(魯永)을 비롯해 노성(魯成), 노경(魯敬), 노명(魯明)의 네 아들을 두었다. 김정희는 그 가운데 뒤에 병조판서를 지낸 셋째 아들 김노경(金魯敬, 1766~1837)의 장남으로 태어났다. 그런데 가문의 장손인 김노영이 그의 할아버지 김한신과 마찬가지로 후사를 이을 아들을 낳지 못하자, 김정희가 양자로 들어가 월성위 가문을 이어갔다.

그러니까 김정희의 가문은 그의 증조할아버지 때부터 서울의 월성위궁에서 터잡고 살았던 것이다. 월성위 가문의 장손이 된 김정희 역시 자연스레 월성위궁에서 살아야 했지만, 김정희는 월성위궁이 아니라 지금 추사 고택으로 알려진 충청남도 예산 용궁리에서 태어났다. 김정희의 어머니가 출산을 준비하던 즈음에 마침 서울에 천연두가 창궐해 잠시 피신해야 했기 때문이라고 전한다.

김정희의 출생과 관련해 설화 같은 이야기가 여럿 전한다. 그 가운데에는 용궁리 뒷산의 시들어가던 나무들이 김정희가 태어나자 그의 생기를 받아 다시 살아났다는 이야기가 있다. 김정희라는 인물에 대한 마을 사람들의 지극한 공경심이 지어낸 이야기들이다.

역병이 잦아들자 김정희는 서울 집으로 돌아와 어린 시절의 대부분을 월성위궁에서 보냈다. 월성위궁에는 김한신이 수굿이 모은 책을 간직한 매죽헌(梅竹軒)이라는 이름의 서고(書庫)가 있었다. 당시로는 흔치 않았던 서고가 김정희에게는 지금의 도서관과 같은 역할을 하며 학문 세계를 넓혀가는 바탕이 되었다. 이때 아버지 김노경은 북학파의 거두인 박제가(朴齊家, 1750~1805)에게 어린 김정희를 소개했다. 박제가는 어린 김정희의 특별한 능력을 알아보고 일찌감치 제자로 삼았다. 김정희가 청나라의 고증학(考證學)에 기울었던 것도 이 같은 연유에서 비롯된 일이다.

추사 김정희가 19세기 한국사 최고의 학자이자 예술가로서의 기본적 소양을 닦은 건 결국 서울 통의동 시절이라 할 수 있다. 통의동 시절 어린 김정희의 마음에 인상적으로 새겨진 풍경은 한두 가지가 아니었을 게다. 그 가운데 나무가 있었다. 특히 월성위궁에는 영조가 딸 부부에게 선물로 내린 나무가 있었다. 영조는 화순옹주

어린 김정희의 마음에 새겨진 풍경 가운데 나무가 있었다.

– 서울 통의동 백송

가 살 집을 짓게 하고, 집이 다 지어지자 자신이 아끼던 나무 한 그루를 옮겨 심었다. 백송이었다.

월성위궁에서 살던 소년 김정희의 눈에 이 특별한 소나무의 인상은 강렬했을 것이다. 줄기 껍질만 빼면 우리 산과 들에 지천으로 살아 있는 소나무와 똑같은 나무다. 그래서 상서로운 흰빛을 가진 백송은 그동안 김정희가 보았던 소나무와 미묘하지만 뚜렷한 차이를 가지고 있는 독특한 나무였기에 더 깊은 인상을 주었다. 어린 시절을 추억할 때면 김정희에게 반드시 떠오르는 대표적 상징이 되고도 남음이 있었다.

월성위궁에 살던 사람들은 모두 세상을 떠나고 월성위궁 주변 환경도 완전히 바뀌었다. 하지만 영조가 월성위궁에 내린 백송만큼은 사람 떠난 자리에서 홀로 긴 세월을 잘 살았다. 일제 강점기를 지나 우리 손으로 나라 안의 귀한 나무들을 천연기념물로 지정한 1962년에 이 나무는 '서울 통의동 백송'이라는 이름으로 천연기념물 제4호에 지정되었다. 독립 노거수로서는 가장 앞선 번호를 가진 나무였다. 참고로 천연기념물 제1호는 대구 도동 측백나무 숲이고, 제2호는 합천 백조 도래지이며, 제3호는 맹산의 만주흑송수림이었다. 이 가운데 제1호인 측백나무 숲은 아직 남아 있지만, 제4호인 서울 통의동 백송을 비롯한 제2호와 제3호는 이미 천연기념물에서 해제되었다.

서울 통의동 백송이 천연기념물에서 해제된 것은 1993년이다. 그보다 3년 전인 1990년에 나무는 센 바람을 동반한 벼락을 맞고 쓰러졌다. 이때 나무의 나이테를 정밀조사한 결과, 일제 강점기인 36년 동안 성장을 멈추었다가 해방되면서부터 다시 성장을 시작했다는 신비로운 사실도 알려졌다. 우리 민족이 숨도 못 쉬고 살아야 했던 험한 시절을 백송도 나름대로 아파했던 모양이다. 나무가 쓰러지자 당시 대통령 노태우는 백송회생대책위원회(위원장 이창복 서울대 명예교수)를 조직했다. 대통령이 직접 나무를 살려야 한다는 지시를 내리는 건 흔치 않은 일이었다. 이는 청와대 근처에서 유서 깊은 큰 나무가 쓰러진 것을 불길하게 여긴 탓이었다. 대통령의 조치와 무관하게 마을 주민들도 백송 살리기 성금을 모으면서 나무 회생에 성의를 보탰다. 경상북도 안동 용계리에서 용계은행나무를 이식한 것으로 유명해진 (주)대지개발과 Gwiss Korea라는 외국계 회사가 나무를 살리려 시도했다. 수굿한 노력으로 한때 일부 가지에서 새싹이 돋고 나무줄기의 수맥이 살아나는 조짐이 있었지만 서울 통의동 백송은 끝내 살아나지 못했다. 다시 볼 수 없는 나무가 됐지만, 여전히 마을 사람들은 쓰러져 밑동만 남은 백송을 잘 보호하고 자랑스러워한다. 아울러 종로구청에서는 백송 주변을 옹색하지만 백송공원이라는 이름으로 보존하고, 주변에 어린 백송 몇 그루를 더 심어 옛 시절의 느낌을 애면글면 지켜가는 중이다.

서울 통의동 백송에서 비롯한 백송에 대한 남다른 애정이 김정희의 마음에 깊이 새겨졌다는 건 청년이 되어 중국의 연경(燕京, 지금의 베이징) 땅에 갔을 때에도 드러났다. 김정희가 스물을 넘긴 나이의 일이다.

김정희는 생원 자격을 주는 과거시험인 사마시험에 합격한 상황이었고, 아버지 김노경은 동지부사가 되어 청나라 연경에 가게 되었다. 이때 외교관의 아들이나 친척에게 부여되는 자제군관 자격으로 청년 김정희는 아버지를 따라 연경행에 올랐다. 1809년 10월 28일에 출발해 연경에 머무른 기간은 두 달이 채 되지 않았다. 연경에 머무르는 동안 김정희는 우리나라에서는 볼 수 없는 특별한 나무가 그 지역에 줄지어 서 있는 걸 볼 수 있었다. 낯선 타국에서 어린 시절을 회상할 수 있는 나무를 만난다는 건 누구에게나 특별한 경험이다. 김정희에게도 그랬다. 조국, 고향, 그리운 가족을 향한 향수를

조국, 고향, 가족을 향한 향수를 달래는 데에 백송만큼 알맞춤한 건 없었다.

– 예산 용궁리 추사 고택 백송

달래는 데에 백송만큼 알맞춤한 건 없었다.

연경에서 지내는 동안 백송을 즐겨 찾았던 김정희는 스스로 백송을 구해 심어 키우고 싶었다. 마침내 1810년 2월 1일에는 중국에서 만났던 옹방강, 완원과 같은 스승을 비롯한 여러 학자들이 베푼 송별연을 마치고 고국으로 돌아왔다. 귀국길에 오른 김정희의 손에는 나무 한 그루가 쥐어져 있었다. 백송이다. 그가 묘목을 가져왔는지, 씨앗을 가져왔는지는 기록에 남지 않았지만 어떤 형태로든 고이 싸

들고 왔다. 김정희는 귀하게 얻은 한 그루의 백송을 자신이 태어난 고택의 뒷동산, 그의 고조부 김흥경(金興慶, 1677~1750)의 묘지 앞에 심었다. 짬날 때마다 돌아보며 애지중지 키운 것은 물론이다. 지금의 예산 용궁리 백송이 바로 그 나무다.

청년 김정희의 나이 스물다섯, 1810년 즈음의 일이다. 그러니까 이 백송은 200살을 조금 넘긴 셈이다. 나무가 서 있는 김흥경의 묘지는 추사 고택에서 북서쪽으로 난 조붓한 도로를 따라 600미터쯤 떨어져 있고, 나무는 바로 그 묘지 앞에 있다.

한눈에도 예사롭지 않은 나무임을 충분히 알 수 있는 이 나무는 천연기념물치고는 가냘픈 몸매를 가졌다. 정성스런 보호가 있는 까닭에 건강 상태까지 그리 나쁜 건 아니지만, 규모는 여느 천연기념물급의 나무에 비해 매우 가녀린 편이다. 원래 이 백송은 땅에서 50센티미터쯤 위로 올라간 부분에서 줄기가 셋으로 갈라져 자랐다. 그러나 가장 큰 줄기와 서쪽으로 뻗은 또 하나의 줄기는 오래전에 부러져 없어졌다. 지금은 처음의 세 줄기 가운데 하나만 남아 있어 빈약해 보이는 것이다.

말없이 200년을 살아온 나무에는 그 시대를 대표하는 선비가 살아온 내력이 고스란히 담겨 있는 셈이다. 중국 밖에서는 자라기 힘든 나무가 왜 이곳에서 자랐으며, 또 굳이 이 나무를 이 자리에 심고 애지중지 키운 이유는 무엇인가를 생각해보는 건 나무 안에서 우리의 역사를 찾아보는 일이 된다. 이제 한창때의 아름답고 신비로운 자태는 잃었지만, 여전히 상서로운 흰 껍질을 덮고 서 있는 나무 한 그루가 소중한 이유다.

2장

곁에서 숨 쉬는 존재가 전해줄 위로

엄임의

조국으로 돌아가지 못한 사신의 보금자리

'파락사(波樂使)'라는 이름의 사신이 있었다. 8세기 초 흥경궁에서 아들의 아내인 스물을 갓 넘긴 양귀비(楊貴妃, 719~756)와 희대의 염문을 뿌린 현종(玄宗, 재위 712~756)이 주변국에 파견한 사신이다. 현종은 새로 지은 악장(樂章)을 주변에 알리기 위해 사신을 파견하며 그 직분을 '파락사'라 했다. 당연히 신라에도 당나라의 파락사가 찾아왔다.

신라 경덕왕(景德王, 재위 742~765) 때 파락사 신분으로 이 땅에 들어온 엄임의(嚴林義, ?~?)는 한나라의 시인 엄자능(嚴子陵)의 후손이기도 하다. 짧지 않은 기간에 타향에 와서 성심을 다해 임무를 다 마친 그는 고국인 당나라로 돌아가려 했다. 그때 문제가 벌어졌다. 태평성대를 누리던 당나라를 뒤흔든 정변이 일어났다. 755년에 중국 대륙 일대를 혼미에 빠뜨린 안록산의 난이었다. 고국에 돌아가는 건 위험했다. 황제의 가장 가까운 자리에서 신임을 받고 사신의 역할을 해야 할 자신이 돌아가서 평온하게 살 수 있을지 의문스러웠다. 엄임의는 귀국 일정을 뒤로 미루고 상황을 살피기 위해 지금의 강원도 영월 지역인 내성군(奈城郡)에 머물렀다.

반란이 오래도록 평정되지 않아 끝내 고국에 돌아가지 못한 파락사 엄임의는 영월 땅에 눌러 살기로 작정했다. 이곳에 뿌리가 없던 그는 아예 새 성씨(姓氏)를 일으켜 세우며 삶의 터를 닦았다. 그렇게 만들어진 성씨가 영월 엄씨다. 새로 일으킨 보금자리에서 생활의 안정을 찾은 엄임의는 뒤에 조정에서 벼슬까지 지냈다. 죽은 뒤에는 내성군(奈城君)에 추봉(追封)될 정도로 그의 역할은 작지 않았다. 새 성씨로 이어간 그의 후손들은 영월 땅에 보금자리를 틀고 살았다. 위쪽에 소나무가 우거진 솔숲이 있는 마을이어서 소나무 아랫마을, 하송리(下松里)라는 이름을 붙인 곳이 영월 엄씨의 시조 엄임의가 처음 터를 닦은 곳이다.

최근 들어 도시화의 급격한 변화가 있었지만 얼마 전까지만 해도 하송리는 그리 크지 않은 옛 살림집들이 옹기종기 모여 있는 영월 엄씨의 집성촌이었다. 그러나 몇 해 사이에 이 마을은 그야말로 상전벽해를 이루었다. 그럼에도 여전히 변함없는 건 한 그루의 큰 나무다. 하송리 마을 한가운데에서 천 년 넘게 살아온 영월 엄씨의 시조 엄임의가 손수 심은 한 그루의 은행나무, 천연기념물 제76호인 영월 하송리 은행나무다. 나무 앞에는 영월 엄씨의 후손들이 가문의 시조인 내성군 엄임의가 손수 심은 나무임을 증거하기 위해 비석까지 정성껏 세웠다.

엄임의가 심은 이 은행나무는 천 년을 넘게 살아온 나무다. 엄임의에 관한 기록이 많지 않고, 그의 생몰 연대 또한 정확히 알려지지 않아서 그를 당나라로 돌아가지 못하게 한 정변의 실체도 사실 정확하지 않다. 따라서 그가 심었다는 은행나무의 나이를 정확히 헤아리기도 쉽지 않다. 이를테면 엄임의가 당나라의 현종이 파견한 파락사였다면 그의 발목을 잡은 정변은 755년부터 763년까지 무려 9년 동안 지속된 안록산의 난이어야 한다. 그즈음에 영월 하송리에 자리잡은 엄임의가 심었다면 이 은행나무는 무려 1200년 넘게 이 자리를 지켜온 것으로 보아야 한다.

그러나 어떤 기록에는 엄임의가 고려 때에 호부원외랑(戶部員外郞) 벼슬을 지냈다고 한다. 고려는 918년에 일으킨 나라이니 당나라 현종의 연대와 맞지 않는다. 고려 건국 시기와 비슷한 때에 일어난 중국의 정변으로는 당나라 희종(僖宗) 말기인 875년부터 884년까지 10년 동안 중국 땅을 뒤흔든 황소의 난이 있다. 마침내 당나라를 무너앉게 한 농민반란인 황소의 난이 엄임의의 발을 영월 땅에 묶어 둔 중국의 정변일 수 있다. 엄임의가 고려조에서 벼슬을 지냈다면 그렇게 짐작하는 게 더 맞지 싶다. 그렇다면 영월 하송리 은행나무의 나이는 달라진다. 1100년을 조금 넘는 걸로 봐야 한다. 그러나 어느 쪽이든 기록이 없어 확정하기는 어렵다. 황소의 난이 맞든 안록산의 난이 맞든 영월 하송리 은행나무의 나이는 어쨌든 우리나라에서 가장 오래된 나무 가운데 한 그루인 게 맞다.

영월 하송리 은행나무에 대한 뚜렷한 기록도 있다. 150년쯤 전인 조선 후기에 활동한 문인 신범(辛汎, 1823~1879)은 이 나무를 찾아보

살갑던 주변 풍경은 죄다 사라졌지만 나무는 변함없이 제자리를 지키고 서 있다.

– 영월 하송리 은행나무

고 시 한 수를 남겼는데, 그 안에 이 은행나무를 '중유천년행(中有千年杏)'이라고 표현했다. 즉 '마을 한가운데에 서 있는 천 년 된 은행나무'라고 한 것이다. 그때에도 이 은행나무가 이미 천 년이 넘은 나무라는 걸 모두가 알았다는 증거다. 긴 세월 동안 사람들은 한 그루의 나무를 지키기 위해 무진 애를 썼을 것이다. 나무가 엄씨의 시조가 심은 마을의 상징이자 조상의 얼이 깃든 나무인 까닭이다.

나무는 키 29미터에 가슴높이 줄기 둘레 14.8미터라는 거대한 규모로 자랐다. 이쯤 되면 규모만으로도 우리나라에서는 몇 안 되는 거목에 속한다. 그러나 중심이 되는 줄기가 오래전에 부러져나가고 주변의 맹아지가 큰 키로 자란 탓에 실제로는 그 크기에 조금 못 미쳐 보인다.

오래된 나무인 만큼 이 은행나무에도 흔한 고목의 전설처럼 신통력을 가진 늙은 뱀이 살고 있다는 이야기가 전한다. 나무 안에 깃들어 사는 뱀은 워낙 기가 강해서 근처에 다른 동물이나 해충이 접근하지 못하게 한다고 전한다. 자신을 해하는 다른 동물에게는 살벌할 정도로 매서운 나무 안의 뱀은 그러나 주변 마을 사람들의 살림살이를 더 풍요롭고 평화롭게 지켜주는 고마운 뱀이기도 하다. 이를테면 어린아이들이 나무에 기어오르다 떨어져도 다치지 않도록 보호할 뿐 아니라, 나무를 향해 지극정성으로 기도를 올리면 아이를 낳지 못하는 부부에게 아들을 낳게 해준다는 전설도 전해온다.

살가운 전설을 끌어안고 마을의 수호목이자 정자나무로 마을 사람들의 쉼터 노릇을 했지만, 요즘은 나무를 보호하려고 주위에 단을 쌓고 울타리를 둘러친 탓에 나무 가까이 다가서기는 어려워졌다. 이제는 쉼터로서보다는 바라보기 위한 나무로 남았다.

게다가 나무 주변의 마을 풍경도 많이 달라졌다. 지금은 흔적도 남지 않았지만 나무 앞에는 대정사라는 절집이 있었다고 한다. 연유는 알려지지 않았지만 절집은 사라졌고, 얼마 전까지만 해도 그 자리에는 낮은 지붕의 작은 집들이 옹기종기 모여 살았다. 나무가 있는 자리는 도로의 막다른 곳 한가운데였고, 그곳에서 시작되는 마을은 비좁은 골목길로 이어져 있었다. 그러다가 최근에는 마을의 작은 집들을 모두 헐고 큰길을 냈다. 주변에는 대형 아파트 단지가 들어섰다. 나무 바로 앞의 허름한 슈퍼마켓이 옛 추억을 기억하게 했지만, 그나마 철거하고 나무 주변을 근린공원 형태로 가꾸었다. 살갑던 주변 풍경은 죄다 사라졌다.

얼마 전의 사정을 짐작하기 어려울 만큼의 빠르고 큰 변화에도 불구하고 한 그루의 나무는 변함없이 제자리를 잘 지키고 서 있다. 예전처럼 마을의 수호목이나 정자나무로서의 의미를 덜어낸 영월 하송리 은행나무는 이제 실용적 의미보다 '천연기념물'이라는 전시용 혹은 보존용의 의미로 더 오래 지켜질 듯하다.

실제로 1300년쯤 산 나무는 어떤 모습일까 하는 궁금증을 갖고 찾아오는 사람들의 발걸음이 끊이지 않는다는 게 이 마을 사람들의 이야기다. 심지어 영월 지역을 찾는 관광객들이 관광 코스 안에 이 은행나무를 집어넣고, 단체로 버스를 타고 찾아와 나무를 구경하고 지나가는 경우가 적지 않다고 한다. 특히 영월 하송리는 영월의 대표적 관광지 가운데 하나인 청령포와 멀지 않은 곳에 위치한 까닭에 스쳐 지나는 관광 코스로 알맞춤하다.

우리나라의 대표적인 은행나무 가운데 하나인 영월 하송리 은행나무는 이제 영월 엄씨 후손들이 관리하지 않아도 나라에서 철저히 관리한다. 평상시의 나무 주변 정리도 군청에서 직접 지휘한다. 그리고 당국에서는 나무 주변 환경이 이토록 큰 변화를 겪었다 하더라도 나무에 얽힌 옛 문화만큼은 지켜내려 애쓰는 편이다.

이를테면 나무 앞에서는 군청에서 주관하는 당산제를 여전히 해마다 한 번씩 지낸다. 이 행사에는 많은 영월 주민들이 참여한다. 사람도 바뀌고 풍경도 바뀌었지만 나무만큼은 끄떡없이 제자리를 지키며 천 년 전 옛일을 고스란히 기억한다. 오래 바라보는 사람에게 나무는 아주 천천히 두런두런 옛이야기를 건네온다. 더 큰 변화 없이 더 오래 건강하게 지켜지기를 바랄 뿐이다.

김영동

전쟁터로 떠나는 젊은 아들의 마음

천년고도 경주시의 북서쪽에는 평안한 마을 안강(安康)읍이 있다. 안강이라는 이름은 757년 신라 경덕왕 16년에 백성의 평안을 기원하며 붙인 이름이다. 사람 사는 곳이 매양 평안할 수만은 없겠지만 주민이 그리 많지 않은 고요한 마을인 까닭에 언제 찾더라도 마을 이름처럼 평안함을 느낄 수 있는 선한 마을이다.

600여 년 전에도 그랬다. 그때 이 마을에는 김영동이라는 효성 지극한 젊은이가 살았다. 중국의 홍건적의 침략으로 고려 땅이 혼란스럽던 공민왕 때의 이야기다. 1359년(공민왕 8) 섣달에 모거경(毛居敬)이 4만 명의 군사를 이끌고 서경까지 쳐들어왔다가 최영 장군에게 패해 돌아갔고, 다시 1361년에는 20만 대군이 고려의 수도 개경까지 침입했다가 고려의 대대적인 반격으로 패퇴하여 물러간 침략 전쟁이 한창이던 시절이다.

이미 한차례 홍건적의 침략을 겪은 적이 있는 고려는 나라를 지키기 위해 온 나라 백성이 마음을 모았다. 전쟁과 동떨어진 평화로운 마을 안강에 살던 젊은이 김영동도 예외일 수 없었다. 그는 나라를 지키기 위해 싸움터에 나가기로 마음을 다잡았지만, 전장으로 떠난 뒤 홀로 남을 어머니 걱정을 덜어낼 수 없었다. 생각 끝에 청년 김영동은 한 그루의 나무를 심으며 어머니에게 자신을 보살피듯 이 나무를 보살펴달라고 부탁했다. 회화나무였다. 나무가 잘 살아나면 자신이 무사히 돌아올 것이라는 말도 덧붙였다. 홀로 남은 어머니에게 자신의 혼이 남아 있는 상징으로 여기며 나무를 보살피면서 위안받으라는 효성 지극한 자식의 배려였다.

그러나 전쟁터에 나간 젊은 청춘은 끝내 돌아오지 않았다. 김영동의 어머니를 비롯해 마을 사람들과 그의 후손들은 청년의 지극한 효성을 생각하며 마을의 상징으로 김영동이 심은 회화나무를 애지중지 보살폈다. 나중에는 이 나무 앞에서 해마다 정월 대보름날 밤에 마을의 평안을 기원하는 동제를 올렸다. 동제는 지금까지 계속된다.

600년 세월을 지나오면서 나무는 키 19미터, 가슴높이 줄기 둘레 6.2미터의 거목으로 자랐다. 아들이 무사히 돌아오기를 바라는 어머니의 소원은 이루어지지 않았으나 나무에 기댄 많은 사람들의 간절한 소원이 많이 이루어졌다고 마을 사람들은 입을 모은다. 그래서 이제는 이 나무가 소원을 잘 들어주는 영험한 나무로 주변에 널리 알려졌다.

경주 사람들은 안강읍의 이 나무를 '경주의 정이품송'이라고까지

전쟁터로 떠난 김영동이 심고, 그의 어머니가 아들을 보살피듯 가꾸어 키우다.

- 월성 육통리 회화나무

부르며 아낀다. 정이품송과 같은 소나무도 아니고, 딱히 '정이품'에 버금가는 벼슬을 얻은 나무도 아니건만 마을 사람들은 나무가 누릴 수 있는 최고 지위를 나무에 붙여가며 자랑스럽게 보호한다. 천연기념물 제318호에 지정된 '월성 육통리 회화나무'다. 1989년까지 월성군에 속했다가 월성군이 경주군으로 이름을 바꾸고 1995년에는 경주시로 통합해 이제 월성이라는 이름은 쓰지 않지만, 근사하고 곱게 늙은 이 나무에는 옛 마을 이름이 그대로 남았다. 천연기념물의 이름은 식물의 학명이나 사람의 이름처럼 고유명사여서 한번 정하면 바꿀 수 없기 때문이다.

근사하고 곱게 늙은 나무라고 하긴 했지만 실제로 나무의 모습은 우리나라의 여느 회화나무에 비하면 그의 생김생김에는 아쉬운 점이 많다. 우선 나무가 서 있는 위치부터 그렇다. 마을로 들어서는 비좁은 골목 안쪽에 서 있는 까닭에 사방으로 넓게 펼쳐야 할 나뭇가지가 바로 옆의 살림집과 마을회관 건물에 막힌 풍광부터 답답한 느낌을 준다. 둘레 6미터가 넘는 굵은 나무줄기는 3미터쯤 높이에서 둘로 나뉘었다. 하나의 줄기는 곧게 치솟아 올랐고, 그보다 훨씬 굵은 다른 줄기는 땅바닥과 나란한 수평 방향으로 뻗으며 숱한 가지를 펼쳤다. 중심 부분에는 오래전에 굵은 줄기가 부러져나가 텅 빈 흔적이 드러나서 외과수술로 충전했다. 나무의 생김새가 불균형하게 보이는 것도 사방으로 고르게 가지를 펼치는 여느 회화나무에 비교해 아쉬운 점이라 할 수 있다.

그러나 나무에 담긴 오랜 세월, 그리고 그 안에 담긴 청년 김영동과 그의 어머니, 마을 사람들의 지극정성만큼은 생김새에서 느껴지는 아쉬움을 메우고도 남는다. 나무에 얽힌 옛이야기를 아는 사람이라면 머뭇거리지 않고 '근사하다'고 표현할 수밖에 없는 이유다.

중국에서 들어와 오래전부터 우리 땅에 자리잡고 살아가는 회화나무는 자라는 모양이 아름다울 뿐 아니라, 긴 세월 동안 건강하고 늠름하게 살아가는 나무로 손꼽히는 나무다. 느티나무 못지않게 가지를 넓게 펼치며 자라기 때문에 오래된 마을의 당산나무나 정자나무로 많이 만나게 되는 우리의 대표적인 나무다.

회화나무는 선비들이 좋아했던 나무로도 잘 알려졌다. 심지어 옛 선비들은 집을 옮겨갈 때에도 회화나무만큼은 함께 옮겨갈 만큼 아꼈다는 이야기가 전할 정도다. 또 회화나무에 우윳빛 꽃이 피어날 즈음이 곧 학동들이 과거시험을 보러 가야 할 시기라는 점에서도 선비의 상징이 되었다. 까닭에 회화나무는 아예 '선비나무', '학자수'라고 불러왔다. 흥미로운 것은 서양에서도 회화나무를 스콜라 트리(Scholar tree)라는 별명으로 부른다는 것이다. 서양 사람들에게 과거시험이 있었던 것도 아닐 텐데, 동서양이 이 나무에서 받은 첫 느낌이 비슷했다는 사실이 재미있다.

회화나무는 발음을 정확히 하기 쉽지 않다. 따라서 지방마다 회화나무의 표기는 조금씩 다르다. '괘나무'나 '회나무'라고 부르는 곳도 있고, 생뚱맞게 '호야나무'라고 부르는 곳도 있다. 전체적인 생김새가 느티나무와 비슷한 까닭에 두 종류의 나무를 섞어서 부르는 지방도 있다. 회화나무를 한자로 표기할 때에 '괴(槐)'를 쓰는데, 이 글자는 느티나무를 뜻하기도 하는 바람에 더 혼란스럽다. 산림청의 보호수 목록 가운데에서도 회화나무와 느티나무를 혼동하는 경우가 가끔 발견된다. 생김새나 분위기는 비슷하지만 느티나무는 느릅나무과이고, 회화나무는 콩과의 나무라는 점에서 친근 관계가 없는 서로 다른 나무다.

전쟁터로 떠난 김영동이 심고 그의 어머니가 아들을 보살피듯 애지중지 가꾸어 키웠으며, 그 후손들이 대대로 김영동과 그 어머니의 뜻을 이어받아 성심껏 키워온 월성 육통리 회화나무는 우리나라에 살아 있는 회화나무 가운데 가장 오래된 나무로 앞으로도 더 잘 보존해야 한다.

그러나 나무가 서 있는 자리, 즉 생육 공간이 모자란 상황은 안타까움을 불러일으킨다. 나무 바로 곁으로 난 골목길을 콘크리트로 포장하는 바람에 나무의 뿌리가 숨쉬어야 할 토지 공간이 매우 옹색하다. 골목길을 넓힐 수도 없고, 그 양옆으로 낮은 지붕의 살림집들이 이어지기 때문에 지금으로서는 어찌할 도리가 없다. 그나마 얼마 전까지 맞은편에 있던 낡은 집을 철거하고 나무 앞의 공간을 조금 넓히기는 했지만, 마을 사람들의 주요 통로인 나무 옆길만큼은 어쩔 수 없는 상황이다.

사람의 마을에서 사람과 더불어 살아가야 하는 나무의 운명이 안타깝기만 하다. 사람의 마을에 들어와 살기 위해서 나무가 겪어야 하는 하릴없는 운명이다. 앞으로도 오래오래 우리 곁에 살아남아 더 많은 사람들의 소원을 더 많이 들어주기를 바라고 싶지만, 우리가 그에게 해준 것이 지나치게 모자라 안타까울 뿐이다.

고려의 어머니

세상 모든 어미의 애틋한 한

사람은 떠나도 나무는 남는다. 경상남도 거창군 남상면 무촌리 감악산(紺岳山) 자락에는 어머니와 아들의 애틋한 모정의 향기를 담고 서 있는 한 그루의 은행나무가 있다. 고찰 연수사(演水寺) 일주문 곁 언덕배기에 서 있는 나무다.

언제 찾아도 고즈넉한 산사 연수사는 신라시대에 임금이 손수 창건을 지시하고 두루 살핀 명찰이다. 신라의 40대 임금인 애장왕이 왕비의 병환을 낫게 한 스님들에 대한 보답으로 지은 법보종찰 해인사와 같은 방식으로 창건한 절이다.

해인사를 지은 애장왕보다 50여 년 뒤에 임금 자리에 오른 신라 47대 임금 헌안왕(憲安王, 재위 857~861) 때의 일이다. 당시 헌안왕은 이름 모를 병을 얻어 몸을 제대로 가누지 못했다. 누구는 중풍, 즉 뇌졸중이었다고 하지만 당시 의학으로는 정확한 병명을 알기 어려웠다. 그러던 어느 날 임금의 꿈에 부처가 나타나 자신의 병을 낫게 할 약수가 있는 곳을 알려주었다. 이튿날 잠자리에서 일어난 헌안왕은 곧바로 꿈에서 부처가 알려준 약수터를 찾아 나섰다. 그곳에는 실제로 바위 틈에서 맑은 약수가 흘러나오고 있었다. 임금은 부처가 일러준 대로 약수를 마셨고, 그로부터 불과 보름 만에 병은 씻은 듯이 나았다고 한다.

헌안왕은 부처에 대한 고마움의 표시로 약수가 나오는 자리에 절을 짓고, 절의 이름을 '신통한 약수가 흐르는 절'이라는 뜻으로 연수사라 했다. 건강을 되찾은 왕은 연수사를 자주 찾으며 불심(佛心)을 키웠고, 연수사 바위 틈 약수의 신비로운 효능을 널리 알렸다고 한다. 그러나 아쉽게도 그 뒤의 기록이 많지 않아 연수사의 자세한 내력은 알 수 없다. 절집 연수사는 거창 지역에서야 큰 절에 속하지만 사람들의 발길은 그리 잦지 않은 편이다. 절집 근처에는 천년 전의 임금이 병을 고쳤듯 병든 중생의 아픔을 치유하는 부처의 자비로운 손길이 천년 넘게 끊이지 않는 감로수가 '물맞이탕'이라는 이름으로 남아 있다.

감로수와 함께 연수사에는 절집의 오랜 역사를 느끼게 할 나무가 한 그루 있다. 앞에서 이야기한 은행나무다. 연수사 일주문 앞 빈터에 닿으면 가장 먼저 보이는 나무다. 법당을 비롯한 대개의 전각이 일주문 안쪽으로 이어진 가파른 계단 위쪽에 있어서 겨우 지붕만 빼꼼히 보이는데, 커다란 은행나무 한 그루가 절집의 전각들보다 먼저 절집을 찾은 나그네를 맞이한다.

거창 연수사 은행나무는 키가 38미터이고, 가슴높이 줄기 둘레는

커다란 은행나무 한 그루가 절집을 찾은 나그네를 먼저 맞이한다.

- 거창 감악산 연수사 은행나무

7미터 가까이 되며, 수령은 600년이 넘는 걸로 짐작되는 큰 나무다. 오랫동안 별 탈 없이 건강하게 자란 이 나무는 가지도 넓게 펼쳐서 동서남북 사방으로 고르게 20미터를 넘겼다. 특히 나무의 높이가 38미터라면 우리나라에 살아 있는 모든 은행나무를 통틀어 높이에 있어서 가장 큰 몇 그루의 나무에 꼽히는 규모다. 현재 경상남도 기념물 제124호로 지정해 보호하는 소중한 나무다.

나무는 크기도 크기지만 생김새가 무척 장하다. 중심 줄기가 힘있게 우뚝 하늘로 솟아올랐는데, 가지는 적당한 자리마다 솟아나와 옆으로 넓게 펴졌다. 여러 가지가 고르게 퍼진 까닭에 전체적으로 우아한 자태를 갖췄다. 600년 세월 동안 온갖 풍상을 다 겪었지만 나무에는 별다른 상처도 없다. 줄기 바깥쪽에는 몇 개의 맹아지가 굵은 줄기 곁에 바짝 붙은 채 옹기종기 모여서 나무의 위용을 더 웅대하게 키워준다. 나무의 가장 오래된 부분인 중심 줄기는 물론이고 나중에 돋아난 맹아지까지 그 표면에는 세월의 풍진을 증거하기라도 하려는 듯 푸른 이끼가 무성하게 돋아올랐다.

이 근사한 은행나무는 신라시대의 고승 원효(元曉, 617~686) 스님이 이곳을 지나다 심은 나무라고 하는 이야기도 전하지만, 이는 그다지 신빙성이 없다. 만일 1300년 전에 활동하던 원효 스님이 심은 나무라면 그 정도의 연륜을 가져야 하건만, 그만큼은 되어 보이지 않는다. 원효 스님의 법력에 기대려 했던 옛사람들이 허투루 지어낸 이야기일 듯하다.

나무에 관해서는 보다 믿을 만한 전설이 하나 더 전한다. 600년 전쯤인 고려시대 말의 이야기다. 그때 고려의 왕족과 혼인한 여인이 이 마을에 있었다. 그이가 아들을 낳았을 무렵에 고려가 멸망했다. 여인은 유복자가 된 열 살짜리 아들과 함께 패망한 왕족의 참화를 피해 이곳 감악산 연수사로 숨어들었다. 얼마 뒤 왕족의 영화를 누리던 여인은 나라의 멸망을 겪으며 운명의 오묘함을 깨닫고 불가(佛家)에 귀의했다.

여인은 절집에서 안정을 찾았고, 어미의 극진한 보호 아래 어린 아들은 총명하게 자랐다. 그러던 어느 날 연수사를 찾아온 한 스님이 아이의 재능이 뛰어나 이곳에 머무르기는 아까우니 자신이 데리고 가 훌륭한 인재로 키우겠다고 했다. 아이를 떠나보내면 홀로 남게 될 여인은 완강하게 거절했다. 그러나 긴 설득 끝에 여인은 스님의 권유를 받아들여 아들을 스님께 맡기기로 했다. 하나밖에 없는 아들과의 생이별을 감내하기로 한 것이다.

스님을 따라 절을 떠나게 된 어린 아들은 작별을 슬퍼하는 어머니를 위해 전나무 한 그루를 심으며, 꼿꼿이 자라는 이 나무를 아들 보듯이 살펴달라며 여인을 위로했다. 아들의 이야기에 화답하여 여인도 나무를 심었다. 아들이 심은 전나무가 잘 내다보이는 자리에 여인은 은행나무를 심으며, 언제든 이 절집에 다시 돌아오게 되면 지금 심은 이 은행나무를 어미로 여기라고 했다. 여인은 자신이 살아 있는 동안 다시 아들과 만날 수 있을지 몰랐지만, 자신이 죽은 뒤에라도 아들과의 해후가 이뤄지기를 기원하는 마음으로 헤어짐의 안타까움을 씹어삼켰다.

어머니와 생이별을 나눈 아들이 심은 전나무는 잘 자랐지만, 오랜 세월이 흐르며 강풍에 넘어가 죽었다. 어머니가 심은 은행나무만이 살아남았는데, 그게 바로 일주문 곁 언덕의 은행나무다. 헤어짐의 애틋함이 담긴 은행나무는 그 자리에서 잘 자랐다. 게다가 나무는 때때로 모자의 생이별을 슬퍼했나. 아들의 안부를 그리워하는 어머니의 모정을 드러내듯 은행나무는 가끔 구슬픈 울음소리를 내며 울었다고 한다. 나무의 울음은 산 아래의 이웃 마을까지 퍼졌고, 울음의 속내를 아는 마을 사람들도 나무와 함께 여인과 그 아들의 생이별을 슬퍼했나고 한다.

임금이 부처의 은덕을 입고 손수 지은 거창 감악산의 산사(山寺), 연수사는 그렇게 수백 년 동안 사람의 마을 가까이에서 사람의 애틋한 그리움의 모정(母情)으로 오늘까지 남아 지나는 나그네들을 따뜻하게 맞이한다.

거창 연수사 은행나무에는 재미있는 이야기가 하나 더 있다. 이 은행나무는 씨앗을 맺지 않는 수나무인데, 이 수나무와 부부 관계를 맺은 암나무가 이웃 마을에 있다는 흥미로운 이야기다. 산 아래 마을인 무촌리의 마을회관 앞마당에 서 있는 나무로 홀로 서 있는 연수사 은행나무의 외로움을 달래기 위해 오래전에 마을 사람들이 이어준 천년 가약이라고 한다. 마을회관 앞의 은행나무는 400년 정도 된 암나무다.

황시간

찬비 맞고 서 있을 탱자나무를 그리며

조선의 명재상 황희 정승의 후손이 터잡고 사는 곳이 있다. 경상북도 문경 대하리에는 황희의 후손이 처음 자리잡고 대를 이어 살아온 오래된 살림집도 남아 있다. 경상북도 문경 장수 황씨(長水黃氏) 종택이다. 이 집은 경상북도 문화재자료 제236호로 지정된 문경지방의 양반 가옥으로, 장수 황씨 15대조인 황시간(黃時幹, 1558~1642)이 처음 집을 짓고 살았던 고택이다. 임진왜란 때 영의정을 지낸 서애(西涯) 유성룡(柳成龍, 1542~1607)이 공부했던 집이라고도 알려졌다.

이 고택 앞마당에는 별난 생김새의 나무가 있다. 탱자나무 한 쌍이다. 억센 가시가 촘촘히 돋아나는 탱자나무는 대개의 경우 생울타리로 심어 키우지만, 이 집의 탱자나무는 대문 바로 안쪽에 마련한 화단의 중심이 되어 잘 자랐다.

더 놀라운 것은 마치 완벽한 한 그루처럼 보이는 이 나무가 실은 두 그루의 나무라는 사실이다. 바짝 붙여서 심어 키운 한 쌍의 탱자나무는 400년을 살아오면서 적잖이 불편했을지도 모른다. 가지를 뻗어야 할 자리가 모자랐을 뿐 아니라, 우리 눈에는 보이지 않는 땅속 깊이 내린 뿌리를 뻗기에도 불편했으리라. 하지만 그들은 서로에게 조금씩 양보하고 배려하며 살아온 탓에 탱자나무 가운데에서는 세상 어디에서도 볼 수 없는 매우 아름다운 수형을 이루었다. 다툼이 끊이지 않는 사람살이에서 한 번쯤 바라보아야 할 나무다.

오랫동안 이 집에서 후손들이 살림을 이어왔지만 최근에는 비었다. 후손들은 종택 근처에 있는 다른 살림집으로 옮겨가고 이 고택은 문화재로 보호하는 중이다. 나무를 처음 만나던 20년쯤 전, 대문이 굳게 닫혀 있고 연락처도 찾을 수 없어서 아쉽게 바깥에서 담장 너머로 들여다보고 돌아온 적도 있었다. 나중에 안 사실이지만 집 안에 보관하던 유물을 도난당한 사건이 있었기 때문이라고 한다. 최근에는 이 유물을 다른 곳에 잘 옮겨놓고 대문을 활짝 열어젖혔다. 게다가 원하는 사람이라면 누구라도 머무를 수 있도록 '고택 체험'을 준비한다고도 한다. 몇 채의 건물과 마당을 깔끔하게 수리하고 정리한 게 눈에 띈다. 이 집을 지키는 후손 가운데 한 분인 장수황씨 종친회의 황문주 회장은 그냥 비워두기보다는 사람들이 들고 나면서 집 안에 사람의 온기가 깃들어야 오래된 집을 더 잘 지킬 수 있다는 생각에서 '고택 체험'을 준비한다고 했다.

마당을 깔끔하게 정리한 까닭인지 탱자나무는 이전의 어느 때보다 더 돋보인다. 억센 가시 때문에 가까이 다가서는 건 여전히 조심스럽지만 바라보는 것만으로도 마음이 푸근해지는 멋진 나무다. 두 그루가 거리를 두지 않고 바짝 붙어서 자란 이 탱자나무는 제가끔 줄기 둘레가 2미터 가까이 될 만큼 굵다. 탱자나무 가운데 이만큼 굵은 줄기로 자란 나무를 보는 건 특별한 일이 아닐 수 없다. 7미터나 되는 키도 그렇다. 두 그루의 나무가 모여서 사방으로 고르게 펼친 나뭇가지의 폭은 10미터를 넘는다. 탱자나무로서는 엄청난 규모다.

나라 안에서 잘 알려진 탱자나무 가운데에 천연기념물 제78호로 지정한 강화 갑곶리 탱자나무의 키는 겨우 4미터 정도 된다. 살아 있는 탱자나무 가운데에는 비교적 큰 나무로 알려진 게 그 정도다. 하지만 그래 봐야 장수 황씨 종택의 탱자나무에 비하면 절반 조금 넘는 규모에 지나지 않는다. 이 한 쌍의 탱자나무가 영락없는 한 그루처럼 자랐다는 것도 대단하다 하지 않을 수 없다. 지난 2000년에 이 특별한 나무를 경상북도 기념물 제135호로 지정해 보호했는데, 며칠 전에 국가 지정 천연기념물로 승격한다는 더 기쁜 소식이 전해졌다.

탱자나무는 이 집을 지을 때인 1593년 무렵에 함께 심은 것으로 전한다. 이 집에서 처음 살았던 황시간이 집의 풍치를 돋우기 위해 마당 한가운데에 심은 나무다. 그가 왜 탱자나무를 정원수로 골라 심었는지는 기록이 없어 확인할 수 없다. 그러나 이 집 안의 정원에 심은 나무가 어떤 종류였든 후손들은 조상이 심은 나무를 오랫동안 정성껏 지켜왔을 것이다. 지금처럼 아름다운 생김새의 정원수로 자라난 것은 모두가 고택과 나무를 고이 지켜온 후손들의 덕이다.

우리 조경의 역사에서 탱자나무를 양반 가옥의 정원수로 심은 경우는 장수 황씨 종택의 탱자나무가 처음 발견된 것이다. 물론 탱자

서로에게 조금씩 양보하고 배려하며 세상 어디에서도 볼 수 없는
아름다운 수형을 이루었다.

– 문경 장수 황씨 종택 탱자나무

나무를 정원수 혹은 조경수로 심어 키우는 경우가 아주 없는 건 아니다. 익산, 문경, 부여, 영동 등에 그런 나무들이 있긴 하다. 이를테면 충청북도 영동 만계리라는 작은 마을의 한 살림집에서는 낮은 대문 곁에 탱자나무 한 그루를 심고 오랫동안 보호해 지금은 탱자나무가 대문 울타리 역할을 한다. 뿐만 아니라 부여 석성리에도 동헌 앞마당에 홀로 심어 키운 탱자나무가 있다. 마찬가지로 익산 원수리의 가람 이병기 선생 생가에도 모정 앞에 정원수로 심은 탱자나무가 있다. 하지만 우리나라 안의 어떤 탱자나무도 장수 황씨 종택 탱자나무에 비하면 규모나 아름다움에서 밀려날 수밖에 없다.

동서로 두 그루가 한데 뭉쳐 자란 탱자나무는 멀리서 보면 영락없이 하나의 나무로 보인다. 동쪽의 나무는 땅에서부터 세 개의 큰 가지로 나누어졌는데 줄기의 일부가 조금 썩어 들어갔으나, 네 개의 가지로 뻗어나간 서쪽의 나무는 건강한 상태다. 역시 탱자나무의 큰 특징 가운데 하나인 가시는 억세게 발달해 있으며, 가지 사이사이로 노란 탱자 열매가 무성하게 맺힐 때의 풍경은 더없이 아름답다. 전체적인 나무의 생김새가 정원수로도 손색이 없는 풍채를 갖추고 있다.

이 나무를 정원 조경용으로 심은 것을 증거라도 하려는 듯 나무 주변에는 몇 개의 큰 자연석을 세워놓아 정원의 품격을 돋보이게 했다. 지금은 탱자나무가 워낙 울창하게 자라나서 돌의 크기가 왜소해 보이지만, 옛사람들이 이 나무를 정원에 심고 얼마나 소중하게 여겼는지를 충분히 느낄 만한 장치들이다.

모든 나무에게는 가지를 펼치고 넉넉하게 숨쉴 만큼의 공간이 필요하다. 그 공간이 배려되지 않은 상태의 이 나무들은 어쩔 수 없이 서로에게 자신의 공간을 조금씩 양보하며 자랐다. 공생의 지혜를 찾아낸 것이다. 만약 그들이 홀로 우뚝 일어서려는 짧은 생각만 가졌다면 지금같이 아름다운 모습을 갖출 수 없었을 것이다. 상대를 상처내며 홀로 일어서려는 오만과 욕심에 가득 찼다면 결국은 둘 다 죽음에 들고 말았으리라. 그게 모든 생명의 이치이지 싶다.

공존과 공생의 지혜, 그건 나무나 사람이나 현명한 자에게만 닿을 수 있는 경지인 모양이다. 400년이라는 긴 세월 동안 이토록 아름다운 나무를 지켜낸 곳이 바로 조선의 명재상 황희 정승의 후예들이 살아가는 장수 황씨 종택이라는 것도 그런 생각을 보태준다. 나무와 함께 살아온 옛사람들의 지혜가 고맙게만 느껴진다.

오득린

이순신과 함께 싸운 장군의 혼

영국의 역사학자 E. H. 카아(Carr)는 명저 《역사란 무엇인가》에서 "역사는 과거와 현재의 끊임없는 대화"라고 했다. 오래된 과거의 축적으로 이루어지는 현재의 삶을 돌아보는 것이 곧 역사라는 의미심장한 언술이리라. 대학자의 이야기가 아니어도 우리의 살림살이에는 언제나 과거와 현재의 끊임없는 대화가 이어진다. 사람 사는 곳 어디라도 옛사람들의 자취는 남아 있고, 그 품 안에서 살아가는 사람들은 선인의 향기를 오래 간직하기 위해 애쓰게 마련이다. 옛사람이 손수 심고 키운 나무를 세심하게 돌보는 것도 과거와 현재의 대화를 짚어보는 역사적 상징임에 틀림없다.

"임진왜란이 일어나자 자발적으로 의병을 모아 이순신 장군을 찾아간 우리 조상이 있었어요. 오득린이라는 장군이죠. 지략이 뛰어나서 이순신 장군이 매우 아끼며 참모로 기용한 명장이에요. 그 할

아버지가 왜군의 총탄을 맞고 할 수 없이 물러나서 이곳에 들어와 마을을 일으켰어요."

나주 오씨 집성촌인 전라남도 나주시 공산면 상방리 상구 마을. 이곳에서 태어나 살고 있는 오영선(54) 씨의 이야기다. 오득린(吳得隣, 1564~1637)은 충무공 이순신 장군의 참모로 활약하며, 노량해전에서 충무공이 전사한 뒤에도 끝까지 전투를 이끈 명장이다.

1564년(명종 19)에 태어난 오득린은 임진왜란이 발발하자 1,000여 명의 의병을 모아 구국의 대열에 앞장섰다. 송익필(宋翼弼, 1534~1599)의 추천으로 충무공 이순신의 부대에 들어가게 된 그는 명량해전과 노량해전 등의 주요 전쟁에서 이순신 장군을 보좌했다. 노량해전 때에는 이순신 장군이 전사한 뒤 부대를 이끌었을 정도로 유능했던 당대 최고의 명장이다. 임진왜란에서의 공이 인정되어 지금으로 말하면 해군 장성급인 선무원종공신(宣武原從功臣)이 되었다.

이순신 장군에 대한 오득린의 충정은 매우 깊었다. 이를테면 이순신 장군이 옥중에 갇힌 와중에도 그는 장군이 풀려나 다시 왜적과 싸울 때를 대비해 해남, 진도, 영암 등의 지역을 오가며 군사 훈련을 주도하고 전투태세를 다졌다. 명량대첩 때에는 철군하려는 왜군의 정보를 사전에 알아채고 이를 이순신 장군에게 일찌감치 알려 왜군의 전술을 저지하는 공을 세우기도 했다.

오득린 장군에 대한 이순신 장군의 신임도 두터웠다. 노량해전 때 왜군의 흉탄을 맞은 이순신 장군은 조카 완(莞)을 불러 "내가 죽었다는 말을 입 밖에 내지 말고 오득린에게 나를 대신해 군사를 지휘하게 하라"라며 숨을 거두었다는 이야기가 전한다. 이 전쟁에서 오득린을 이순신 장군에게 추천했던 송익필과 오득린의 아우 오대립은 전사했으며, 오득린은 장애를 얻게 되었다.

전쟁이 끝나고 오득린은 고향 나주의 상구 마을로 돌아왔다. 평온한 마을에 자리잡은 오득린은 마을을 오랫동안 평안하게 이끌고 싶었다. 전쟁의 참혹함을 전장에서 몸소 겪은 경험은 평화의 소중함을 더 절실히 깨닫게 한 것이다. 그는 마을 터의 풍수를 살펴보고 마을의 지세 가운데에 한켠이 약하다는 판단을 했다. 약한 쪽의 기운을 보태 땅의 기운을 바로잡기 위해 그는 마을 입구에 손수 나무를 심었다. 상구 마을에 마을 숲이 조성된 것은 그래서였다. 그때 그가 심은 나무들 가운데에 여태까지 살아남은 나무가 여러 그루 있다. 팽나무, 느티나무, 호랑가시나무 등 10여 그루가 그 나무들이다. 이 가운데 호랑가시나무 한 그루는 지난 2009년에 천연기념물 제516호로 지정됐다.

여전히 장군의 후손들인 나주 오씨가 모여 사는 상구 마을에서는 해마다 정월 그믐에 호랑가시나무 앞에서 당산제를 지낸다. 이 당산제는 마을의 안녕과 평화를 기원하는 의미도 있지만, 조국의 평화를 위해 온몸을 바쳐 왜적과 맞서 싸운 조상 오득린 장군을 추모하는 제사이기도 하다. 마을 사람들은 정성껏 제사 음식을 준비해 당산제를 올린다. 당산제의 마지막 절차로 음복을 마친 뒤 남은 음식은 호랑가시나무 앞의 땅을 파고 묻으며 소원을 비는 풍습이 남아 있다.

"마을 서쪽으로는 숲이 울창한데, 반대쪽으로는 너른 들판이 펼쳐져 조금 휑하게 보여요. 풍수를 보는 사람들은 좌청룡, 우백호의

약한 쪽의 기운을 보태 땅의 기운을 바로잡기 위해 그는 나무를 심었다.

– 나주 상방리 호랑가시나무

좌청룡이 빠졌다고 합니다. 그래서 마을을 일구며 오득린 할아버지는 마을의 동쪽 입구에 마을 숲이라 해도 될 만큼 많은 나무를 심으셨어요."

지금 이 마을에서 살림살이를 이어가는 오득린 장군의 후손 오영선 씨의 이야기다. 마을 사람들은 여전히 마을의 나무를 이야기하며 오득린 장군의 공로를 빼놓지 않는다. 원래 마을 동쪽 어귀는 조릿대를 비롯한 낮은 키의 나무들이 덤불숲을 이루었다고 한다. 서쪽의 울창한 숲과 균형을 이루기 위해 오득린 장군은 이곳에 느티나무, 팽나무처럼 크고 오래 자라는 나무를 골라서 심은 것이다. 장군은 마을이 평화롭고 사람들이 건강하게 살기 위해서는 이 숲을 오래도록 잘 지켜야 한다고 강조했다고 오씨는 덧붙였다.

세월이 지나면서 마을 어귀에 서 있던 나무 가운데에 죽은 나무도 있어서 숲의 규모가 줄어들기는 했지만, 변함없이 싱그럽게 살아 있는 나무를 마을 사람들은 조상 모시듯이 매우 귀하게 여긴다. 가지를 꺾는다거나 나무에 해코지를 못 하게 하는 건 물론이고, 초상을 치른 상여나 혼례를 치른 신랑 신부조차도 마을 어귀의 나무 사이로는 지나가지 못하게 하며 나무를 보호했다는 게 마을 사람들이 자랑스럽게 들려주는 이야기다.

여러 그루의 나무 가운데 특히 호랑가시나무는 이 마을의 상징일 뿐 아니라 오득린 장군의 혼이 담긴 상징이기도 하다. 마을 당산제는 그래서 이 호랑가시나무 앞에서 올린다. 마을에서는 오득린 장군을 상징하기 위해 나무 바로 앞에 근사한 추모비를 세우기도 했다.

호랑가시나무는 우리나라 남쪽지방에서 자생하는 나무로, 전라북도의 변산반도에는 천연기념물로 지정한 군락지도 있다. 오래전부터 우리 가까이에서 자란 나무인데, 홀로 서 있는 노거수가 천연기념물로 지정된 것은 나주 상방리 호랑가시나무가 처음이자 현재로서는 유일하다.

키가 5.5미터나 되는 나주 상방리 호랑가시나무는 우리나라에서 가장 큰 호랑가시나무다. 어른 허리 높이쯤에서 줄기가 둘로 나뉘지면서 동그랗게 자란 이 나무는 사나운 이름과 달리 부드럽고 착한 생김새를 갖췄다.

"겨울 되면 빨갛게 맺히는 열매가 예뻐요. 꽃은 언제 피는지도 모르고 그냥 지나가는데, 열매는 정말 좋아요. 열매를 맺으면 새들이 달려들어서 금세 먹어치우지요. 먹을 게 없는 겨울이라 그런지, 새들이 저 열매를 특히 좋아해서 그런지 모르겠네요."

오영선 씨의 이야기는 계속되었다. 호랑가시나무의 꽃은 농부들이 모내기로 가장 바쁜 5월쯤 피는데, 잎겨드랑이에서 연한 황록색으로 지름 7밀리미터밖에 안 되는 작은 크기로 피어나기 때문에 한창 모내기로 분주한 농부들의 눈에는 잘 띄지 않는 게 당연한 일이라 할 만하다. 그러나 농사일이 줄어들어 한가해지는 겨울에는 상록성의 초록 잎 사이에 맺히는 빨간 열매가 모두의 시선을 사로잡는다. 열매가 인상적인 호랑가시나무는 성탄절 장식이나 카드의 그림으로도 많이 쓰인다. 호랑가시나무는 은행나무처럼 암나무와 수나무가 따로 있어서 암나무에만 열매가 맺히는데, 농한기에 이 마을 농부들의 시선을 빼앗는 상방리 호랑가시나무는 암나무다.

나무를 통해 이어간 사람살이의 작은 역사, E. H. 카아의 이야기처럼 과거와 현재의 대화를 통해 옛사람의 이 땅에 대한 지극한 애정을 다시 한 번 되새기게 된다.

김충남

나라를 위해 목숨을 바친 장군 형제의 넋

네덜란드의 동화작가 레오 리오니(Leo Lionni)의 작품에 '잠잠이'라는 주인공이 있다. 이 책이 처음 번역돼 나온 건 분도출판사였고, 이때의 제목은 '잠잠이'였다. 그러나 나중에 판권이 시공사로 넘어가면서 원제 그대로를 옮긴 '프레데릭'으로 바뀌었다. 분도출판사의 제목 '잠잠이'는 이 책의 주인공 캐릭터인 들쥐의 특징을 잘 표현하고 있어 여전히 '잠잠이'라는 이름이 더 정겨워 옛 이름 그대로 쓴다. 잠잠이는 봄부터 가을까지 햇살 좋은 양지녘에 쪼그리고 앉아 낮잠만 즐기는 게으른 들쥐다.

일은 안 하고 졸기만 하는 잠잠이가 모두에게 불만이었지만 잠잠이는 끈질기게 잠만 잔다. 봄, 여름, 가을 지나고 들쥐 마을에 겨울이 찾아왔다. 이글거리던 햇살도 찬란하던 빛깔도 요란하던 소리도 모두 사라지고 온 세상이 침묵에 들었다. 들쥐들도 지루하게 이어지는 권태를 견디기 힘들어했다. 잠잠이가 그때 모두의 앞에 나섰다. 봄부터 가을까지 꾸벅꾸벅 졸면서 수굿이 모아두었던 빛깔과 소리를 천천히 풀어내기 시작했다. 잠잠이는 마침내 침묵과 권태의 계절인 겨울에 모두에게 봄의 희망, 생명의 노래를 전해주는 아름다운 시인이 된다.

사람의 마을에 매운바람 불어오면 세상은 침묵으로 잦아든다. 적막해진다. 하얀 눈까지 소복이 쌓이는 날이면 시골 들녘은 적막이 감돌 만큼 고요해진다. 한 그루의 느티나무를 찾아서 눈길을 헤치고 도착한 전라남도 장성 북하면 단전리 들녘이 꼭 그랬다. 찬바람 맞는 게 결코 좋을 수 없는 노인들만 사는 마을이어서 대문 밖에서 사람을 만나는 일은 아예 불가능했다.

눈 내리는 단전리 마을에서는 들녘의 커다란 느티나무만 홀로 겨울 노래를 부르고 있었다. 키 20미터, 줄기 둘레 10.5미터로 우리나라 느티나무 가운데에는 무척 큰 나무에 속한다. 나무가 보호수이던 시절에 측정한 값은 키 27미터였다. 그렇다면 이 상태로는 우리나라에서 가장 큰 느티나무라 할 수 있었다. 그러나 나중에 다시 측정한 정확한 값은 27미터가 아닌 20미터였다. 우리나라에서 가장 큰 느티나무는 아니었다는 이야기다. 그러나 그 정도 크기로도 우리나라의 몇 안 되는 큰 나무라 할 수 있다.

사람 없는 들녘에서 나무는 하얗게 침묵으로 잦아드는 겨울의 권태와 적막을 덜어내기 위해 가물가물 잊혀가는 옛이야기를 풀어냈다. 그림책 속의 들쥐 '잠잠이'가 그랬던 것처럼 나무도 긴 세월 동안 자신의 줄기 안에 켜켜이 쌓아두었던 많은 이야기를 서리서리

눈 내리는 단전리 마을에서는 들녘의 느티나무만 홀로 겨울 노래를 부르고 있었다.

– 장성 단전리 느티나무

펼쳤다.

나무 이야기는 이곳 단전리에 처음으로 사람들이 들어와 마을을 이루던 400년 전의 옛이야기부터 시작된다. 단전리는 임진왜란 직후에 도강 김씨(道康金氏, 도강은 전라남도 강진의 옛 이름이다) 가문이 삶의 터전으로 일구고 살아온 오래된 집성촌이다. 도강 김씨를 일으킨 시조는 신라 경순왕의 넷째 아들인 경주 김씨의 시조 김은열(金殷說, ?~968)의 7대손으로, 고려시대 문하시중을 지낸 김희조(金希祖, 1124~1199)라고 한다. 도강 김씨 가운데에 널리 알려진 인물로는 조선 후기 갑오농민전쟁의 주역 가운데 한 명인 김개남(金開男, 1853~1895) 장군이 있다. 김개남 장군은 태인(泰仁, 지금의 전라북도 정읍)의 대접주(大接主)로, 전봉준(全琫準, 1855~1895) 다음가는 남접(南接)의 실력자였다. 특히 갑오농민전쟁 초기에는 1,300여 명의 농민군을 거느리고 전라좌도(全羅左道)를 통할한 장군으로, 당시에는 전봉준을 능가할 만큼의 위세를 떨쳤다.

장성군 단전리에서 마을을 일으킨 김충남이 바로 이들 도강 김씨 가문의 후손 가운데 한 사람이다. 그러나 관련한 기록이 없어서 그의 행적은 정확히 알 수 없다. 마을에서 전해오는 이야기로 짐작할 뿐이다.

김충남은 산 좋고 물 좋은 자리에 보금자리를 일구긴 했으나 견디기 힘든 아픔이 있었다. 함께하지 못한 형님이 있었기 때문이다. 김충남의 형은 임진왜란 때에 이순신 장군의 휘하에서 무공을 세우고 전장에서 산화한 김충로(金忠老)라는 장군이다. 좋은 보금자리에서 함께하면 더 좋았을 가족을 잃은 안타까움이 김충남은 서러웠다. 마을 들녘에 나무를 심은 건 그래서였다. 물론 그즈음이라면 마을을 처음 일으킨 기념으로 마을 어귀에 나무를 심는 건 흔한 일이었다. 오랫동안 크게 자라서 마을로 들고나는 악한 기운을 막겠다는 뜻도 있고, 마을 상징으로의 의미도 있었다.

김충남에게라고 그런 뜻이 없었던 건 아니지만 그가 나무를 심었을 때에는 전사한 형, 김충로 장군의 넋을 기리자는 생각이 더 컸다. 그리고 얼마 뒤 나무를 심고 늘 형에 대한 그리움을 가슴에 묻고 살던 김충남도 전쟁터에 나가 형과 마찬가지로 목숨을 잃었다. 전사한 형제를 나라에서 선무원종공신에 책훈한 것이 그나마 가문의 한을 위로할 뿐이었다.

장군으로 불리던 사람도, 그를 기리기 위해 나무를 심은 그의 동생도 장군이 되어 똑같이 전쟁터에서 사라졌다. 들녘의 나무만 주인을 잃은 아픔을 안고 무럭무럭 자랐다. 사람들은 그때부터 장군 형제의 넋이 담긴 들녘의 느티나무를 '장군 나무'라고 불렀다. 마을 사람들은 한 해에 한 번씩 나무 앞에 모였다. 장군 형제의 넋을 위로하기 위해서였다. 해마다 음력 정월 초닷샛날 지내는 당산제가 그것이었다.

단전리 당산제는 유난히 즐겁게 치렀다. 먼저 당산제를 지내기 전에 사람들은 우마제(牛馬祭)를 지냈다. 농사의 동반자인 소와 말의 먹이를 나무뿌리 주위에 가지런히 내려놓고 소와 말의 건강을 비는 일종의 잔치였다. 우마제 뒤에는 나무가 바라보이는 공터에 나무를 쌓고 불을 피웠다. 이글거리는 불길 가장자리에서는 농악대가 풍물을 쳤고, 뒤따르는 사람들은 흥에 겨워 춤을 췄다. 사람의 풍경을 바라보는 나무도 따라서 즐거웠다.

평화롭게 세월이 흐르던 1950년, 장군의 넋과 장군의 나무가 지켜주는 단전리에 다시 전쟁이 찾아왔다. 사람들은 전쟁을 피해 마을을 떠났다. 참혹한 전쟁의 폭풍이 지나고서야 고향으로 돌아왔지만 이미 많은 사람들이 멀리 떠난 뒤였다. 그때부터 누가 결정하지도 않았건만 이 마을만의 독특한 제례였던 우마제가 거짓말처럼 사라졌나.

단전리에는 1950년 한국전쟁 전에 70가구가 모여 살았지만 지금은 20가구와 일흔 고개를 넘나드는 노인들만 남았다. 나라를 위해 목숨 바친 입향조 장군의 이야기를 듣고 자란 뒤에, 동족상잔의 전쟁을 피해 잠시 고향을 떠났다 돌아온 한 많은 노인들이다.

여전히 멈추지 않는 계절의 흐름은 마치 온 세상을 하얗게 덮어버리는 하얀 눈처럼 세상살이의 자취를 하나둘 덮을 것이다. 노인들만이 알고 있는 마을의 기억도 가뭇없이 사라질 것이다. 마을에는 하릴없는 적막감이 찾아오고, 견디기 힘든 권태감에 휩싸일지도 모른다. 그때가 되어도 나무는 옛 마을의 영화를 온전히 기억하고 우뚝 서서 찬란했던 옛 마을의 평화로운 빛깔과 아름다운 이야기를 남은 사람들에게 전할 것이다. 마치 레오 리오니의 그림책에 나오는 들쥐 주인공 잠잠이처럼.

조선의 아버지

이 땅의 아이들을 더 소중히 바라볼 수 있게

이팝나무는 배고프던 옛 시절을 떠올리게 하는 나무다. 특히 천연기념물 제214호인 전라북도 진안군 평지리에 남은 여러 그루의 이팝나무는 가슴 아픈 사연으로 더 오래 기억하게 한다. 남도의 대표적인 청정 지역 진안의 마령면 평지리 마령초등학교 정문 곁에는 300년쯤 된 이팝나무를 비롯해 잘 자란 일곱 그루의 이팝나무가 한데 모여 있다. 여러 그루를 한꺼번에 천연기념물로 지정하면서 이름을 '진안 평지리 이팝나무군(群)'으로 했다.

진안 평지리 이팝나무는 아기 무덤을 지켜주던 나무들이다. 이 나무들이 오랫동안 잘 지켜진 건 아기 무덤이라는 이유로 사람들이 찾아오기를 꺼렸기 때문이라고 마을 사람들은 이야기한다. 이팝나무와 아기 무덤의 관계를 톺아보려면 우선 나무가 처음 이 자리에 심어지던 시절로 돌아가야 한다.

그때를 떠올리며 이 나무들이 꽃을 활짝 피운 5월의 어느 날 이 학교를 찾은 적이 있다. 학교 운동장에서 뛰놀던 어린아이들을 만나 나무에 대해 물었다. 아이들은 또랑또랑하게 대답했다.

"꽃이 쌀밥처럼 피어나서 이팝나무라고 하는 거예요. 이팝이 쌀밥이거든요. 저 이팝나무들이 우리 학교의 자랑이에요. 이게 우리 교지인데요. 뒤에 나무에 대한 이야기가 나오니까 읽어보세요."

나무 이야기를 물어보자 머뭇대던 한 아이가 쪼르르 교실로 뛰어 들어가더니 곧바로 지난 가을에 펴낸 교지 〈마령글동산〉을 들고 와 이야기를 풀어놓는다.

학교 정문 좌우로 늘어선 이팝나무는 옛날에 아기 무덤 앞에 심었던 나무들이라고 교지 뒤표지에 쓰여 있다. 또 아기 무덤이라는 이유로 사람들이 찾아오기를 꺼렸기 때문에 나무들이 잘 지켜졌다는 이야기도 함께 쓰여 있다. 그런데 이 자리에 왜 아기들의 무덤이 있어야 했는지를 묻자 아이들은 머뭇거린다. 잘 모르는 낌새다. 아기들의 무덤을 따로 만들어야 할 정도로 많은 아기가 죽었다는 것도 풍요의 시대를 살아가는 21세기의 아이들로서는 이해할 수 없는 일이겠다.

처음 아기 무덤이 이루어진 건 300년 전쯤이다. 농사가 잘되고 못 되고를 순전히 하늘에 맡겨야 했던 시절이었다. 농사가 잘되려면 비가 제때 내려야 하고 햇살도 좋아야 했다. 그렇지 않으면 농사는 엉망이 되고 하릴없이 먹을 게 모자란 사람들은 차츰 굶어 죽어야 했다. 어른들이야 주린 배를 움켜쥐고 버틴다 해도, 어미의 젖으로 살아야 하는 갓난아기들은 흉년의 고비를 넘길 수 없었다. 영양이 모자란 어미에게서 묽은 젖 한 방울도 나오지 않았기 때문이다.

"농사가 잘 안 되는 바람에 아이들이 굶어 죽었다나 봐요. 아이들이 죽으면 어른들은 죽어서라도 쌀밥을 먹으라고 쌀밥나무를 심은 거라고 선생님께 들었어요."

머뭇거리던 한 아이가 그렇게 대거리하기는 했지만, 아기 무덤의 이팝나무 이야기는 지금의 아이들에게 믿을 수 없는 그저 '전설'일 뿐이다. 넉넉히 먹으며 풍요롭게 살아가는 걸 특별히 고마워해야 할 일이라고 생각해본 적이 없다는 게 아이들의 반응이다. 배고플 때나 먹고 싶을 때 먹을 수 있는 당연한 일을 놓고 굳이 부모나 세상 사람들에게 고마워해야 할 이유가 뭐냐고 아이들은 당차게 반문한다.

그러나 300년 전만 해도 굶지 않는 일은 부모와 하늘에 감사해야 하는 일이었다. 지금은 아예 사라진 단어가 되었지만 얼마 전까지만 해도 '보릿고개'라는 말이 있었다. 지난 가을에 갈무리한 곡식을 다 먹고, 해를 넘겨 보리 팰 무렵이 되면 먹을 게 없어 굶주림에 시달리던 시절을 상징하는 말이다. 흉년 들어 보릿고개를 맞이하면 굶어 죽는 일은 흔하게 벌어졌다. 나이 들어서 소화 기능이 정상적으로 발달한 어른이라면 나무껍질이라도 벗겨 죽을 끓여먹거나 흙을 파먹으면서라도 버틸 수 있었다. 하지만 아직 어미의 젖을 먹어야 하는 갓난아기들에게는 굶주림을 채울 방법이 없었다.

배고파 우는 아이에게 어미는 어쩔 수 없이 묽은 젖 한 방울 나오지 않는 젖을 물리고 하늘을 원망하는 수밖에 없었다. 어미의 젖꼭지가 불어 터질 때까지 아무리 물고 빨아봐야 아가의 목구멍으로는 맑은 젖 한 방울 넘어오지 않았다. 어미의 불어 터진 젖에서는 나오는 게 아무것도 없었다. 그렇게 가련한 아가는 젖을 문 채 어미의 가슴팍에 묻혀 차츰차츰 온기를 잃고 싸늘하게 식어갔다.

아가의 볼이 파랗게 변하고 싸늘한 주검이 되어 이승에서의 숨을 마지막으로 놓으면, 곁에서 이 참혹한 광경을 눈물조차 흘리지 못하고 바라보기만 하던 아비는 아가의 주검을 가마때기에 돌돌 말고 눈물의 끈으로 질끈 동여맸다. 지게에 아가의 주검을 짊어진 아비는 마을 뒷동산으로 올라갔다. 그러고는 양지바른 곳을 찾아 작은 구덩이를 판 뒤 고이고이 아가의 주검을 내려놓고 정성껏 작은 봉분을 만들었다. 그게 끝일 수는 없었다. 아비는 배곯아 죽은 아가를 두고 차마 돌아서지 못했다. 아비는 아가의 무덤 앞에 한참 주저앉아서 하늘을 원망하고 세월을 한탄했다. 동산에 어둑어둑 땅거미가 밀려올 즈음 아비는 주섬주섬 일어나 돌아 나오려 했지만 여전히 발걸음이 떨어지지 않았다. 생각 끝에 아비는 무덤 앞에 나무 한 그루를 심으며 죽은 아가의 넋을 위로하기로 했다. 온 산을 헤집어 한 그루의 나무를 찾아왔다. 하고한 나무 중에 아비가 고른 나무는 이팝나무였다. 나무를 공들여 심은 뒤에 아비는 마지막으로 아가를 향해 기도하듯 혼잣말을 뇌었다. "아가야! 살아서 입으로 먹지 못한 쌀밥, 죽어서 영혼이 되어 눈으로라도 실컷 먹으라!"

아가가 죽어가는 동안 아가에게 먹을 걸 내어주지 못했던 아비는 그렇게 가슴 깊이 맺힌 한을 쌀밥을 닮은 꽃이 피어나는 이팝나무에 담았다. 못난 아비의 소원대로 아가의 무덤 앞에서 도담도담 자란 이팝나무는 이듬해 봄이 되자 하얀 쌀밥을 닮은 꽃을 나무 한가득 피웠다.

무덤가의 이팝나무를 보고 사연을 알게 된 마을 사람들은 아무도 모르게 그 이팝나무 곁에 죽은 아가와 아비를 위로하는 심정으로 한 그루의 이팝나무를 또 심었다. 이 마을을 지나던 나그네들도 사연을 듣고는 이팝나무 꽃이 활짝 피어 있는 아가의 무덤을 그냥 지나지 못하고 어디선가 이팝나무를 구해와 한 그루 더 심었다. 이팝나무는 하나둘 늘어났다.

다시 또 얼마 뒤에 흉년이 들어 굶어 죽는 아기가 있으면 어미와 아비들은 앞의 그 아비처럼 뒷동산 양지바른 곳에 아기 무덤을 짓고 어김없이 이팝나무를 심었다. 이런 일이 얼마 동안 이어지자 마을 뒷동산은 이팝나무 동산이 되었고, 해마다 봄이면 이 슬픔의 동산은 환장할 정도로 아름다운 꽃 천지, 쌀밥 천지가 되었다. 세월 흐르면서 차츰 평지리 아기 무덤은 마침내 세상에서 가장 아름다우면서도 가장 슬픈 이팝나무 동산을 이루었다. 이팝나무 꽃 천지가 된 아기 무덤 동산을 마을 사람들은 '아기사리'라는 이 지방 말로 불렀다.

진안 평지리 이팝나무군은 그렇게 봄마다 한 맺힌 이 땅의 슬픔으로 아름다운 꽃대궐을 이루었다. 이 땅의 아이들을 더 풍요롭게 지키기 위한 뚜렷한 상징으로 남았다.

이팝나무 꽃동산이 아이들의 동산으로 바뀐 것은 100년 전인 1920년의 일이다. 사람들은 아이들을 제대로 키우지 못한 부모의 한을 풀어줄 작정으로 한 많은 아기 무덤을 갈아엎었다. 배고팠던 시절의 한을 바라보는 마음을 견디기 어려웠던 게다. 사람들은 그토록 찬란했던 이팝나무들을 하나둘 베어냈지만 그 가운데 일곱 그

"아가야! 살아서 먹지 못한 쌀밥, 죽어서라도 실컷 먹으라!"

– 진안 평지리 이팝나무군

루를 남겼다. 슬픈 아기 무덤 자리에는 자연스레 아이들을 잘 키우기 위한 학교를 세우기로 했다. 바로 지금의 마령초등학교다.

키 13미터쯤 되는 가장 큰 이팝나무와 그에 못 미치는 작은 이팝나무들은 마령초등학교 정문 옆 울타리에 줄지어 서 있다. 예전에 그랬던 것처럼 지금도 아이들의 아름다운 꿈과 희망을 지키는 표상이다.

이팝나무를 바라보며 도담도담 꿈을 키워가는 이 학교 아이들이 굳이 나무들에 얽힌 슬픈 사연을 알아야 할 이유는 없다. 또 피맺힌 과거를 아이들에게 가르치려고 애쓸 부모도 선생님도 없다. 그저 지금의 환경에서 어린 시절을 더 아름답고 풍요롭게 가꾸어가기만 바랄 뿐이다.

화려하게 꽃 피운 진안 평지리 이팝나무를 바라보면 이 땅의 모든 아이들이 이팝나무 꽃처럼 풍성하게 피어날 수 있도록 부모들이 지금 해야 할 일이 무엇인지 다시 한 번 짚어보게 된다. 이 마을 아이들의 풍요는 어쩌면 모두가 배곯아 죽은 아기들을 잘 지켜준 이팝나무 덕이라는 생각이 들 수밖에. 돌아보면 이팝나무만이 우리의 삶을 지켜준 건 아니다. 세상의 모든 나무들은 사람보다 먼저 이 땅에 자리잡고 사람이 살 수 있는 가장 평안한 조건을 만들어주었다. 그 가운데 쌀밥 닮은 꽃을 피우는 이팝나무야말로 우리네 평범한 민중의 살림살이를 고스란히 담고 있는 소중한 우리의 나무라 하지 않을 수 없다.

최중룡

나무를 바라보며 대대로 전한 효성

나무와 더불어 살아온 옛사람들은 어버이가 그리울 때도 나무를 심었다. 효도를 삶의 중요한 가치로 삼던 시절, 어버이가 돌아가시면 자식들은 3년 동안 묘를 지키며 살았다. 이른바 '시묘(侍墓)살이'다. 그뿐 아니다. 효성 지극한 자식들은 어버이의 은혜를 기억하기 위해 나무를 심고 정성을 다해 키웠으며, 나중에 한 그루의 나무는 효를 실천한 선조의 상징으로 남아 그 후손들이 대를 이어 지켰다. 사람들은 나무를 바라보며 올바른 사람살이를 실천한 선조를 기억했고, 나무를 지키며 선조의 효행을 떠올렸다. 시대가 변하고 삶의 가치 기준이 바뀐다 해도 끝내 변하지 않는 참 삶의 알갱이는 나무와 더불어 나무처럼 변함없이 오래 남게 마련이다.

"12대조 강화 최씨 중 자 룡 자 할아버지가 3년 시묘살이를 한 자리는 여기가 아니야. 묘는 여기서 좀 떨어진 자리에 있어. 시묘살이는 어버이의 묘 앞에서 하는 거잖아."

세종시 조치원읍 봉산리. 아늑한 농촌 마을에 낮게 웅크린 한 그루의 향나무 앞에서 일흔아홉의 최봉락 노인은 이야기를 풀어냈다. 최씨의 후손들이 정성껏 지켜온 이 향나무는 460년 전 부친상을 당한 최중룡이 3년 동안 머리를 풀고 어버이의 묘 앞에서 시묘살이를 한 뒤 후손들에게 효성을 가르치기 위해 심은 나무다.

"이 자리는 우리 조상들이 대대로 살림을 이어온 자리야. 지금은 다 무너져 내렸지만 이 집도 정말 좋은 집이었지. 처음에 선친의 묘소 앞에 심은 나무를 시묘살이 마치고 살림집으로 돌아오시면서 옮겨 심었을 수도 있겠지. 어쨌거나 우리 조상의 지극한 효심을 상징하는 나무야."

최중룡이 이곳에 살게 된 건 그의 아버지 최완(崔浣)이 말년에 우연히 이곳에서 삶을 마감한 뒤였다. 최중룡과 최완 모두 행적에 관한 기록은 없고 후손들의 입으로 전해오는 이야기만 남아 있다.

그때 최중룡의 아버지 최완은 서울에서 생원으로 지냈는데, 처가에서 며칠 지낼 일이 있었다고 한다. 할 일을 모두 마치고 서울로 돌아가려 한 참에 갑자기 이곳 봉산동에서 이승에서의 삶을 마쳤다고 후손들은 이야기한다. 그의 아들 최중룡이 열다섯 살 때였다. 어린 나이였지만 최중룡은 아버지의 묘소 앞에 초막을 짓고 3년 시묘살이를 했다. 아홉 살 때 일찌감치 혼사를 치른 최중룡은 시묘살이를 마치고, 지금의 이 자리에 집을 지은 뒤 효의 정신을 자손들에게 가르치기 위해 나무를 심었다고 한다. 그 나무가 바로 이 향나무다. 나무를 심으며 그는 후손들 앞에서 "효는 말로 가르치는 게 아니라 몸으로 보고 배우는 것이다. 나의 자손들에게 효를 제대로 가르치기 위해 향나무를 심는다"라고 말했다고 한다.

선조의 뜻이 담긴 나무여서 후손들은 효성의 상징으로 지금까지 잘 지켜왔다. 더구나 마을 사람들은 이 나무가 무성하면 온 마을이 평화롭고, 나무가 병이 들어 쇠약해지면 마을에 불길한 일이 생긴다고 할 만큼 나무를 신비롭게 여겼다.

최중룡의 가르침대로 나무를 볼 때마다 후손들은 아버지의 효성을 생각했고, 대를 이어 효행을 실천했다. 최중룡의 아들인 최회(崔澮) 역시 효성에 관해서는 인근에서 알아줄 정도였다고 한다. 최회가 열세 살 되던 해에 아버지 최중룡이 병을 얻어 눕게 되자, 최회는 아버지가 그랬던 것처럼 잠시도 아버지 곁을 떠나지 않고 정성껏 간호했다. 그러나 아들의 극진한 간호에도 불구하고 최중룡은 끝내 삶을 마감하고 말았다. 어린 최회는 장례를 치르고 아버지가 했던 그대로 3년 동안 매일 아버지의 묘소를 찾아가 인사를 올리기를 잊지 않아 마을 사람들을 놀라게 했다.

최회는 아버지가 돌아가신 뒤 홀로 남은 어머니를 더욱 극진히 모셨다. 그러나 얼마 뒤 어머니도 노환으로 눕게 되어 최회는 어머니의 병간호에 최선을 다했다. 넉넉한 집안이어서 머슴이 있었지만 어머니의 수발만큼은 반드시 자신이 손수했다고 한다. 어머니의 대소변을 받아내는 건 물론이었다. 자신의 손가락을 잘라 피를 내 드시게 했으며, 매일 목욕재계하고 하늘에 어머니의 쾌유를 비는 기도를 올리기까지 했다. 그렇게 몸이 병들 정도로 자신을 돌보지 않고 어머니를 돌보던 최회는 결국 과로로 쓰러져 어머니보다 먼저 세상을 떠났다. 그의 나이 쉰여덟 살이었다.

효를 실천하기 위해 아버지가 효의 상징으로 심은 나무를 바라보며 자란 아들이 대를 이어 실천한 효성이었다. 천연기념물 제321호인 이 나무의 고유명칭은 '연기 봉산동 향나무'다. 행정구역명으로는 세종특별자치시 조치원읍 봉산리이지만, 마을의 옛 이름인 '봉산동'을 그대로 썼다. 세종특별자치시 출범 이전의 연기군 시절에 천연기념물로 지정했기 때문에 남은 옛 지명이다.

강화 최씨의 집성촌인 조치원 봉산리는 얼마 전까지만 해도 마을 뒷산 골짜기부터 너른 벌까지 모두 최씨 문중의 땅이었다고 한다. 그러나 지금까지 마을에 남아 있는 강화 최씨는 40여 가구 가운데 절반도 안 된다. 또 문중 소유의 토지 대부분은 일제 강점기 때의 측량 사업 과정에서 소유권을 잃었다. 이제 강화 최씨의 땅으로 남은 건 향나무가 서 있는 자리 주변뿐이라고 한다. 최봉락 노인은 이 조그만 땅이 조상의 얼이 담긴 유일한 자리이고, 향나무는 문중의 상징이자 자랑이라고 강조한다.

대개의 천연기념물 보호구역을 국가에서 소유하는 것과 달리 봉산동 향나무 주변 구역이 여전히 최씨 문중의 사유지로 남은 건 그래서다. 최근 향나무 주위의 최씨 문중 소유 구역에 울타리를 치고 대문도 세웠다. 그와 함께 천연기념물 보호구역 가장자리에 서양식 가옥을 새로 지었다.

향나무와 새 집 사이에는 자그마한 연못이 있어 잘 가꾼 정원을 떠올리게 한다. 아늑한 정원의 주인공은 단연 향나무다. 나무는 키가 3미터, 줄기 둘레가 2.8미터 정도로 비교적 작은 키에 속한다. 무

자손들에게 효를 제대로 가르치기 위해 향나무를 심었다.

- 연기 봉산동 향나무

성하게 뻗은 나뭇가지가 이룬 그늘이 깊어서 멀리서 보면 나무줄기가 보이지 않아 답답한 느낌이 들기도 한다. 보기에 따라서 왜소한 나무로 보일 수도 있다.

그러나 사방으로 나뭇가지가 펼친 품은 감탄사가 나올 만큼 굉장하다. 땅에서 2미터쯤 되는 높이에서부터 평평하게 뻗어나간 나뭇가지는 무려 11미터를 넘게 뻗었다. 게다가 어느 한쪽에 치우치지 않고 사방으로 고르게 뻗어 나무 그늘에 빈틈이 없을 정도로 촘촘한 지붕을 이뤘다. 곳곳에 10여 개의 굵은 버팀목으로 지지해주지 않았다면 넓게 뻗은 가지들은 이미 오래전에 제 무게를 버티지 못하고 부러졌거나 땅바닥에 드러누웠을 것이다. 한눈에도 문중에서 얼마나 정성을 들여 가꾸어온 나무인지를 충분히 알 수 있는 대목이다.

줄기를 자세히 보기 위해 나무 그늘로 들어서려면 허리를 잔뜩 구부리고 엉금엉금 기어야 한다. 그러나 예전에는 허리를 굽히지 않고도 다닐 수 있었다고 한다. 대개의 집안 잔치를 이 나무 아래에서 했다고 최 노인은 덧붙인다. 지금의 형상으로 보아서는 도무지 믿기 어려운 일이다. 믿기 어려울 만큼 나무 그늘이 낮아진 건 나무를 문화재로 지정한 1982년 즈음에 나무 둘레에 단을 쌓고 흙을 돋우면서부터라는 게 최 노인의 이야기다.

가지펼침 못지않게 놀라운 건 신비로운 줄기다. 고작해야 2미터를 넘지 않게 올라온 나무줄기는 다양한 모습을 가졌다. 땅에서 솟아오른 줄기는 먼저 제 무게가 버겁다는 듯 비스듬히 바닥에 누워 마치 다리쉼을 하며 한숨 돌리는 모습을 했다. 그러고는 다시 힘을 일으켜 비틀리고 꼬이면서 솟구쳤다. 그러다가 나뭇가지 위에 내려앉은 하늘의 무게를 감당하기 어렵다는 듯 나무줄기는 주춤거리며 수평으로 배배 꼬였고, 이내 다시 수직으로 방향을 돌려 솟아올랐다. 영락없는 용트림의 형상이다.

"가문 어른들의 정성이 대단했어. 나뭇가지 하나도 예사로이 보지 않고 일일이 버팀목을 해주었지. 쇠로 된 지지대를 세우면 편했겠지만 금극목(金克木)이라고, 쇠는 나무를 죽이거든. 그래서 뒷산에서 아까시나무를 구해 연못에 오래 담갔다가 말려서 쓰곤 했지."

조상의 얼이 담긴 나무를 후손들이 정성들여 지키는 일이야 그리 대단한 일이라 할 수 없을 게다. 특히 당시 사람살이에서 가장 높은 가치로 꼽던 효행을 실천한 선조의 얼이 담긴 나무인 바에야 오죽했겠는가 싶기도 하다.

연기 봉산동 향나무를 바라보면 한 그루의 나무를 지키는 것이 결국은 한 시대의 정신적 가치를 지키는 것과 다를 게 없다는 생각을 하게 된다. 강화 최씨 후손이 대를 이어 지켜낸 건 한 그루의 나무뿐이 아니라 나무 안에 담긴 참다운 사람살이의 알갱이, 바로 그것이다.

위윤조

들일하는 어머니를 위한 나무 그늘

오래전부터 마을 사람들이 특별한 정성으로 보호하고 아껴온 나무 가운데 가장 많은 종류는 소나무, 은행나무, 느티나무다. 우리 민족이 예부터 가장 좋아했던 나무다. 소나무 종류 가운데에는 바닷가에서 저절로 자라는 곰솔이 있다. 하지만 자생하는 곳이 바닷가일 뿐 내륙에서 자랄 수 없는 건 아니다. 오히려 더 아름다운 모습으로 잘 자란다. 내륙에서 볼 수 있는 곰솔은 그래서 대부분 누군가가 일부러 무엇인가를 기념하기 위해 심은 나무다. 사연이 널리 알려지지 않았어도 마을 사람들을 찾아보고 사연을 캐물으면 마을의 오래된 내력과 함께 나무에 얽힌 사연도 술술 풀려나온다.

'효자송(孝子松)'이라는 별명으로 더욱 널리 알려진 천연기념물 제356호 장흥 옥당리 효자송이 그런 나무다. 곰솔이다. 나무가 서 있는 곳은 장흥군 남쪽의 천관산 아래쪽에 자리잡은 옥당리 당동 마을이다. 장흥군은 바다에 가까운 지역이기는 하지만 옥당리 당동 마을은 비교적 바다로부터 떨어져 있는 곳이다. 물론 바다에 익숙한 이 지역 사람들이라면 줄기에서 검은빛을 띠는 곰솔을 어렵지 않게 보며 지냈겠지만, 옥당리 부근에 자생하는 곰솔은 없었을 게다. 그러니 이 효자송은 누군가가 일부러 심어 키운 사연이 담겨 있을 것이다. 그렇다. 마을에는 지금까지 장흥 위씨 가문의 후손들이 많이 살고 있는데, 이 나무에는 그들의 조상 가운데 효심 지극한 청년에 얽힌 전설이 담겨 있다.

지금으로부터 150여 년 전의 일이다. 당동 마을에는 효성이 지극하기로 인근에 널리 알려진 세 청년, 즉 장흥 위씨의 위윤조(魏胤祚, 1836~?), 수원 백씨의 백기충, 영광 정씨의 정창주가 살았다. 어버이를 극진히 모시는 일에 성심을 다했지만, 그들의 어머니는 봄부터 가을까지 들에 나가 허리가 휘도록 농사일을 했다. 효성 지극한 청년들이 보기에 한여름 뙤약볕을 고스란히 받으며 일하는 어머니의 노고는 안타까웠다. 어머니들은 나이가 들어 허리가 굽을 정도로 늙었지만 들일을 멈추지 않았다. 어머니의 일을 말릴 수는 없지만, 세 청년은 어머니께 잠시라도 쉴 수 있는 그늘을 만들어드리면 좋겠다고 생각했다. 청년들은 함께 머리를 맞댄 끝에 제가끔 나무를 심어 그늘을 지어드리기로 했다. 그래서 위윤조는 인근 바닷가에 나가 잘 자란 곰솔 한 그루를 뽑아와 이 자리에 심었고, 여기서 2미터쯤 떨어진 자리에 백기충은 감나무를, 정창주는 소태나무를 심었다.

세 청년은 세 그루의 나무를 적당한 간격을 두고 심으면서 들일을 하며 뙤약볕에 지친 어머니들이 수시로 나무 그늘 아래에 평안히 들어 땀을 식히게 해드리려 했다. 청년들은 나무를 잘 키우려고 애썼으니 지금은 위윤조가 심었다는 곰솔 한 그루만 남고, 백기충의 감나무와 정창주의 소태나무는 흔적도 없이 사라졌다. 어머니의 노고를 덜어드리기 위해 심은 위윤조의 곰솔은 그 뒤로 후손들에게 '효자송'이라는 이름으로 불리며 효(孝) 정신의 귀감이 되었다. 효자송의 나이를 200살쯤으로 추정하는 것은 1836년생인 위윤조가 심었다는 전설에 바탕한 것이다.

이야기 속에 남아 있는 세 명의 청년 가운데 백기충과 정창주의 흔적은 그들이 심은 나무처럼 찾기 어렵다. 아무런 행적이 남아 있지 않다. 곰솔을 골라 심은 위윤조 역시 다양한 행적을 찾기 어려운데, 다만 그의 아들 위석규(魏錫奎, 1883~1913)가 독립운동을 했다는 기록을 찾을 수 있다.

1883년 이 마을에서 위윤조의 4남 2녀 중 장남으로 태어난 위석규는 다섯 살 때부터 글을 배우며 일찌감치 신동의 재능을 보였다고 한다. 그에게 학문을 가르친 사람은 위봉식(魏棒植)과 백봉흠(白奉欽)이었다고 한다. 여기에서 백봉흠은 위윤조와 함께 감나무를 심었다는 백기충과 관련이 있는 인물이 아닌가 하는 짐작도 가능하다. 그러나 기록이 없어 정확한 관계는 알 수 없다. 다만 이 마을이 지금은 장흥 위씨 집성촌이지만, 한때는 백씨와 정씨가 함께 살았던 마을로 추측할 뿐이다.

위석규는 1905년 을사늑약이 체결되자 최익현(崔益鉉)의 의병 모집 격문을 보고 출병했지만, 최익현이 일제에 의해 체포되고 의병이

세 청년은 어머니께 잠시라도 쉴 수 있는 그늘을 만들어드리면 좋겠다고 생각했다.

– 장흥 옥당리 효자송

해산되어 뜻을 이루지 못했다. 그러자 곧바로 이듬해인 1906년에 중국으로 떠나 만주, 러시아 등지에서 항일운동을 펼치다가 1913년에 서른한 살의 나이로 러시아에서 병을 얻어 숨을 거두었다.

가문의 문화라는 게 대개 그러하지만 위석규 역시 아버지 위윤조의 가르침을 통해 이처럼 훌륭한 젊은이로 살았다. 위윤조는 마을의 후손들에게 효도와 지성의 상징이었다. 마을에서 살아가는 후손들은 선조 위윤조가 남긴 한 그루의 나무 '효자송'을 바라보며 저절로 선조의 행적을 몸으로 배웠다.

사실 애매한 섬이 있긴 하다. 대부분의 전설이 그러하겠지만 논리적으로 잘 맞아떨어지지 않는 구석이 있다. 이를테면 들일하는 어머니가 땀을 식힐 수 있는 그늘을 드리울 만한 나무라면 적어도 3, 40년은 된 나무여야 한다. 곰솔이 소나무에 비해 어릴 때의 성장이 빠르다고는 해도 사람 키보다 낮은 나무를 심고 나무 그늘의 덕을 보려는 생각은 할 수 없었을 것이다. 인근에서 높지거니 자란 곰솔을 옮겨 심었다고 이야기할 수도 있겠지만, 나무 옮겨심기에 그만큼 능란했을까 하는 의문이 남는다. 논리적으로 온당치 않은 이야기를 품은 전설이다.

지금의 효자송은 키가 12미터, 가슴높이 줄기 둘레가 4.1미터의 크기인데, 사람 키 높이 부근에서 가지가 셋으로 갈라져 넓게 퍼졌기 때문에 한여름 땡볕에 지친 농부들이 땀을 식히기에 알맞춤한 나무인 게 사실이다. 그런 나무의 모습을 보고 마을 분위기에 꼭 맞는 또 하나의 전설을 후대에서 만들어낸 것일 수 있다. 그러나 이 같은 전설에 합리적인 근거가 없다고 문제 삼는 것이야말로 난센스다. 전설을 과학으로 분석하는 것만큼 어리석은 일은 없다. 전설이 살아남아 전해오는 것은 그 전설을 받아들이는 사람들이 전설 속의 뜻을 다른 누구보다 잘 실천하며 살고 있다는 증거일 뿐이다. 그래서 전설은 아름다운 이야기가 되어 생명을 갖는다.

다시 이야기하자면 효자송을 처음 심었다고 전하는 위윤조보다는 지금의 당동 마을 사람들이 얼마나 효를 중요한 삶의 가치로 생각하고 실천하며 살아가는 사람들인지를 간접적으로 증거하는 자료일 뿐이다. 지금 당동 마을에 살고 있는 위씨 일가가 나무의 전설을 오랫동안 입에서 입으로 전해온 조상들처럼 여전히 지극한 효심으로 부모를 모시며 살아가는 사람들인가를 증거하는 상징이라는 이야기다.

3장

윤회의 굴레에서
언젠가 시들더라도

자장율사

온전히 버리기 위해 육신을 내려놓고

신라의 승려 가운데에 황룡사 구층목탑을 세우고 황룡사 주지로 주석했던 자장(慈藏, 590~658)율사가 있다. 진골(眞骨) 출신이지만 어릴 때 부모를 여읜 그는 세속의 인연을 떨치고, 깊은 산에 들어 불가의 뜻을 따라 승려로 살았다. 불가의 깊은 지혜를 구하기 위해 당나라로 유학을 떠난 건 불혹의 나이를 넘긴 636년(선덕여왕 5)이었다.

7년의 유학 생활을 마치고 643년에 귀국한 그는 경상남도 양산의 영취산 통도사(通度寺)를 시작으로 곳곳에 여러 절집을 지었다. 특히 그가 세운 절집은 부처의 사리를 담은 사리탑을 세우는 대신 법당 안에는 부처의 상을 놓지 않는 적멸보궁이었다.

그 가운데 하나가 강원도 정선의 태박산 정암사다. 자장은 태백산에 들어서 문수보살을 기다리며 절집과 탑을 지었다. 그러나 탑을 조금 올리면 곧바로 무너지기를 되풀이하여 잠시 공사를 멈추고 기도에 열중했다. 그러던 어느 날 갑자기 땅 위로 칡 세 줄기가 뻗어 나오더니 한곳에 멈추었다. 자장은 갑작스레 나타난 칡을 신비롭게 여기고 그 자리에 탑을 세웠다. 이어 칡이 점지한 절집 터라 하여 칡 갈(葛) 자와 올 래(來) 자를 써서 '갈래사(葛來寺)'라고 절집 이름을 지었다. 지금의 정암사가 처음 터잡던 때의 이야기다.

자장은 손수 지은 정암사에서 공손히 기도를 올리며 문수보살을 기다렸다. 그러던 어느 날 남루한 가사를 걸친 한 노인이 죽은 개를 삼태기에 싸 들고 와서 "자장을 보러 왔다"고 했다. 누추한 행색의 노인을 자장의 시종은 내쫓으려 했다. 하지만 노인은 "자장을 만나고 나서야 떠나겠다"고 우겨댔다. 시종이 자장에게 노인의 갑작스러운 출현을 알렸지만, 자장 역시 문틈으로 비치는 노인을 대수로이 여기지 않고 쫓아버리라고 했다. 문전박대를 당한 노인은 "행색만 보고 사람을 업수이 여기는 교만한 자가 어찌 나를 알아볼 수 있겠는가"라고 한탄하면서 들고 있던 삼태기를 뒤집었다. 그 순간 삼태기 속의 죽은 개가 날개 달린 푸른 사자로 변했고, 노인은 푸른 사자를 타고 하늘로 올라갔다. 남루한 차림의 노인은 자장이 그토록 기다리던 문수보살이었다.

뒤늦은 후회감에 쌓인 자장은 뒤를 따르려 했지만 문수보살은 이미 가뭇없이 사라졌다. 문수보살을 알아보지 못한 스스로를 나무라던 자장은 문수보살을 찾아 먼 길을 떠나기로 했다. 언젠가는 돌아오겠다는 생각에 자장은 육신을 남겨두고 길을 떠났다. 자장은 "육신을 잘 보관해두면 다시 돌아오겠노라"는 말을 남겼다. 절집을 지키던 사람들은 스님의 육신을 절 근처의 동굴에 잘 모셨다. 스님의 육신은 그러나 얼마 뒤 굴 안에 불이 나면서 모두 재가 되어 사라졌다.

육신은 사라졌지만 자장이 남긴 것이 하나 더 있다. 적멸보궁을 완공하고 꽂아두었던 스님의 주장자다. 절집 터를 찾아 전국을 떠돌던 때에 짚고 다니던 지팡이다. 결국 자장의 자취는 나무 한 그루밖에 없는 셈이 됐다. 육신의 흔적은 찾을 수 없지만 자장의 신표로 남은 주장자는 생명을 얻어 뿌리를 내리고 잎사귀를 피어올려 한 그루의 듬직한 주목으로 자랐다.

전설대로라면 나무는 수령 1300년이 넘는 고목이다. 조선 고종 때 정선군수를 지낸 오횡묵(吳宖默, 1834~1906)도 군정(郡政)을 기록한 일기《정선총쇄록(旌善叢鎖錄)》에 이 나무를 기록해두었다. 1887년 일기에서 오횡묵은 이미 죽었지만 장한 기세를 잃지 않고 꼿꼿이 오랜 세월을 버티고 서 있는 이 나무를 자장율사의 지팡이라고 적은 뒤, "자장법사가 재생한다면 반드시 다시 살아나 잎이 피고 무성해질" 것이라고 했다. 130년 전에 이미 나무는 죽었다고 분명히 기록돼 있다. 그러나 지금 정암사 적멸보궁 앞에 서 있는 주목은 싱그러운 푸른 잎을 무성하게 돋웠다.

오래 사는 나무, 장수목(長壽木)의 상징인 주목은 자람이 더딘 대표적인 나무다. 천 년을 살아야 겨우 다른 큰 나무와 견줄 수 있을 만큼 자란다. 웬만큼 보기 좋은 나무로 자라는 데만도 수십 년이 걸린다. 더디게 자라는 만큼 주목의 생명력은 무척 견고하다. 적어도 천 년은 너끈히 산다는 뜻에서 '살아 천년'이라는 말이 붙었다. 게다가 죽은 뒤에 활용하게 되는 목재로서의 쓰임새도 많은 나무다.

다루기 쉬우면서도 단단하고 잘 썩지 않는 목재는 가구재나 건축재로 많이 쓰인다. 뿐만 아니라 조선시대에는 주목을 활의 재료로 쓰면서 하려이 몇 배 너 나아졌다는 이야기도 전한다. 단단하면서도 탄력이 높은 주목의 특징을 잘 살린 쓰임새다. 목재뿐 아니라 잎과 열매도 한방에서 귀중한 약재로 써왔다. 주목의 잎은 잘 말려서 신장병과 위장병에 이용했고, 열매는 구충제로 썼다. 어느 한 부분 그냥 버릴 게 없다는 이야기다. '살아 천년'에 '죽어 천년'이라는 말이 덧붙은 건 그래서다.

주목은 나무줄기에 붉은색을 띠고 있어 붉은[朱] 나무[木]라 불리는데, 강원도에서는 같은 뜻에서 적목(赤木)이라고도 부른다. 영문 이름 'yew'도 붉은색을 뜻할 만큼 주목의 가장 두드러진 특징이 바로 줄기 색깔이다.

우리나라 전국에서 잘 자라는 주목은 특히 고도 700미터의 산에서 자생하는 우리 토종 나무다. 정암사가 자리한 태백산 지역에는 주목 군락지가 있을 정도로 주목이 잘 자라는 곳이다. 우리나라에서 가장 오래된 1400년 된 세 그루의 주목(천연기념물 제433호)도 태백산 자락인 정선 두위봉에 있다.

1300년 전에 자장의 지팡이가 자랐으며, 130년 전에 이미 죽은 나무라고 했지만 여전히 잘 살아 있는 정암사의 주목은 키가 4미터쯤 된다. 입에서 입으로 전해오는 이야기와 뚜렷한 기록으로 남은 이야기를 바탕으로 하면 도무지 현재의 나무 상태를 이해하기 어렵다.

사실 정암사 주목은 참 남다른 나무다. 그냥 오래된 나무라고 생각하고 지나치기 쉽지만 자세히 관찰하면 신비로운 나무임을 알아

나무는 자장율사의 뜻을 따라 자신의 몸을 덜어내고 그 안에 새 생명을 키웠다.

- 정선 정암사 적멸보궁 주목

볼 수 있다. 나무의 내력을 잘 모르거나 나무를 자세히 관찰하지 않은 사람들은 바로 곁을 스쳐 지나면서도 나무의 신비로운 비밀을 눈치채지 못하고 그냥 지나치고 만다.

비밀은 정암사 주목이 한 그루가 아니라는 사실에 있다. 두 그루가 마치 한 그루처럼 자란 것이다. 두 그루 중 한 그루는 이미 오래 전에 죽은 나무다. 줄기 껍질을 봐도 그렇고, 나무의 전체 모습 가운데 맨 윗부분을 봐도 나무가 오래전에 죽었다는 사실을 금세 알 수 있다. 살아 있는 주목의 가장 큰 특징인 줄기의 붉은빛은 전혀 느껴지지 않는다. 오래전에 죽어서 줄기에는 검은빛이 돌고, 꼭대기 부분은 허옇게 말라죽은 걸 볼 수 있다. 심지어 곳곳에 푸른 이끼가 올라와 죽은 나무줄기라는 걸 선명하게 보여준다. 게다가 나무줄기의 상당 부분은 땅바닥에서 들려 있기까지 하고, 줄기 껍질 안쪽이 텅 비어 있는 것처럼 보이기도 한다. 하지만 나무의 중간 부분에서 활기차게 뻗어 나온 가지만큼은 분명히 싱싱하게 살아 있다. 의심의 여지가 없다.

죽은 나무와 살아 있는 나무가 하나로 붙어 있는 기묘한 상태다. 원래 이 자리에서 자라던 주목, 그러니까 자장율사가 1300년 전에 꽂아둔 지팡이가 자란 나무는 이미 오래전에 죽은 게 맞다. 덧붙이자면 죽어서 속은 텅 비고, 껍데기만 남은 상태라 할 수 있다. 나무가 죽으면 대개의 경우 줄기 안쪽인 심재(心材)부터 썩게 마련이다. 뿌리에서 이파리까지 물을 끌어올리는 수관은 줄기의 겉부분, 즉 변재(邊材)에 있기 때문에 생명을 유지하는 부분은 바깥쪽이다. 오래된 나무들이 속이 썩어 텅 비어 있는 상태에서도 싱싱하게 잘 살아 있는 경우가 그런 걸 보여주는 예다.

자장율사가 절을 짓고, 꽂아둔 지팡이 나무는 처음에 잘 자랐을 것이다. 게다가 큰스님이 기념으로 꽂아둔 지팡이라는 걸 아는 절집 사람들이 이 나무를 소홀히 대하지 않았을 게 분명하다. 그러나 오랜 세월을 사는 동안 나무도 어쩔 수 없이 생로병사의 굴레를 피하지 못하고 죽음을 맞이했다. 생명을 마쳤다고 해서 절집 사람들이 이 나무를 베어내거나 캐내지는 않았을 것이다. 그냥 옛 스님을 기린다는 의미로 끝까지 지키고자 했으리라.

그러자 나무는 차츰 심재 부분이 썩어들이 안쪽은 텅 비었고, 변재만 남아서 형체를 유지하게 됐다. 물론 세월이 더 지나면 이 변재도 썩어 없어질 것이다. 그러나 목재가 질긴 주목은 금세 썩지 않는다. 껍데기만으로 형체를 유지하고 있던 어느 날, 놀랍게도 나무껍질의 구멍 난 부분을 비집고 나무 안쪽에서 나뭇가지 하나가 뻗어나왔다. 신기하고 놀라운 일이었다.

따지고 보면 그게 그리 불가능한 일만은 아니다. 그 나무에 매달려 있던 씨앗이 안쪽에 떨어졌다가 세월을 거치면서 서서히 싹을 틔우고 뿌리를 내리는 건 있을 수 있는 일이다. 이 나무를 바라보며 옛 스님을 기리던 사람들도 모르는 사이에 나무 안쪽의 깊은 어둠 속에서 씨앗 하나가 도담도담 싹을 틔우고 자라나 '나 여기 살아 있다'고 외치듯 가지 하나를 뻗어낸 것이다. 살아 있는 한 그루의 주목으로 여길 만큼 쭉 뻗은 가지와 싱그러운 이파리는 그러니까 옛 자장율사의 지팡이 나무가 아니라, 나무 안쪽에서 생명의 끈을 이어간 새 주목이다. 다시 말하자면 죽은 주목의 자손일 수 있다는 이야기다.

안쪽에서 새로 자라난 주목의 모습은 보면 볼수록 재미있다. 나무는 변재에 뚫린 구멍이나 갈라진 틈 사이로 어김없이 새 가지를 뻗어냈다. 빈틈이 없을 정도다. 아예 죽은 나무껍질의 빈자리를 모두 메울 기세다. 모든 나무가 그렇듯이 어둠 속에서 어렵사리 싹 틔운 어린 나무는 빛을 찾아 자랐다. 과학적으로 풀어도 충분히 설명이 가능한 이야기이지만 그 어린 생명의 안간힘이 기특하고 신기할 뿐이다.

얼핏 보아서는 나무 안에 또 한 그루의 새 나무가 자랐다는 걸 눈치챌 수 없을 만큼 삶과 죽음이 이뤄낸 조화는 완벽하다. 나무 앞에서 껍데기만 남기고 이승을 떠났다가 좋은 시절을 찾아 생명의 숨결을 불어넣은 자장을 떠올리는 건 지당한 일이다. 천년의 삶을 과학으로 해석하는 게 어디까지 가능할까 생각하게 하는 신비로운 자태의 나무다.

절집 사람들은 이 나무의 생환을 놓고 자장 스님의 부활을 상징하는 현상이라는 이야기를 서슴지 않는다. 생김새를 보아 그럴 법도 하다. 여전히 신성하게 여기는 탓이어서인지 나무 주변에는 절집 불자(佛子)들이 오가며 작은 불상을 올려놓기도 했고, 작은 돌무지 탑을 쌓기도 했다. 오가는 사람들이 나무를 보고 두 손을 합장하고 나무 앞에서 기도 올리는 모습도 흔히 보게 된다.

생물학적으로야 분명히 또 다른 개체가 마침 죽은 나무 안쪽에서 자라난 별것 아닌 현상이라 이야기할 수 있겠다. 하지만 보통 사람의 눈에는 틀림없이 죽었던 나무가 부활한 나무로 보는 걸 틀렸다고만 할 수 없다. 이쯤 되면 나무는 그냥 나무가 아니라 사람과 함께 살아가는, 특히 우리 민족처럼 자연과 더불어 살아가는 농경문화권의 민족들에게는 정신과 문화의 상징이라 해야 한다.

세월 흐르면서 정암사 자장율사 주목에도 변화가 생겼다. 자연스러운 일이다. 껍질만 남은 나무 안에서 새로 자란 나무는 조금씩 제 몸피를 키우며 자신을 둘러쌌던 죽은 나무의 껍질을 조금씩 부수었다. 10년쯤 전만 해도 죽은 나무의 껍질이 견고하게 버티고 있는 까닭에 안쪽에서 새 나무가 자라났다는 걸 알아보기 쉽지 않았다. 그러나 그 사이에 죽은 나무껍질의 상당 부분이 부서지고 떨어져나갔다. 이제는 얼핏 보아도 살아 있는 나무줄기의 둘레에 죽은 나무의 껍질이 붙어 있다는 걸 알아볼 수 있게 되었다.

자신을 온전히 버리기 위해 육신을 내려놓고 이승을 떠난다고 했던 자장율사의 뜻을 따라 그의 지팡이 나무는 자신의 몸 전체를 덜어내고 그 안에 새 생명을 키웠다. 곱게 늙은 절, 정암사 뜰을 지키고 서 있는 한 그루의 나무에서 배우는 아상소멸(我相消滅)의 수행이다.

원효대사

위대한 승려가 남긴 광활한 비자나무 숲

나무 그늘을 지나던 만삭의 여인이 있었다. 준비도 갖추지 않았는데 뜻밖에 산통이 몰려왔다. 유성이 품 안으로 달려드는 꿈을 꾸고 잉태한 아이는 길 위, 나무 그늘에서 태어났다. 여인은 무사히 아이를 낳았고, 운신이 어렵던 그는 남편의 옷을 나무에 걸어놓고 며칠을 지냈다. 여인의 출산과 산후조리를 도왔던 그 나무를 사람들은 옷이 너울거리는 모양을 뜻하는 사(娑)와 남편의 옷을 상징하는 라(羅)를 써서 사라수(娑羅樹)라고 불렀다.

신라의 귀족인 설(薛)씨 가문의 후손으로 나무 그늘에서 태어난 아이는 설사(薛思)라는 이름을 얻었다. 그가 무사히 태어날 수 있도록 그늘을 내어준 나무는 밤나무였고, 이 밤나무의 밤은 크고 굵으며 맛도 좋아 특별히 사라율(娑羅栗)이라고 불렀다. 나중에 원효라는 법명으로 당대 최고의 승려가 된 그는 자신이 태어난 그 나무 그늘에 법당을 세우고 사라사(娑羅寺)라고 이름했다.

마흔이 넘은 661년(문무왕 1)에 원효는 당나라로 유학을 떠났다. 신라 최고의 승려로 꼽히는 의상(義湘, 625~702)과 함께한 길이었다. 긴 여행길에 무덤가에서 풍찬노숙을 한 적이 있었다. 잠결에 목이 말라 아무렇게나 집어들고 마신 물이 아침에 깨어서 보니 해골에 담긴 썩은 물이라는 걸 알았다. '세상사 모든 일이 마음먹기 달렸다'는 일체유심조(一切唯心造)의 진리를 깨달은 그는 의상과 헤어져 당나라 유학을 포기하고 돌아와 불가의 진리를 널리 알리는 위대한 사상가로 우뚝 섰다.

신라 900년의 역사는 물론이고 우리나라 불교 역사 가운데 가장 위대한 승려가 된 원효는 지금까지도 여전히 큰 영향력을 가졌다. 까닭에 우리나라의 오래된 절집이나 불가의 유적지에서 그의 흔적을 찾아보는 건 어렵지 않다. 그 많은 흔적 가운데에 일부는 믿기 어려운 것도 물론 있다. 어쩌면 원효의 위대함에 기대어 절집의 사세(寺勢)를 키우기 위해 후대에 과장해 전하는 것도 있지 싶다. 이를테면 원효가 짚고 다니던 주장자를 꽂아 오랫동안 크게 잘 자랐다는 노거수가 적지 않을 뿐더러, 그가 손수 창건한 절집도 헤아리기 어려울 정도로 많다. 원효가 출가해 승려로 생활한 38년 동안 그렇게 많은 절집을 창건했다는 건 사실상 물리적으로 불가능한 일이다. 심지어 한반도 최남단에서부터 강원도 북쪽의 깊은 산에 이르기까지 당시의 교통 사정으로는 옮겨 다니기조차 쉽지 않은 일이었을 게다. 그 같은 상황으로 보아 그 많은 절집을 손수 창건했다는 건 상식적으로 믿기 어렵다. 그렇다고 무조건 거짓이라고 하기도 마땅치 않다. 아마도 원효와 맺었던 일정한 관계를 절집의 창건에 연결시키면서 확대 재생산한 창건설화로 보는 게 온당하지 않을까 싶다.

전라남도 고흥의 깊은 산에도 원효가 창건한 것으로 여겨지는 절집이 있다. 천등산 금탑사(金塔寺)다. 신라 문무왕 때 원효가 처음 세운 절집이라고 전하지만 기록이 없어 세운 시기는 정확하지 않다. 원효가 지었다는 사실 또한 명확하지 않다. 금탑사라는 이름은 처음 절을 지을 때 금으로 만든 여러 기의 탑을 세웠다 해서 붙은 이름이라고 한다.

국토의 최남단 전라남도 고흥은 보성만(寶城灣)과 순천만(順天灣)을 좌우로 한 잘록한 허리와 그 아래로는 마치 하나의 섬처럼 널찍한 반도가 펼쳐져 있는 아름다운 남해의 반도다. 도립공원인 팔영산 자연휴양림이 있으며, 거금도나 나로도 등의 섬과 함께 연계해 둘러볼 수 있는 아름다운 고장이다. 다도해의 특징을 그대로 담은 아름다운 경치여서 다도해 해상국립공원으로 지정한 곳이기도 하다.

금탑사가 자리한 천등산은 한자로 천등산(天登山)이라고 쓰지만, 일부에서는 여전히 천등산(千燈山)이라고 쓴다. 산봉우리가 하늘에 닿아 있다 해서 '천등(天登)'이라고 하지만, 옛날에 이 산에 있던 수많은 절집의 스님들이 천 개의 등을 만들어 부처님 전에 바쳤다는 전설을 따라 '천등(千燈)'이라는 이름이 유효하다는 이야기다. 이는 석가의 10대 제자 중 한 사람인 가섭(迦葉)존자가 그의 어머니를 위해 천등불사를 한 것에서 비롯된 이야기다.

금탑사는 그 뒤 고려시대를 거치는 동안 별다른 기록이 없어 어떻게 지냈는지 잘 알려지지 않았는데, 조선시대에는 임진왜란을 비롯한 여러 전란을 거치며 많은 부분이 훼손되었다. 현대에 이르러서도 한국전쟁 동안 절집 근처까지 무차별적인 남벌이 이루어져 주변의 아름다운 자연을 많이 훼손당했다.

우여곡절을 겪었지만 금탑사에는 여전히 아름다운 큰 나무와 숲이 남았다. 금탑사를 찾아들어서 무엇보다 감탄사를 연발하게 하는 것은 삼성각 뒤로 이어지는 비자나무 숲, 천연기념물 제239호인 고흥 금탑사 비자나무 숲이다. 무려 13만 1,086제곱미터나 되는 넓은 면적의 이 숲에는 3,300여 그루의 비자나무가 무성하게 자라고 있는데, 처음 금탑사에 주석했던 원효를 비롯한 여러 스님이 심어 가꾼 나무들이 이룬 숲이라고 한다. 전하는 이야기대로 원효대사가 심고 가꾼 숲이라면, 이 숲의 비자나무들은 무려 1400년이 넘은 늙은 나무여야 한다. 그러나 실제 숲의 나무들을 천 년 넘은 나무로 보기는 어렵다.

왜란과 전쟁을 거치면서 훼손의 아픔을 겪었지만 지금은 숲 전체를 천연기념물로 지정해 철저하게 보호하고 있으며, 다른 천연기념물 숲과 마찬가지로 숲 안의 모든 비자나무에 번호표를 붙여 관리한다. 대개의 비자나무는 키가 9~14미터쯤 되고, 가슴높이에서 잰 줄기 둘레는 16~121센티미터까지 다양하다. 숲속에서 저절로 자란 나무들이 몇 대에 걸쳐 가족을 이룬 것이다.

절집을 중심으로 아래쪽의 계곡과 위쪽으로 이어지는 산지 비탈면에 이르는 광활한 지역에서 비자나무가 자라는데, 식물학자들의 관찰에 따르면 대개 100년쯤 된 나무들이라고 한다. 절집의 전설과

줄지어 서 있는 비자나무들이 빼어난 조형미를 이룬다.

- 고흥 금탑사 비자나무 숲

큰 차이를 보이는 결과다. 그러나 이 숲의 비자나무들은 원효대사가 처음으로 절집을 짓고, 스님이 떠난 자리에 다시 들어온 스님이 나무를 끊임없이 심었다가 그때 심은 나무들이 왜란과 전쟁의 참화를 입어 모두 사라지고 난 뒤 땅에 떨어졌던 씨앗들이 자연적으로 싹을 틔워 오늘의 이 무성한 숲을 이룬 것으로 보는 게 온당하지 않나 생각할 수 있다.

햇살조차 비집고 들기 힘들 정도로 가지와 잎이 무성한 이 숲의 비자나무는 고려시대 때부터 조정에 바치는 세공(歲貢)을 위해 심었던 것이라고도 이야기한다. 《고려사》, 《세종실록지리지》, 《동국여지승람》, 《조선왕조실록》 등에는 비자나무의 분포 지역과 조정에 바치는 세공에 대한 기록이 나오는데, 이를 바탕으로 하면 오래전에는 비자나무의 분포 지역이 지금보다 넓었을 것으로 보인다.

금탑사에서는 최근까지도 이 숲에서 해마다 30가마니 가까이의 열매를 거둬들인다고 한다. 그러나 요즘에는 열매 줍기에 나설 손이 모자라 그 절반에도 못 미치는 양만 겨우 갈무리할 뿐이다. 절집 사람들은 이 숲에서 거둔 열매를 떡이나 강정으로 만들어 신도들과 나눠 먹는다고 한다.

비자나무의 열매인 비자는 옛날부터 구충제로 특효가 있다고 여겨왔다. 현대에 이르러서까지도 비자나무는 귀한 목재로 쓰이는데, 아무래도 가장 요긴한 쓰임새는 바둑판이다. 명가의 바둑판은 모두 비자나무로 만든다고 한다. 비자나무 바둑판은 바둑돌을 내려놓을 때의 소리가 청아하게 울릴 뿐 아니라 나무의 복원력이 탁월해 표면에 흠도 잘 생기지 않는다고 한다. 바둑판으로 더없이 좋은 재료다.

비자나무가 천연기념물로 지정된 것으로는 전라남도에 진도 임회면의 비자나무와 강진 병영면의 비자나무가 있고, 경상남도에도 사천 곤양면의 비자나무가 있다. 비자나무 숲으로는 제주도 구좌읍 평대리와 전라남도 해남군 연동리, 전라남도 장성군 백양사 일원 등이 있다. 우리나라의 남부지방에서 잘 자라는 비자나무가 살 수 있는 가장 북쪽 지역은 바로 전라남도 장성의 절집 백양사 부근이다.

모두가 아름다운 나무, 멋진 숲이다. 줄기가 곧게 솟구쳐 오르며 자라고, 줄기에서 뻗어나가는 가지들이 사선으로 하늘을 향해 두 팔 벌리듯 널찍하게 뻗어 오르는 모습들이 무척 아름답다. 비자나무는 또한 줄기의 느낌이 남다른 나무이기도 하다. 부드럽고도 폭신하게 만져지는 비자나무의 줄기는 언제나 푸근한 느낌을 준다. 마치 두 팔을 활짝 펼치고 좌중을 압도하려는 듯 웅혼한 기상을 펼치고 서 있는 모습인데, 그 줄기의 느낌은 세상의 모든 지친 삶들이 가만히 기대어 쉴 수 있을 만큼 편하고 푸근하다. 비자나무 숲 안에 들면 마음이 편안해지는 이유다.

고흥 금탑사의 비자나무 숲은 그런 점에서 가장 전형적인 비자나무 숲이라 할 수 있다. 비자나무는 옆으로 가지를 넓게 펼치는 특징을 가진 나무여서 숲 안으로는 한 줄기 햇살조차 비집고 들어오기 어려울 정도로 나무들의 식생이 빽빽하다. 나무 아래에서는 다른 식물들이 살아가기조차 힘들 만큼 어두컴컴하다. 그러나 줄지어 서 있는 비자나무들은 마치 제식훈련하는 군인들처럼 거의 똑같은 모양으로 가지를 펼치고 부동자세로 서 있다. 나뭇가지가 연출하는 패턴의 조형미가 빼어난 숲이다.

펼쳐진 가지의 사선은 앞에서부터 아른거리며 비치는 맨 끝의 나무에까지 이어져서, 마치 잘 그려진 추상 도형의 향연을 보는 듯도 하다. 한번 들면 다시 나올 생각이 들지 않는 야릇한 매력을 갖추고 있는 숲이 바로 고흥 금탑사 비자나무 숲이다. 산 깊은 곳에 절집을 짓고 한 그루 두 그루씩 나무를 심고 가꾸었던 옛 스님의 정성이 느껴지는 사람의 숲이다.

도선국사

아직 태어나지 않은 후손들의 평화와 희망

나무를 심는 건 분명 스스로를 위한 일이 아니다. 아무리 빨리 자라는 속성수(速成樹)라 하더라도 나무로부터 얻을 수 있는 혜택을 제대로 누리려면 나무를 심는 사람의 수명보다는 훨씬 긴 시간이 필요하다. 미래를 내다보지 않고는 나무를 심을 수 없는 일이다. 아직 태어나지 않은 후손들에 대한 따뜻한 사랑과 배려심이 있어야 한 그루의 나무를 심을 수 있다.

신라의 고승 도선국사(道詵國師, 827~898)도 후손의 평화로운 삶을 기원하며 나무를 심었다. 도선은 특유의 풍수도참 사상으로 먼 훗날 이 땅에서 살아갈 후손들의 삶을 배려한 특별한 승려였다. 그의 풍수지리설은 우리 민족의 실제 삶에 여러 형태로 영향을 미쳤다. 풍수지리를 비롯한 도선의 생각은 나무를 심는 것과 마찬가지로 한 사람의 삶이 당대에만 영향을 미치는 것이 아니라 긴 세월에 걸쳐 대대로 이어진다는 데에 바탕을 두고 있다.

도선은 출생 과정부터 남달랐다. 전라남도 영암의 구림 마을에는 지금도 그의 출생에 얽힌 오묘한 설화가 전해온다. 당시 이 마을에는 최씨 성의 처녀가 살고 있었다. 그녀는 어느 날 개울가에서 빨래를 하던 중 떠내려오는 싱싱한 오이를 집어 먹고 아이를 가지게 되었다. 최씨 처녀는 아이를 낳았지만 주변의 눈총이 두려워 아무도 모르게 뒷산 바위틈에 아이를 내다버렸다. 며칠 뒤 내버린 갓난아이의 안부가 궁금해진 처녀가 숲을 찾아갔더니 바위 위에는 비둘기가 떼를 이뤄 날개를 활짝 펼치고 아이를 보살폈다고 한다. 그 아이가 바로 훗날 국사로 추증된 도선국사다. 이 이야기를 바탕으로 사람들은 마을 이름을 비둘기 구(鳩)와 수풀 림(林)을 써서 구림 마을이라 불렀으며, 비둘기 떼가 아이를 보호했던 그 바위는 국사가 된 도선을 보호한 바위여서 국사암(國師巖)이라 했다.

아이를 그대로 둘 수 없었지만 그렇다고 집으로 데려와 키울 수도 없었던 최씨 처녀는 고심 끝에 인근의 절집에 아이를 맡겼다. 문수사라는 이름의 절집이었다. 문수사 주지 스님의 손에서 총명하게 자란 아이는 나중에 당나라에 다녀와 자신을 길러준 문수사 터에 절집을 크게 새로 지었다. 지금의 영암 월출산 도갑사(道岬寺)가 바로 그 절집이다.

도갑사를 찾으면 당연히 스님의 자취를 찾게 된다. 그러나 도갑사에서는 도선국사의 손길이 닿은 나무를 찾을 수 없다. 전국을 내 집 앞마당처럼 주유하며 여러 곳에 손수 나무를 심었던 도선이 스스로 창건한 절집에 나무를 심지 않았을 리 없다. 하지만 유독 스님이 세운 도갑사에서는 스님이 심고 키운 나무를 찾아볼 수 없어 안타깝다. 이유가 있다. 도갑사를 처음 세운 건 신라 헌강왕 6년인 880년인데, 그 뒤로 우리나라의 오래된 대부분의 절집들과 마찬가지로 전쟁과 화재의 수난을 겪었다. 병자호란과 정유재란 때 화재를 겪은 것을 시작으로 도갑사는 일제 강점기와 한국전쟁을 거치는 동안에도 온전히 절집을 지킬 수 없었다. 게다가 1977년에는 참배객들의 부주의로 경내에 화재가 발생하기도 했다. 제대로 된 문화재는 물론이고 오래된 나무가 남아 있기를 바라는 것 자체가 언감생심이다.

도선은 열다섯 살 때 화엄사에 들어가 승려가 되었으며, 풍수지리설을 널리 설파하여 당대에 가장 존경받는 스님으로 이름을 떨쳤다. 명성이 궁궐에까지 알려지자 헌강왕은 그를 초청하여 법문을 들었다고 한다. 도선에 관한 일화 가운데 고려 태조 왕건의 탄생을 예언한 것은 널리 알려진 일이다. 신라 말인 875년(헌강왕 1)에 도선은 "2년 뒤에 반드시 고귀한 사람이 태어날 것"이라고 했는데, 그의 예언대로 2년 뒤인 877년에 송악에서 훗날 고려의 태조가 될 왕건이 태어났다. 이 예언으로 태조 이후의 고려 왕들은 그를 극진히 존경했다.

도선은 마흔이 채 안 된 즈음에 전라남도 광양의 백계산에 절집 옥룡사(玉龍寺)를 짓고 주석하면서 후학을 길러냈다. 이승에서의 삶을 마친 곳도 옥룡사였다. 도선은 어디를 가든 수백 명의 제자들이 뒤를 따랐는데, 옥룡사에 머무르던 때에도 수백 명의 제자들이 산중에 있었다고 한다.

도선이 옥룡사를 처음 지을 때의 이야기는 흥미롭다. 이 자리에

동백나무는 도선이 절에 머무르는 동안 점점 늘어나 아름다운 숲을 이루었다.

- 옥룡사 터 동백나무

는 연못이 있었는데, 그 안에 마을 사람들을 괴롭히는 아홉 마리의 못된 용이 살았다. 도선은 용들을 설득해 내쫓았으나 그 가운데 하나인 백룡은 끝까지 버티고 물러나지 않았다. 그러자 도선국사는 짚고 다니던 지팡이로 용의 머리를 내리쳐 눈을 멀게 하고, 연못의 물을 펄펄 끓게 했다. 끓는 물을 버티지 못한 백룡으로서야 도망칠 수밖에.

도선은 백룡이 다시 돌아오지 못하도록 절집 자리를 일일이 숯으로 공들여 닦아낸 뒤 절집을 지었다. 그때 도선은 이 터의 땅기운이 약하다는 걸 알게 되었다. 기운을 보(補)하기 위해 나무를 많이 심어 숲을 이루기로 했다. 땅의 기운을 더해줄 수 있는 나무로 그가 집중적으로 선택한 나무는 사철 푸른 잎을 떨어뜨리지 않고, 봄이면 붉은 핏빛으로 꽃을 피우는 동백나무였다. 겨울부터 이른 봄까지 차가운 날씨에도 꽃을 피우는 동백나무의 강한 기운을 약한 땅의 기운에 보태고자 한 생각이었다. 동백나무는 그가 이 절에 머무르는 동안 점점 늘어나 아름다운 숲을 이루었고, 도선과 그 후예들의 극진한 보살핌으로 오래도록 잘 지켜졌다.

전설대로라면 옥룡사 터의 동백나무들은 무려 1200년쯤 되어야 한다. 그러나 실제로 옥룡사 터의 동백나무들은 그리 오래된 나무가 아니다. 어림짐작으로 이 숲에서 가장 오래된 나무라 해도 300년이 채 안 되어 보이고, 어린 나무는 겨우 100년쯤을 넘겼으리라 짐작된다.

물론 도선국사가 동백나무를 심었다는 이야기가 틀렸다는 건 아니다. 단지 지금 이 숲에 살아 있는 나무들이 도선국사가 심었던 그 나무들은 아니라는 이야기다. 그때의 나무들은 세월 흐르면서 하나 둘 스러져가며 이 땅 위에 남긴 씨앗들이 저절로 뿌리를 내리면서 지금의 동백나무 숲을 이룬 것으로 보아야 하지 않나 하는 생각이다.

풍수지리 전문가답게 도선은 생애 내내 나라 안의 풍수 좋은 곳을 찾아다녔다. 그는 풍수 좋은 곳이 눈에 띄면 나름의 방식으로 표시를 했다. 함흥, 서울 등의 다섯 곳에는 특별히 좋은 나무를 심어 표시했다. 오래도록 표시가 사라지지 않게 하려는 생각에서 그는

어느 누구에게라도 한 가지의 소원은 꼭 이루어준다는 전설이 함께 전한다.

– 이천 도립리 반룡송

긴 수명을 가진 나무를 선택해 심었다.

도선이 손수 심었다는 다섯 그루의 나무 가운데 한 그루의 나무가 경기도 이천시에 남아 있다. 바로 이전 도립리 반룡송으로 불리는 천연기념물 제381호의 소나무다. 반룡송이라는 특별한 이름을 가진 이 소나무는 산수유꽃축제로 유명한 경기도 이천시 백사면 도립리 마을 벌판에서 마을의 평화와 안녕을 지켜온 수호목으로 살아왔다.

나무는 너른 들판 한가운데에 기이한 모습으로 웅크리고 앉아 있다. 키가 작은데다 나뭇가지가 비틀리고 꼬인 채로 자라난 까닭에서 있다는 말보다는 웅크리고 있다는 표현이 더 잘 어울린다. 멀리서 바라보이는 규모는 신통치 않아 보이지만 가까이 다가서는 사람에게 서서히 드러내는 기기묘묘한 나뭇가지의 꿈틀거림은 참으로 신묘하다.

반룡송은 그리 큰 나무가 아니다. 키는 고작 4.25미터밖에 안 되고, 사람 가슴높이에서 잰 줄기 둘레도 2미터가 채 안 되는 왜소하다면 왜소하달 수 있는 규모의 소나무다. 사방으로 펼친 가지의 품이 10미터 정도 된다는 것이 그나마 왜소한 크기를 보충해줄 뿐이다. 그러나 나무 가까이 다가가 줄기와 가지가 뻗어나간 모습을 바라보면 그 기이한 생김새에 절로 감탄사를 내뱉게 된다. 이 나무가 천연기념물로 지정된 것도 나무의 기형적인 자람이 특별해서다.

뱀처럼 기다란 몸을 가진 짐승이 몸을 웅크리고 있다는 뜻의 생소한 한자 '반(蟠)' 자를 넣어 나무의 이름을 붙인 것도 그래서다. 한자 이름은 쓰기가 어려울 뿐더러 정확히 발음하기도 어려운 탓에 마을 사람들은 이 나무가 만년을 더 살아갈 나무라는 뜻에서 '만년송(萬年松)'이라고도 부르고, 용트림하듯 비틀리고 꼬이며 자랐다 해서 '용송(龍松)'이라고 부르기도 한다. 나뭇가지가 비틀리고 꼬이며 자라는 경우가 아주 특별한 건 아니다. 소나무가 아니라도 여러 종류의 나무에서 가끔씩 볼 수 있는 일이다. 하지만 도립리 반룡송만큼 용트림 직전의 꿈틀거림을 생동감 있게 보여주는 나무는 흔치 않다. 그런 까닭에 나무에 전설 속의 짐승인 용을 빗대어 이름 붙인 반룡송이라는 이름에 고개가 끄떡여진다.

가는 곳마다 신비로운 이적(異蹟)을 행한 것으로 회자하는 도선이 골라 심었다는 전설에 기댄 탓인지 이천 도립리 반룡송에는 어느 누구에게라도 한 가지의 소원은 꼭 이루어준다는 전설이 함께 전한다. 오랫동안 전해오는 전설에 기대어 마을 사람들은 아무 때나 반룡송을 찾아가서 맑은 물 한 대접 올려놓고 소원을 빌곤 했다는 게 지금 이 마을에 사는 사람들의 이야기다. 그러나 더 이상 소원을 이루기 위해 나무를 찾는 사람은 이제 그리 많지 않다. 천연기념물로 지정되어 바깥 세상에 더 많이 알려진 뒤부터는 마을 사람들의 발길이 오히려 줄었다고 한다. '천연기념물'로 지정되던 때부터 살아 있는 수호신이라는 마을 사람들만의 살가운 의미가 차츰 사라지고, 국가적인 볼거리로서의 의미만 더 강조되고 있다는 걸 아쉬워한다는 마을 사람들의 생각에서 나오는 결과이지 싶다.

반룡송이 천연기념물 제381호로 지정된 것은 1996년이다. 지금 반룡송은 들판 한가운데에 외로이 서 있지만 문화재로 지정되기 전까지는 나무 주위에 서너 채의 살림집이 있었고, 숲이 우거졌으며 곳곳에 너럭바위가 흩어져 있었다고 한다. 그 앞의 밭에서는 고추 농사를 크게 지었고, 가을에는 마을 사람들이 고추 갈무리 울력에 나서곤 했다. 일을 하다가 땀을 식히던 곳은 어김없이 반룡송 앞의 너럭바위들이었다. 나무 주변의 이곳저곳에 있던 너럭바위들은 도시락을 펼쳐놓고 둘러앉아 새참을 먹기에 안성맞춤이었다. 그러나 그 너럭바위들도 나무가 천연기념물로 지정되고 주변을 정비하면서 모두 치웠다. 또 그늘을 깊게 드리우는 우거진 숲도 마을 사람들을 반룡송 앞으로 끌어들이는 요인이었다.

도선은 이 나무를 심으며 장차 이곳에서 큰 인물이 태어날 것을 예언했다고 한다. 산 좋고 물 좋은 곳에서 큰 인물이 나는 건 당연한 이치다. 도선국사가 굳이 이 마을에서 큰 인물이 난다고 덧붙인 건 필경 어렵게 살아가는 대중들의 삶에 큰 희망을 주기 위한 세심한 배려가 아니었나 싶다. 나무는 그렇게 사람들의 희망을 담고 천 년을 살아왔다.

반룡송도 그러나 옥룡사 터의 동백나무들처럼 여느 소나무의 생장 속도에 비춰볼 때 도선이 심었다고 믿기는 쉽지 않다. 아무리 기형목으로 자랐다 해도 그렇다. 하지만 민중의 전설을 과학적인 잣대로 따지기보다는 그 안에 담긴 은유를 짚어보아야 한다. 신묘한 전설을 담고 서 있는 한 그루의 나무를 바라보며 삶의 지혜를 톺아보는 것이야말로 지금 이 순간 나무를 바라보아야 하는 가장 큰 까닭이다.

무명 승려

내가 아니라 후손의 안녕을 기원하며

후손의 안녕을 기원하며 나무를 심는 건 돌아볼수록 절묘한 선택이다. 후손을 위한 상징이라면 오래도록 볼 수 있을 만큼 수명이 길어야 한다. 게다가 처음보다 더 풍요로워질 가능성을 가진 자연물이라면 더 없이 좋으리라. 나무보다 알맞춤한 대상이 있을 수 없다. 적잖은 위험도 있다. 결정적인 건 나무가 생명을 잃는 일이다. 그래서 더 절묘하다. 선조가 남긴 나무라면 그 후손들로서는 여느 나무에 비해 더 정성을 들일 게 분명하고, 나무에 정성을 들이는 일은 곧 나무를 심은 선조의 뜻을 되새기는 일이 될 것이다. 결국 한 그루의 나무는 자손 대대로 번영과 평화가 이어질 수 있는 상징이 되기에 더 없이 알맞춤하다.

천 년 전에 심은 것으로 알려진 천연기념물 제167호 원주 반계리 은행나무도 선조들의 후손을 향한 애틋한 마음이 그대로 담겨 있는

스님은 평화로운 마을을 다시 찾아올 요량으로 지팡이를 우물가에 꽂았다.

– 원주 반계리 은행나무

나무다. 원주 반계리 은행나무는 키가 32미터, 가슴높이 줄기 둘레는 16.27미터나 되는 장한 자태의 나무다. 땅에서부터 줄기가 여러 개로 나누어지면서 사방으로 고르게 뻗어나간 나무의 가지펴짐 또한 매우 웅장하다. 나무가 펼친 품은 동서로 35미터, 남북으로는 34미터나 된다.

이 나무를 누가 심었는가에 대해서는 두 가지 이야기가 전하지만 기록이 남아 있지 않아 정확한 이야기는 알 수 없다. 옛날에 이 마을에 살던 성주 이씨 가문의 한 조상이 심었다는 이야기와 이곳을 지나던 이름 모를 어진 스님이 꽂아둔 지팡이가 자라났다는 이른바 삽목(揷木) 전설이다.

천 년 전, 어느 어진 스님 한 분이 이곳을 지나다가 목이 말라 우물을 찾았다고 한다. 물론 그때의 우물은 흔적도 없이 사라져 확인할 도리가 없다. 그때 우물가에서 물을 긷던 한 처녀가 두레박에 물을 떠서 스님께 드렸다. 스님은 처녀가 건네준 물을 마시고 그 자리에 앉아 다리쉼을 했다. 거친 숨을 고르던 스님의 눈에 들어온 마을 풍경은 물 긷던 처녀의 마음씨처럼 온화하고 평화로웠다. 스님은 이 평화로운 마을을 나중에 다시 찾아올 요량으로 자리를 표시하기 위해 짚고 다니던 지팡이를 우물가에 꽂았다. 그 지팡이가 뿌리를 내리고 무럭무럭 자라 천 년의 세월을 거쳐 이토록 훌륭한 나무가 됐다는 이야기다.

지팡이로 마을을 표시해둔 건 그가 바라보았던 마을의 평화가 오래 지속되기를 바라는 마음에서였다. 그가 지팡이로 표시해둔 곳을 다시 찾아오겠다는 것 역시 언제 다시 찾아오더라도 마을의 평화가 계속 지켜지기를 바라는 마음의 표현이었다.

마을 사람들이 지어낸 이야기라 하더라도 상황은 달라지지 않는다. 이야기를 지어낸 옛사람도 필경 마을의 평화가 오래 지켜지기를 바라는 마음에서 자신의 마음을 어진 스님이라는 알 수 없는 대상에 빗대었다. 어느 쪽이든 분명한 건 한 그루의 나무가 후손의 평화를 위한 상징이라는 것이다.

원주 문막읍 반계리, 너른 밭 중간에 우뚝 서 있는 나무를 찾아가려면 얼마 전까지만 해도 나무 곁으로는 대중교통이 연결되지 않아 자동차로 찾아가야 했다. 그때마다 비좁은 길로 들어서기도 쉽지 않았고, 자동차를 세울 곳을 찾기도 마땅치 않았다. 그러나 최근 나무 곁으로 이어진 밭을 갈아엎고 근린공원처럼 너른 터를 확보했다. 주차 공간은 물론이고 공중화장실까지 설치했다. 그러나 여전히 진입로가 비좁아 단풍철과 같이 많은 사람들이 한꺼번에 찾아오는 주말이면 오가는 자동차들로 붐비고 어지럽다.

원주 반계리 은행나무는 워낙 크기가 커서 주변에서는 물론이고 문막읍 주변의 국도변을 지나면서도 눈에 띈다. 특히 사방으로 가지를 고르게 펼친 모습이야말로 천하일품이다. 아마도 이 땅에 지금 살아 있는 은행나무 가운데에서는 가장 아름다운 나무라 해도 지나치지 않으리라는 생각이다. 이토록 아름다운 나무가 이 마을의 평화를 상징하기 위해 심어졌다는 옛이야기는 그래서 더 절묘하게 다가온다.

원주 반계리 은행나무가 처음 심어지던 때와 비슷한 시기인 고려시대에 역시 이름이 알려지지 않은 한 스님이 후손의 평화를 기원하며 심은 또 다른 나무가 있다. 충청남도 태안군 태화산 기슭의 흥주사에 서 있는 900년쯤 된 커나란 은행나무다.

당시 절집을 지을 좋은 자리를 찾으러 온 산하를 두루 돌아다니던 노스님이 이곳 태화산 기슭을 지날 때였다. 스님이 다리쉼을 하려고 풀밭에 누웠는데, 홀연히 흰옷 입은 산신령이 나타나서 "네가 누워 있는 곳이야말로 부처님이 머무르시기에 좋은 곳이니 잘 표시해두거라"라고 했다. 스님이 깜짝 놀라 눈을 들어보니 산신령은 간데없고 주변에 밝은 빛이 돌며 상서로운 기운이 퍼지고 있었다. 신비로운 꿈이었다. 스님은 짚고 다니던 지팡이를 산신령이 가리킨 자리에 꽂아두고 기도를 올렸다.

얼마 뒤 스님이 꽂아둔 지팡이에서는 놀랍게도 은행나무 잎이 나오기 시작했다. 스님은 기도에 정진하면서 이곳에 절집을 짓기로 했다. 며칠 뒤 스님이 기도를 올리고 있는 중에 다시 산신령이 나타났다. 산신령은 "자식 없는 아낙네가 이 나무에 기도를 올리면 자식을 얻게 될 것이고, 그 자식들은 부귀영화를 얻게 될 것이다"는 이야기를 남기고 사라졌다.

스님은 초막을 짓고 산 아래 마을로 내려가 자손이 없는 가난한 집안을 찾아다니며 산신령의 뜻을 알렸다. 마을 아낙들이 하나둘이 신통한 은행나무를 찾아와 기도를 올렸고, 신비롭게도 산신령의 말대로 자식을 얻었다. 그뿐 아니라 은행나무에 기도를 올려 낳은 아이들은 부귀영화를 얻었다. 어렵게 자식을 얻은 것만으로도 감지덕지이건만 부귀영화까지 얻는 천하의 행운이었다. 사람들이 감사의 뜻으로 절집에 재산을 내놓는 건 자연스러운 순서였다. 그렇게

"네가 누워 있는 곳은 부처님이 머무르시기에 좋은 곳이니 잘 표시해두거라."

– 태안 홍주사 은행나무

모인 재산으로 홍주사는 허물어진 전각을 고치고 더 좋은 전각을 새로 지으며 사세를 키웠다. 그러니까 태안 홍주사는 옛 스님의 지팡이가 자란 한 그루의 은행나무 덕으로 짓고 부흥한 절집이라 할 수 있다.

태안 홍주사 은행나무는 20미터쯤의 키에 가슴높이 줄기 둘레도 8.5미터나 되는 큰 나무다. 절집 입구의 돌층계 참에 서 있는 나무여서 절집에 들어서려면 반드시 지나치게 된다. 얼마 전부터 이 큰 나무에서 이상한 가지 하나가 사람들의 눈에 들어왔다. 조금은 망측한 생김새의 가지다. 4미터쯤 되는 높이에서 옆으로 뻗은 가지에 어른 남자의 성기를 꼭 빼닮은 가지가 나타났다고 여러 미디어에서 절집의 내력과 함께 소개하며 호들갑을 떨었다.

그러나 이는 특별한 일이 아니다. 독특한 생김새를 했다는 가지는 은행나무에서 볼 수 있는 기근(氣根)이라는 조직이다. 가지가 아니고 줄기 부분에서 기형적으로 발달한 일종의 뿌리다. 공기 중에 호흡하는 기근이라고 부르는 근거다. 은행나무에서 기근이 발생했다는 것도, 기근이 남자의 성기 모습을 했다는 것도 호들갑떨 일이 아니다. 많은 은행나무에서 나타나는 일반적인 현상이고, 또 대부분의 은행나무 기근이 그런 모습을 했기 때문이다. 기근은 우리나라의 다른 은행나무에서도 흔치 않게 발견된다. 크기도 다양해서 길이가 무려 50센티미터를 넘는 기근도 있다.

기근의 생김새보다는 이 기근에 알맞춤하게 절집 안팎에서 전해오는 이야기가 더 흥미롭다. 즉 오랜 세월 동안 아이를 낳으려는 여인들의 바람이 모이다 보니 마침내 그 상징으로 나무에 남근 형상의 기근이 달렸다는 이야기다. 처음 지어질 때부터 홍주사는 아이를 낳지 못하는 아낙네들이 찾는 절집으로 유명했기에 이 같은 전설의 의미가 재미있고 새롭다. 부모는 자식을 얻고, 그 아이는 부귀영화를 얻을 수 있는 기원을 들어주는 나무의 덕으로 절집을 지었다는 옛이야기는 당시 우리 민중의 삶을 더 평화롭게 하려는 바람의 결과였음에 틀림없다.

원주 반계리 은행나무나 태안 흥주사 은행나무 모두 천 년 동안 이 땅의 사람살이를 더 평화롭게 이어가기 바라는 옛 선조들의 바람이 담긴 나무다. 나무를 심는 건 어떤 경우에라도 자신이 아니라 후손의 평화를 위한 일임에 틀림없지만, 우리에게 이처럼 오랜 세월 동안 후손의 평화를 지키며 살아온 나무가 지금 내 곁에 살아 있다는 사실에 사뭇 감사하지 않을 수 없다.

이름을 알 수 없는 스님들이 심었다는 이야기를 가지고 있는 나무는 그 밖에도 많이 있다. 그 가운데 빼놓을 수 없는 나무 한 그루 더 소개한다. 흥미롭게도 이 나무는 한 해에 한 번씩 막걸리에 거나하게 취하는 나무로 널리 알려졌다. 해마다 봄 3월 삼짇날이면 막걸리 12말에 감로수 12말을 섞은 맛난 술을 흠뻑 마시고 겨우내 지친 몸을 추스르는 장한 나무다.

경상북도 청도군 운문면에 자리하고 있는 비구니 스님들의 절집, 운문사 경내에 서 있는 천연기념물 제180호의 처진소나무다. 이 나무가 이곳에서 자라게 된 것은 무려 500년도 넘는 옛날이다. 그때 이름이 알려지지 않은 어느 큰스님이 이곳에 머무르면서 자신의 지팡이를 꽂아둔 것이 이토록 크고 멋지게 자라난 것이라고 절집 사람들은 이야기한다. 500년 동안 절집의 크고 작은 일들을 지켜보며 살아온 나무인 셈이다.

이 나무에 막걸리 공양을 하게 된 것은 30여 년 전 나무의 악화된 건강을 회복시키기 위한 대책으로였다. 영양분이 풍부한 막걸리가 나무의 건강에 도움이 되리라는 생각에서다. 여기에서뿐 아니라 나무의 건강을 위해 나무뿌리 주변에 막거리를 뿌려주는 것은 흔히

해마다 봄이면 맛난 막걸리를 흠뻑 마시고 겨우내 지친 몸을 추스르는 장한 나무다.

– 청도 운문사 처진소나무

있는 일이다. 막걸리가 나무의 생장과 건강에 도움이 되는 좋은 거름으로 민간에 널리 알려지기는 했지만, 사실 토양 연구자들은 막걸리의 영향은 입증하기 어렵다고 한다. 하지만 지친 나무들을 사람처럼 여기고, 사람에게 힘이 되는 막걸리를 나무에게 나눠주며 더불어 살아가려는 사람의 정성으로 생각하면 아름다운 풍습이라 할 수 있겠다.

막걸리를 미시며 건강을 회복하는 이 나무는 소나무의 한 종류인 처진소나무다. 처진소나무는 여느 소나무와 달리 가지가 아래로 축 늘어지는 모습을 하는 흔치 않은 소나무 종류다. 늘어진 가지의 모습이 마치 버드나무를 닮았다 해서 유송(柳松)이라 부르기도 한다.

특별한 소나무가 중심을 지키고 서 있는 아름다운 절집 운문사는 신라 진흥왕 때인 560년에 창건했다. 운문사를 처음 지은 스님의 이름은 전하지 않는데, 그 스님은 이곳에서 3년 동안 도(道)를 닦고 다섯 개의 암자를 지었다. 동서남북 그리고 중앙에 하나씩 암자를 지었는데, 지금의 운문사는 바로 중앙에 지었던 대작갑사다. 그 뒤 여러 차례의 중창불사를 거쳐 오늘에 이르는데, 특이한 것은 임진왜란 때 운문사 전체가 불에 타 흔적도 없이 사라졌는데 이때에도 처진소나무는 신통하게 고스란히 살아남았다는 사실이다.

운문사를 이야기하자면 처진소나무 외에 떠오르는 것이 또 있다. 이 절집이 비구니 스님들의 강원이라는 사실이다. 비구니 승가대학이라는 이름으로, 젊은 비구니 학인 스님들이 불법을 공부하는 곳이다. 비구니 스님들이 모여 예불을 올릴 때 울려 나오는 독경 소리에는 다른 어느 절집에서도 듣기 어려운 기묘한 아름다움이 담겼다.

그 자연의 아름다움 한가운데에 바로 처진소나무가 있다. 스님들은 특히 다른 나무들이 하늘을 향해 가지를 쭉쭉 뻗어 올리며 자신의 기백을 자랑하고 있을 때, 스스로를 낮추며 가만히 고개 숙이는 처진소나무의 겸양지덕이야 말로 공부하는 스님들이 자연으로부터 배워야 할 미덕이라고 상찬한다.

보조국사

스님의 발이 되었다가 생명 되찾아

800년쯤 전 승려 지눌(知訥)은 나라 안의 명승을 찾아다니다가 순천 조계산에 이르렀다. 지눌은 나무로 정성껏 솔개를 만든 뒤 공손히 하늘에 경배하고 하늘로 날렸다. 불교의 참 정신을 바로 세울 수 있는 좋은 터를 점지해달라는 간절한 기도의 힘으로 생명을 얻어 날아간 나무 솔개는 하늘을 날더니 지금의 송광사(松廣寺) 국사전 뒷등에 내려앉았다.

지눌은 나무 솔개가 내려앉은 자리를 터 삼아 이 나라 불교를 부흥시킬 채비를 갖추었다. 사람의 힘으로 해결하지 못한 어려운 문제를 나무의 힘에 기대어 이룬 것이다. 지눌의 뜻은 그 뒤 송광사가 이 나라 삼보(三寶) 사찰의 하나로 커나갈 수 있는 기초가 됐다.

전설에 대한 믿음이 이어져 근대에 육당(六堂) 최남선은 송광사라는 이름을 솔개의 사투리인 '솔갱이가 점지한 절집'이라는 뜻이라고 풀었다. 그와 달리 송광사 인근의 사람들은 소나무가 많아 '송광(松廣)'이라는 이름이 붙은 절이라고 이야기한다. 어느 쪽 이야기를 받아들이든 송광사는 나무의 뜻과 무관할 수 없는 나무의 절집이다.

이 터에 자리잡은 지눌은 자신과 송광사의 영원불멸을 기원하는 뜻에서 자신의 지팡이를 손수 절집 입구에 꽂았다. 이 자리에 '정혜결사(定慧結社)'를 세우기로 작정한 지눌이 송광사의 영원불멸을 기원하는 뜻을 가리키는 표징이었다. 일주문을 들어서면서 가장 먼저 눈에 띄는 고향수(枯香樹)가 바로 그 나무다. '말라 죽은 향나무'라는 뜻에서 붙인 이름이다. 키가 10미터쯤 되는 이 나무는 안타깝게도 이미 오래전에 생명 활동을 멈춘 고사목이다. 가느다란 줄기가 마치 꼬장꼬장한 노스님의 주장자처럼 곧게 뻗어 올라간 생김새로만 남았다.

스님의 발이 되었다가 다시 스님에 의해 생명을 되찾은 나무는 스님이 떠난 뒤에도 오랫동안 남아서 큰스님의 상징이 됐다. 지금까지 송광사를 찾는 불자들을 비롯한 모든 나그네들에게도 고향수는 신비의 대상이다. 말라 죽은 까닭에 살아 있을 때의 화려한 모습은 느낄 수 없지만, 앙상하게 하나의 줄기로 남은 모습이 오히려 그가 살아온 세월의 모진 풍상을 가늠하게 한다.

고향수가 생명을 유지했던 세월은 그리 길지 않았던 듯하다. 지금 확인할 수 있는 줄기의 굵기로 보아 그렇다. 기껏해야 줄기 둘레는 50센티미터 안팎 정도밖에 안 되는 가냘픈 상태인데, 키는 몸피에 비해 큰 편이다. 대략 10미터쯤 높이로 솟아 있는 고향수는 그래서 더 애처로이 보일 만큼 간당간당하다. 그러나 가느다란 줄기는 마치 꼬장꼬장한 큰스님의 기개를 닮은 듯 곧게 뻗어 올랐고, 그의 걸음걸이를 지켜준 구상사처럼 단단하게 살아남았다.

유서 깊은 나무이니만큼 송광사 스님들은 고향수 주변에 돌담을 쌓고 정성껏 보호하지만, 워낙 규모도 작고 나뭇가지도 없이 삐죽이 솟은 고향수는 눈여겨보지 않으면 그냥 스쳐 지나기 십상이다. 그러니 옛 스님의 혼이 담긴 나무라는 점에서 한 번쯤 돌아보아야 할 나무다.

지눌이 우리에게 남긴 큰일 가운데 하나는 아무래도 정혜결사로 비롯된다. 선정(禪定)과 지혜(智慧)를 하나로 통일해야 한다는 정혜쌍수 운동은 지눌이 일생 동안 힘을 기울였던 불교 운동이다. 당시 우리 불교계는 부처의 말씀을 위주로 하는 교종과 조사(祖師)가 마음으로 전한 것을 중심으로 삼는 선종으로 나뉘어 다툼을 벌였다. 그 안에서 지눌은 "부처나 조사의 마음과 말씀이 서로 어긋나지 않거늘 어찌 근원을 추구하지 않고 제가끔 자신이 익힌 것에만 집착하여 부질없이 쟁론을 일으키며 헛되이 세월만 소비하는가"라며 선교일원(禪教一元)의 원리를 실천하고자 했다.

지눌은《권수정혜결사문(勸修定慧結社文)》을 지어 마음을 바로 닦아 미혹한 중생도 부처가 될 수 있다고 했다. 그 방법이 곧 선정과 지혜를 함께 닦는 정혜쌍수다. 정과 혜는 언제나 한마음 위에 균형을 지녀야 한다는 원리다. 이는 타락한 당시의 불교계에 큰 혁신책으로 울림을 일으켰다. 지눌이 10여 년 간 정혜결사 운동을 이어간 곳이 바로 순천 조계산 송광사다.

스님의 발이 되었다가 다시 스님에 의해 생명을 되찾다.

– 순천 송광사 고향수

송광사는 산 깊은 곳에 자리잡고 있지만 경내에서 오래된 나무를 찾아보는 게 쉽지 않다. 정유재란 때 왜군이 지른 불, 조선 현종 때의 큰 불, 또 한국전쟁 때의 살육전에 의한 화재 등으로 무너앉았던 절집인 탓이다. 어쩌면 우리나라의 오래된 절집 가운데 송광사만큼 큰 화재를 되풀이해 겪은 절집도 흔치 않을 것이다. 우여곡절을 겪은 절집 안에 지눌의 뜻이 담긴 고향수 한 그루가 고사목의 형태로나마 남아 있다는 것이 다행스럽게 여겨질 정도다.

지눌의 자취를 찾아볼 수 있는 곳으로 송광사의 산내 암자 천자암이 있다. 지눌은 이 작은 암자에도 불교의 개혁 정신을 오래도록 남기기 위해 나무를 심었다. 천자암에 지눌이 심은 나무 역시 지금의 큰 나무로 자라기 전에는 그의 걸음걸이를 도와주었던 지팡이였다. 천연기념물 제88호인 순천 송광사 천자암 쌍향수 곱향나무다. 두 그루가 바로 곁에 붙어서 자라기 때문에 쌍향수라고 불리는 이 나무는 스승과 제자의 극진한 예를 바탕으로 한 이야기까지 함께 전한다.

지눌과 함께 나무에 생명을 불어넣은 이는 천자암을 처음 지은 것으로 알려진 담당국사(湛堂國師)다. 담당국사가 지눌의 제자가 된 것은 지눌이 금나라로 불가의 가르침을 배우러 떠났던 때에 비롯됐다. 지눌이 금나라에 유학 중일 때 마침 금나라 왕비가 원인 모를 병을 앓고 있었다. 이때 금나라의 왕은 법력이 높은 것으로 널리 알려진 지눌에게 왕비의 병을 낫게 할 기도를 청했고, 지눌은 성의를 다해 기도를 올렸다. 얼마 뒤 왕비의 병이 씻은 듯 나았고, 이를 고마워한 왕은 자신의 아들인 태자를 지눌의 제자가 되어 떠나게 했다는 이야기다. 그가 바로 금나라 장종(章宗)의 태자, 나중에 이 땅에서 국사에까지 오른 담당 스님이다.

처음 고려 땅에 들어온 담당 스님은 스승 보조국사와 함께 수행처를 찾아다니다가 전라남도 순천의 조계산 자락에 이르렀다. 두 스님은 이곳에 지금의 천자암을 세우고, 그동안 자신들이 짚고 다니던 지팡이를 법당 앞에 나란히 꽂았다. 그 나무가 800년의 세월을 거치며 지금까지 살아남았다.

한 쌍의 용이 똬리를 틀고 있는 듯한 모습은 볼수록 신비롭다.

- 순천 송광사 천자암 곱향나무

전설은 오래도록 변함없이 불가의 믿음으로 전하고 있지만 담당국사에 관한 기록이 남아 있는 게 많지 않아 정확한 행적을 알 수 없다. 심지어 일부 기록에서는 담당국사를 보조국사와는 활동 연대가 전혀 다른 14세기 초인 원(元)나라 순종(順宗) 때의 인물로 추정하기도 한다.

역사적 사실로 확인하기는 어렵지만 전설로 뚜렷한 자취를 담고서 있는 곱향나무 쌍향수가 있는 천자암은 송광사에 딸린 암자로, 송광사와는 다소 멀리 떨어져 있다. 천자암은 송광사 뒷숲의 굴목재를 넘어서 이를 수도 있고, 도로를 통해서라면 남쪽으로 8킬로미터쯤 가서 다시 산으로 올라야 닿을 수 있는 작은 암자다. 천자암은 담당을 비롯한 여러 국사의 흔적을 간직한 유서 깊은 암자다. 비교적 외따로 떨어진 까닭에 사람의 방문도 많지 않고, 법당 건물도 화려하지 않지만 이 모든 풍경을 압도하는 게 바로 이 곱향나무 한 쌍이다.

한 쌍의 나무는 서로 70센티미터 정도 떨어져 있는데, 워낙 큰 나무가 바짝 붙어 있는 까닭에 마치 하나로 뭉쳐서 자란 것처럼 보인다. 두 그루의 나무 가운데 조금 작아 보이는 한 그루의 나무가 다른 나무를 향해 절을 하듯 살짝 굽었다. 마치 큰스님에게 절을 올리는 사제지간처럼 예를 갖춘 모습이어서 전해오는 전설이 그럴 듯하게 여겨지기도 한다.

나무의 키는 12.5미터, 가슴높이의 둘레가 북쪽의 나무는 3.98미터, 남쪽의 나무는 3.24미터 규모다. 전체적으로 풍요롭고 아름다운 나무인데, 특히 엿가락을 비꼬듯 혹은 한 쌍의 용이 승천하기 위해 똬리를 틀고 있는 듯한 모습을 갖춘 줄기는 볼수록 신비롭다. 한때는 이 신비로운 줄기에 손을 대고 흔들면 극락세계에 든다는 전설이 전해지기도 했다. 그러나 사람들의 손길이 지나치게 잦아지자 이제는 나무줄기에 손을 대지 못하도록 울타리로 막아서 보호한다.

백두산 지역에서 자라는 곱향나무는 향나무에 비해 잎의 길이가 짧은 특징을 가졌다고는 하지만 향나무와 구별하는 건 쉽지 않다. 북한의 함경북도 명천군 사리(沙里)에는 군락을 이뤄 자라는 곱향나무 자생지가 있어서 이를 북한에서는 천연기념물 제319호로 지정해 보호하고 있다. 남한 지역에서 찾아볼 수 있는 오래된 곱향나무는 천자암의 곱향나무가 유일하다.

송광사는 천 년 가까운 세월이 흐르는 동안 전쟁과 화재를 거치며 절집도, 주변에 살아 있던 나무도 대부분 흔적 없이 사라지고 새로 지은 전각과 새로 심은 나무만 무성하다. 그러나 그나마 송광사를 크게 일으킨 대표적인 승려 보조국사의 흔적을 찾을 수 있다는 것은 아마도 큰 행운이지 싶다.

원묘국사

부패한 불교를 비판하는 결의

강진만(康津灣)이 훤히 내다보이는 만덕산 자락에 자리잡은 백련사는 처음에 절집 이름에 쓰는 절 사(寺)가 아닌, 단체를 뜻하는 사(社)를 써서 백련사(白蓮社)로 표기했다. 백련사는 수선사(修禪社)와 함께 고려 후기의 대표적인 신앙 운동 결사체를 말한다. 이는 당시 정치권에 빌붙어 있던 부패한 불교를 비판하고 수도자의 면모를 되찾자는 진보적 승려들의 종교개혁 운동 단체를 말한다. 살아남기 위해 불교의 본래 뜻과는 무관하게 권력의 입맛에만 맞추는 타락한 불교를 개혁해 종교적인 수행과 그 실천을 최우선 순위에 두자는 결의였다. 이는 오늘날 민중 불교의 뜻과도 통한다.

이 가운데 수선사는 전라남도 순천시 조계산의 송광사를 중심으로 보조국사 지눌이 이끈 조계종의 정혜결사이며, 천태종의 법화결사가 바로 만덕산의 백련결사다. 백련결사를 이끈 지도자는 원묘국사(圓妙國師) 요세(了世, 1163~1245)다.

경상남도 합천 출신인 요세는 어린 나이에 출가하여 천태종 일가의 높은 덕망을 얻었다. 지눌이 이끈 정혜결사 운동이 활발히 진행되던 때 요세도 지눌과 함께 지내면서 정혜결사의 선(禪) 수행법을 익혔다. 그러던 중에 요세는 지눌의 돈오점수(頓悟漸修) 사상은 근기가 높은 자를 대상으로 하는 것이고, 근기가 낮고 업장이 깊은 중생에게는 이론화한 천태선의 일심삼관(一心三觀)과 참회 수행이 보다 유효하다고 보아 천태종 수행법을 독자적으로 이끌겠다는 생각으로 지눌에게서 떨어져 나왔다. 요세는 마침내 1216년(고종 3)에 만덕산 기슭에 들어 800여 칸의 절을 완성하며 천태종 중흥에 힘을 쏟았다. 일흔의 나이를 앞둔 예순아홉 살이 되던 1232년에 그는 보현도량(普賢道場)을 결성하고 백련결사라는 명칭으로 대중 불교 운동을 이끌었다. 그 운동의 터전이 바로 지금의 강진 만덕산 백련사다.

백련결사는 전국에 절집을 5곳이나 개창했고, 300여 사부대중이 따랐다고 할 정도로 큰 규모의 운동으로 부흥했다. 백련사라는 이름은 불교 역사상 최초의 결사 조직인 중국의 결사체가 '백련사'였음에 착안해 지은 이름이다. 이후 백련사는 120년 동안 여덟 명의 국사를 배출하고 대몽항쟁 차원에서 지식인과 서민 대중을 끌어들이는 역할을 하는 등 고려 후기 불교문화의 핵심 역할을 해왔지만, 고려 말기에 이르러 귀족적 성향을 드러내면서 몰락의 길을 걸었다. 더구나 잦은 왜구(倭寇)의 침탈까지 이어져 백련사는 폐사(廢寺) 지경에 이르렀다. 백련사가 절집의 꼴을 다시 갖추고 사세를 일으킨 것은 조선시대에 행호(行乎)선사의 중창불사에서 비롯됐다. 행

싱그러운 젊음 그대로인 채 어느 순간 후두둑 떨어지는 낙화

– 강진 백련사 동백나무 숲

호선사는 왜구의 침탈을 막기 위해 절 둘레에 토성을 쌓았는데, 그 흔적이 여태 남아 있다. 그러나 그 뒤로도 백련사는 몇 차례의 화재를 겪으며 오래된 전각은 다 타버리고 현재는 나중에 중창한 전각들만 남았다.

고난의 역사 속에서도 전혀 훼손되지 않고 남은 곳이 바로 백련사 뒤편의 동백나무 숲이다. 천연기념물 제151호인 백련사 동백나무 숲은 '백련사 사적비'에도 아름다운 숲이라고 한 기록이 남았고,

조선시대 전기 문인들의 시문(詩文)에서도 이 숲의 아름다움을 예찬한 글을 찾아볼 수 있다.

동백나무 숲에 들려면 대웅전 왼편으로 행호선사가 쌓은 돌담을 넘어가야 한다. 유명한 고창 선운사 동백나무 숲이 철제 울타리를 쳐서 숲 안에 들지 못하게 한 것과 달리, 강진 백련사 동백나무 숲은 사람의 출입이 자유롭다. 동백의 처연한 낙화를 온전히 느낄 수 있을 때까지 언제까지라도 하냥 기다릴 수 있는 우리나라에서 가장 아름답고 신비로운 동백나무 숲이다. 수백 년 넘게 살았을 동백나무의 우거진 가지 사이로 비쳐드는 한 줄기 햇살 받으며 피어난 붉은 동백꽃, 그리고 싱그러운 젊음 그대로인 채 어느 순간 후두둑 떨어지는 낙화. 이는 백련사 동백나무 숲에서 맛볼 수 있는 동백나무의 참 아름다움이다.

강진 백련사 동백나무 숲에는 약 1,500그루의 동백나무가 무리지어 자라고 있는데, 나무의 평균 키는 선운사 동백나무보다 조금 큰 7미터쯤 된다. 나무의 나이를 정확히 알 수는 없으나 거개의 동백나무는 한눈에도 오랜 세월을 지나쳐왔음을 알 수 있다. 아마도 우리나라의 모든 동백나무 숲을 통틀어 이 숲의 동백나무가 가장 오래된 나무라고 보아야 할 것이다.

숲 안에서 가장 오래돼 보이는 동백나무는 300년쯤 돼 보인다. 백련사를 처음 일으킨 백련결사의 요세가 심은 나무라고 볼 근거가 없다는 이야기다. 그러나 절집 뒷동산 전 지역에 이토록 넓은 구역이 동백나무 위주의 숲으로 형성되기 위해서는 오랜 시간이 필요했으리라. 동백나무의 수명이 소나무, 느티나무, 은행나무에 비해 평균적으로 그리 길지 않은 것을 바탕으로 보면, 이 숲의 동백나무는 처음 심었을 때부터 몇 차례의 세대 변화를 거치며 자연스레 이루어졌다고 봐야 한다.

요세가 처음 절집을 지을 때의 사정은 기록으로 남아 있지 않아 정확히 알 수 없지만, 그때에도 절집 뒤편에는 숲이 우거졌을지 모른다. 물론 지금처럼 동백나무 위주의 숲이라고 단정할 근거는 없다. 그러나 절집을 처음 짓고 머무른 스님들이 절집 뒷동산에 나무를 심고 아름다운 숲으로 가꾸었으리라는 건 충분히 짐작할 수 있다. 이 정도 넓은 규모의 동백나무 숲이 형성되기 위해서는 적어도 800년, 요세가 이 절집에 주석하던 때부터였지 않을까 하는 생각이 든다. 그러고 보면 이 아름다운 동백나무 숲이 시작된 건 요세를 비롯한 초기 백련사의 승려들이었다고 추정하는 데에 큰 무리가 없다.

이 숲에서 가까운 곳에 다산 정약용 선생이 유배 생활을 했던 다산초당(茶山草堂)이 있어 다산 선생도 유배 생활 중에 이 숲을 자주 찾았을 것이라고 생각하면 더 흥미롭다.

숲 안 곳곳에 4기의 이름 모를 스님들의 부도탑이 서 있다는 것은 강진 백련사 동백나무 숲의 특이하고도 정겨운 점이다. 우거진 천년 숲 여기저기에 아무렇게나 외로이 서 있는 부도탑은 이 숲 안에서 오래전에 불교의 개혁을 주장하며 용맹정진하던 큰스님들의 옛 모습을 만날 수 있는 듯한 느낌까지 불러일으킨다.

세월의 수난을 겪으면서 백련사는 대부분의 옛 모습을 잃었지만, 이 절집에 주석한 스님들은 백련사를 천년 고찰의 품격을 지닌 절집으로 보전하고자 애썼던 모양이다. 몇 그루의 배롱나무들이 바로 그 짐작의 근거다. 언덕 위에 서 있는 백련사의 만경루 앞 배롱나무는 그중 한 그루다. 언덕 아래에서도 훤칠하게 바라다보이는 이 배롱나무는 그리 큰 나무가 아니다. 배롱나무 그늘 아래에 나그네의 편안한 쉼터를 만들어놓아서 지나는 누구나 한 번쯤은 쉬다 갈 만하다. 큰 키가 아니어도 사방으로 고르게 부챗살 펼치듯 펼친 품이 더없이 아름다우며, 배롱나무의 전형적인 모양새를 갖췄다.

동백나무 숲의 아름다움과 배롱나무 그늘에서의 한담을 즐기고 돌아 나오는 길에 한 번 더 쳐다봐야 할 나무가 또 있다. 푸조나무다. 푸조나무는 경기도 이남의 해안지방에서 자라는 나무로, 산림청에서 보호수로 지정한 나무가 모두 20그루쯤 되는데, 이 모두가 전라남도와 경상남도의 해안지방과 제주도에서 자란다. 중부지방에서 보기 힘든 나무이지만 남해안을 여행하다 보면 중부지방의 느티나무나 팽나무처럼 마을 어귀에서 쉽게 만날 수 있는 우리 토종 나무다.

잎이나 열매가 팽나무와 비슷해서 푸조나무를 개팽나무, 개평나무, 곰병나무라고도 부른다. 푸조나무는 팽나무를 무척 닮았지만 5월쯤 피어나는 꽃이 노란색의 팽나무 꽃과 달리 연두색이고, 10월쯤 자줏빛이 도는 검은색으로 열리는 열매도 약간 갸름한 달걀형으로 팽나무보다 굵다. 잘 큰 열매는 지름이 12밀리미터 정도 된다. 이 열매에는 단맛이 있어서 옛날 시골 개구쟁이들에게 좋은 간식거리이기도 했다.

남도의 대표적인 나무 가운데 하나인 푸조나무가 백련사의 만경루 맞은편으로 걸어 나오는 모퉁이에 홀로 우뚝 서 있다. 눈으로 보아 18미터쯤 돼 보이는 백련사 푸조나무는 절집을 찾는 나그네를 가장 먼저 맞이하며 속세의 풍진을 덜어내고, 불가의 세계에 평안히 들 수 있게 한다.

푸조나무를 뒤로하고 돌아 나오면서도 잊을 수 없는 강진 백련사의 풍경은 아무래도 동백꽃의 처연한 낙화를 고요한 숲속에 들어 온몸으로 느낄 수 있는 동백나무 숲의 정경이다. 게다가 또렷하게 살아 있는 사람의 사취 가운데 하나인 무심히 놓여 있는 옛 스님들의 부도탑 역시 오래도록 기억하게 된다. 붉은 동백꽃으로 남을 백련사의 아름다움은 그렇게 오래도록 남을 것이다.

각진국사

자연과 사람이 어우러진 불가의 진리 아로새겨

고려 말에 왕사(王師)를 지낸 '각진국사(覺眞國師, 1270~1355)', 그는 수행정진의 중요한 일과로 절집 뒷산에 나무를 심었다. 한 그루 한 그루 심기 시작한 나무들은 차츰 제 몸을 키웠고, 나무들은 스스로 씨앗을 내려 생명체를 늘려나가며 아름다운 숲을 이뤘다. 스님이 심은 나무는 먹거리가 충분치 않은 절집 스님들에게 훌륭한 영양소가 되는 열매를 맺는 비자나무였다. 그렇게 숲이 스스로 자신의 생명을 이어온 700년, 이제 스님의 비자나무는 아름다운 비자나무 숲이 됐다.

비자나무가 스스로 생명을 이어갈 수 있는 가장 북쪽 지역, 이른바 북한계선이라 할 수 있는 전라남도 장성 백암산의 백양사 뒷산 비자나무 숲이 바로 그 숲이다. 숲이 울창하고 아름다울 뿐 아니라 비자나무의 생태를 연구할 수 있는 생물학적 가치도 있어서 천연기념물 제153호로 지정 보호하는 훌륭한 숲이다. 숲 안에 들면 비자나무의 울울창창 뻗어나간 나뭇가지들에서 마치 수백 년 전 스님의 공덕이 느껴질 법도 하다.

백암산 백양사는 백제 무왕 33년(632)에 여환(如幻) 스님이 처음 지은 절집이다. 흰색의 바위가 늘어선 산이어서 '백암산'이라 부르던 산기슭에 자리잡은 이 절집을 여환 스님은 처음에 백암사(白巖寺)로 불렀다. 그 뒤 고려시대에 정토사(淨土寺)라 불렸다가 조선시대의 선조 때인 1574년(선조 7)에 환양(喚羊)선사에 의해서 지금의 백양사라는 이름으로 굳어졌다. 흰 양을 뜻하는 백양(白羊)이라는 이름을 얻게 된 데에는 사연이 있다.

환양선사가 이곳에 주석하던 때에 그의 불경 읽는 소리는 온 산에 울려 퍼졌는데, 그때마다 흰 양이 찾아와 무릎을 꿇고 스님의 독경 소리를 듣고 돌아가곤 했다고 한다. 얼마 뒤의 어느 날, 흰 양이 환양선사의 꿈에 나타나 좋은 독경을 꾸준히 들어 깊은 깨달음을 얻었고, 드디어 사람으로 환생했다며 "스님의 가르침이 진심으로 고맙습니다"라는 인사를 남겼다. 이튿날 뒷산을 산책하던 환양선사는 길섶에 흰 양이 죽어 있는 것을 발견하고 꿈의 의미를 알았다. 스님은 곧 '양(羊)을 제도한 절집'이라는 뜻에서 절집 이름을 '백양사(白羊寺)'라 바꿔 부르게 됐다.

백양사는 환양선사처럼 불법의 경지가 높은 스님들의 자취가 역력히 남아 있는 절집이다. 이 절집에 머물렀던 큰스님들 가운데에 백양사를 중창하고 절집 뒷산을 아름다운 숲으로 가꾼 각진국사가 있다. 그가 한 그루씩 심어 조성한 비자나무 숲에는 뒤에 백양사에 머물렀던 서산대사, 사명대사, 소요대사 등 큰스님들의 부도가 남아 있다.

각진국사는 말년에 왕명을 받아 전라남도 영광군의 불갑사(佛甲寺)에 머무르게 되지만, 1355년에는 자신이 공을 들여 사세를 키웠던 백양사로 돌아와 이승에서의 소임을 마치고 극락정토로 떠났다. 각진국사의 부도비는 영광 불갑사에 세워졌지만, 그가 숨을 거둔 백양사에는 비자나무 숲 외에도 그의 자취를 느낄 수 있는 큰 나무 한 그루가 남아 있다.

백양사 최고의 절경인 쌍계루 연못을 오랜 세월 지켜온 이팝나무가 그 나무다. 700년 정도 됐다는 이 이팝나무는 각진국사가 짚고 다니던 지팡이를 쌍계루 연못가에 꽂아두었던 것이라고 한다. 연못가의 다른 나무들과 함께 크게 자란 이 나무를 통해 각진국사를 기억하기 위해 절집에서는 나무 앞에 '각진국사 이팝나무'라는 팻말을 세웠다.

이팝나무는 우리나라의 농촌에서 잘 자라는 토종 나무다. 해마다 모내기철이 오면 눈처럼 하얀 꽃을 가득 피우는 멋진 나무다. 마치 옛날 어머니가 흰 사발에 소복하게 쌓아준 하얀 쌀밥을 떠올리게 하는 꽃이다. 농촌에서는 예부터 이팝나무에 꽃 피는 모습을 보고 한 해의 농사를 점쳤다고 한다. 꽃이 풍성하게 피어나면 풍년이 들고 적게 피어나면 흉년이 든다는 이야기다. 오랜 경험에 의해 얻어낸 결과이지만 가만히 살펴보면 과학적인 근거도 엿볼 수 있다. 풍년이 들기 위해서는 모내기가 잘 돼야 하는데, 모내기의 성공 여부는 그때의 기후 조건이 좌우한다. 모내기에 좋은 기후는 이팝나무

한 그루씩 심은 나무들은 차츰 제 몸을 키웠고, 나무들은 스스로 생명체를 늘려나가며 숲을 이루었다.

– 백양사 비자나무 숲

해마다 봄바람이 불어오면 하얀 꽃이 활짝 피어 연못가를 환하게 밝힌다.

– 백양사 이팝나무

꽃이 피어나기에도 유리한 조건이다. 좋은 기후에서 논에 심은 모는 뿌리를 잘 내리고 건강하게 잘 자라 가을 되면 알곡을 풍부하게 맺겠지만, 이팝나무 꽃이 제대로 피어나기 어려운 나쁜 기후에 모내기를 한다면 새로 심은 모가 뿌리를 튼실하게 내리지 못할 것이고, 마침내 벼는 제대로 자라지 못해 흉년이 든다는 이야기다.

이팝나무는 우리나라의 따뜻한 남부지방에 자생하는 나무이며, 일본과 대만, 중국의 운남산에서도 자생하고 있지만 세계적으로는 희귀한 나무에 속한다. 이팝나무에는 그 이름에 걸맞은 슬픈 전설이 전해온다. 옛날 가난한 집안 출신의 마음씨 착한 며느리가 살고 있었다. 워낙 착하고 부지런해서 흠잡을 일이 없었지만, 그에게는 며느리를 끊임없이 구박하는 시어머니가 있었다. 어느 날 집안의 큰 제사가 있어서 며느리는 조상께 올릴 쌀밥을 짓게 됐다. 가난한 살림에 늘 잡곡밥만 짓던 며느리에게 모처럼 짓는 쌀밥은 수월치 않은 과제였다. 며느리는 밥이 잘못되어 시어머니에게 트집을 잡힐까봐 애면글면하다가 뜸이 제대로 들었는지 확인하려고 밥알 몇 개를 떠서 먹어보았다. 공교롭게도 바로 그 순간 시어머니가 부엌문을 열었다. 시어머니는 제사상에 올릴 쌀밥을 며느리가 먼저 퍼먹는다고 며느리를 야단쳤다. 그렇지 않아도 평소의 학대에 고통스러웠던 가련한 며느리는 곧바로 뒷산에 올라가 큰 나무에 줄을 걸고 목을 매었다. 이듬해에 며느리가 묻힌 무덤가에는 한 그루의 나무가 자라났고, 모내기철이 되자 하얀 쌀밥을 닮은 꽃을 나뭇가지 가득 피워냈다. 쌀밥에 한이 맺힌 며느리가 죽어서 자란 나무여서 꽃도 그런 모양으로 피어난 것이라며 사람들은 이 나무를 이팝나무라 불렀다는 전설이다.

각진국사 이팝나무에서는 해마다 봄바람 따스한 5월 즈음이면 하얀 꽃이 활짝 피어 연못가를 환하게 밝힌다. 자잘한 꽃잎이 연못 위에 흐트러져 흘러 다니는 모습 또한 장관이다. 불법을 성취하기 위해 꾸준히 나무를 심었던 각진국사의 법력(法力)은 이처럼 수백 년을 지난 지금까지 이 절집을 찾는 운수납자(雲水衲子)들의 눈을 황홀하게 한다.

나무를 심은 스님 각진국사의 뜻이 오랫동안 이어진 것인지 백양사에는 큰 나무들이 많다. 우선 절집 입구에서부터 수백 년을 더 살아왔을 커다란 갈참나무들이 길 가는 사람들의 눈길을 사로잡는다. 백양사 뒷산 숲의 비자나무는 더 말할 나위도 없다. 흰 양을 사람으로 환생시킬 정도의 법력을 가진 스님들의 큰 뜻이 큰 나무의 생명력과 함께 살아 있는 절집이다. 자연과 하나 되는 사람 안의 불성(佛性), 그것이야말로 큰 나무로 둘러싸인 백양사에서 깨우치게 되는 불가의 진리이지 싶다.

나옹선사

부처님의 은덕을 숲으로 퍼뜨리다

고려 말에 왕사를 지낸 나옹 스님은 스물한 살 청년 시절, 뜻밖에 친구의 죽음을 맞이하고는 삶의 무상함을 느끼고 산문에 들었다. 원나라에 가서 인도에서 온 지공(指空) 스님의 지도로 깨달음을 얻은 나옹은 고려 공민왕 7년인 1358년에 고국에 돌아왔다.

나옹은 매우 강단 있는 스님이었다고 전한다. 홍건적의 침입으로 고려 전체가 몸살을 앓던 시기에 나옹은 황해도 해주(海州)의 신광사(神光寺)에 머물렀다. 홍건적이 난입해 절집이 어지러워졌을 때에도 나옹은 오직 설법에만 전념했다. 한 점 흐트러짐이 없었다. 나옹의 위엄에 압도당한 침략의 무리들은 저도 모르게 부처님 전에 향을 올리고 돌아가기까지 했다는 전설 같은 이야기가 전한다. 침입자들이 물러간 뒤에 절집 사람들은 다음을 대비해 일단 피하자고 했지만, 나옹은 무슨 일이 있어도 절집을 지키겠다고 다짐하며 꼼짝하지 않았다. 그 뒤로 홍건적은 황해도 일대를 휩쓸었지만 나옹이 머무르던 신광사 근처에는 다시 나타나지 않았다고 한다. 홍건적이 모두 물러간 뒤에 침략자로부터 이 땅을 지켜낸 공으로 고려의 왕은 나옹에게 특별한 벼슬을 내렸다. '왕사 대조계종사 선교도총섭 근수본지중흥조풍복국우세 보제존자(王師大曹溪宗師禪敎都摠攝勤修本智重興祖風福國祐世普濟尊者)'라는 유례를 찾기 힘든 긴 이름의 벼슬이다.

나옹선사가 오대산에 머무르며 월정사 부처님께 아침마다 콩비지국을 공양한 건 원나라에 다녀온 뒤인 서른아홉 살 때였다. 나옹선사는 그때 하루도 거르지 않고 콩비지국을 지어 자신이 머무르던 북대암에서 30리나 떨어진 월정사까지 걸어 내려와 부처님께 공양했다. 대단한 지극정성이었다. 그때의 어느 겨울이었다. 그날도 어김없이 콩비지국을 들고 눈 쌓인 산길을 내려오는데, 갑자기 소나무에 쌓였던 눈이 부처님께 올려야 할 콩비지국으로 쏟아져 내렸다. 나옹선사는 버럭 역정을 내며 소나무에게 호통을 치며 나무랐다.

"네 이놈, 소나무야. 너는 부처님의 은덕으로 이 숲에서 생명을 이어가고 있거늘, 부처님께 올리는 공양도 알아보지 못하느냐!"

나옹선사의 우렁찬 호통을 산신령도 들었다. 산신령은 한 술 더 떠 소나무를 호되게 꾸짖었다.

"배은망덕한 소나무로구나. 너에게 생명을 주신 부처님도 알아보지 못하는 나무는 이 산에 살 자격이 없다. 당장 멀리 떠나거라. 이제 이 산은 전나무 아홉 그루가 지키며 번성할 것이다."

나옹과 산신령의 꾸짖음이 있은 뒤 오대산에는 그 많던 소나무가 차츰 힘을 잃고 스러졌으며, 산신령의 말대로 전나무 아홉 그루가 부쩍 몸피를 키우며 자손을 풍성히 퍼뜨렸다. 세월 흐르면서 오대산 숲 전체에는 전나무가 번성하게 됐다. 오대산 월정사(月精寺), 상원사(上院寺)를 이야기하려면 반드시 먼저 떠올리게 되는 전나무 숲은 그렇게 이루어진 불성의 숲이다. 새로 오대산 숲을 지키게 된 전나무는 산신령의 보호로 잘 자라서 우리나라의 가장 아름다운 전나무 숲이 됐다.

전나무는 사철 푸른 잎을 가지는 바늘잎의 상록수로, 추위에 강한 나무여서 우리나라의 높은 산에서 잘 자란다. 높은 키로 쭉 뻗어 오른 전나무가 무리지어 자라는 전나무 숲의 풍경은 여느 숲에 비해 신비로움이 깊다. 월정사 외에 전라북도 부안의 내소사 전나무 숲도 빼놓을 수 없는 절경으로 널리 알려졌다. 늘 푸르른 잎을 촘촘히 매단 줄기가 휘어짐 없이 곧게 자라는 특징과 높은 산에서 자란다는 생육 조건 때문에 전나무는 예부터 깊은 산속의 절집 근처에 많이 심었다. 전나무의 올곧은 모습에서 큰스님들의 법력을 떠올리기도 하는 때문이다.

월정사 일주문에서부터 곧바로 이어지는 전나무 숲길은 맑고 화창한 날에도 햇살 한줌 들지 않을 만큼 울울창창하다. 무성한 전나무 숲은 상원사 오르는 계곡길로 이어지고, 상원사 뒤쪽으로도 번성했다. 나옹선사의 우렁찬 호통이 살아난 셈이다.

상원사 오르는 숲길은 전나무를 중심으로 신갈나무와 굴참나무 같은 참나무 종류, 고로쇠나무, 당단풍나무, 서어나무, 자작나무, 사스래나무 등 다양한 나무들이 오밀조밀 자라고 있어 깊은 숲속의

"이제 이 산은 전나무 아홉 그루가 지키며 번성할 것이다."

- 오대산 전나무 숲

자연 생태를 다양하게 관찰할 수 있다. 특히 가을 단풍이 무르익을 때쯤이면 형형색색의 단풍이 최고의 절경을 이루는 아름다운 숲이 된다.

아름다운 전나무 숲길을 따라 올라 상원사 입구에 이르면 곧게 솟아오른 한 그루의 큰 나무를 먼저 만나게 된다. 잎갈나무다. 잎갈나무는 우리나라의 북부지방에서 주로 자라는 잎 떨어지는 큰키나무인데, 워낙 자람이 빨라서 숲을 가꾸는 나무로는 알맞춤한 나무다. 실제로 한국전쟁 직후의 산림녹화 사업 과정에서 우리 산에 가장 많이 심은 나무 가운데 하나가 잎갈나무다. 하지만 목재가 다른 나무에 비해 그리 좋은 것이 아니어서 경제성은 그리 높지 않다.

상원사 입구에 서 있는 이 커다란 잎갈나무 아래에는 '관대걸이'라는 독특한 모습의 유물이 있다. 작은 유물이지만 상원사의 역사를 보여주는 흔적이다. 조선 세조 때의 이야기다. 조카인 단종을 무력으로 몰아내고 왕위에 오른 세조는 늘 마음이 불편했다. 강원도 영월의 청령포에 갇혀 슬픔의 세월을 보내다 죽음을 맞이한 단종의 한을 세조가 모를 리 없다. 어느 날 세조의 꿈에 단종의 어머니인 현덕왕후가 나타났다. 현덕왕후는 청령포에서 지내고 있는 어린 단종의 슬픔을 세조에게 털어놓고는 세조의 몸에 침을 뱉고 떠났다. 그날부터 세조는 온몸에 부스럼이 났고, 이 부스럼을 고치기 위해 나라 안 명산대찰의 약수를 찾아 헤맸다. 그중에서도 가장 자주 찾았던 곳이 바로 오대산 상원사 인근이다.

어느 여름에 세조는 상원사 계곡의 맑은 시냇물에 홀로 들어가 목욕을 했다. 세조는 옷을 벗어 시냇물 옆의 바위 위에 걸어두었다.

관대걸이 곁 잎갈나무가 옛 임금을 지킨 절집의 상징이라도 되는 듯 의젓하게 솟아올랐다.

- 상원사 잎갈나무

차디찬 시냇물에서 홀로 목욕을 하고 있는데, 어디선가 파란 옷을 입은 동자가 나타나 옷을 벗고 세조 곁으로 들어왔다. 동자는 세조에게 다가와 몸을 씻어주겠다며 부스럼투성이인 세조의 등을 문질렀다. 그러자 신비하게도 동자의 손이 닿은 곳의 부스럼은 씻은 듯이 사라졌다. 세조는 부스럼이 낫자 만족해하면서도 임금의 옥체를 백주 대낮에 드러내놓은 것이 부끄러워 "다른 사람에게는 임금의 몸을 닦아주었다고 말하지 말거라"고 했다. 그러자 동자는 "임금은 다른 사람에게 문수보살을 만났다는 이야기를 하지 말라"는 말을 남기고 사라졌다. 동자는 곧 문수보살이었다.

세조는 그렇게 상원사 계곡에서 오랫동안 앓았던 피부병을 고쳤다. 그때 세조가 목욕을 위해 옷을 벗어 걸어두었던 자리를 기념하기 위해 잎갈나무 아래에 옷을 걸어둘 수 있는 모양으로 작은 돌탑을 세워놓은 것이 관대걸이라는 유물이다. 그 관대걸이 곁에 잎갈나무 한 그루가 마치 옛 임금을 지킨 절집의 상징이라도 되는 듯 의젓한 기품으로 높이 솟아올랐다.

상원사는 세조의 특별한 관심을 받은 절집이다. 세조는 목욕 중에 친견한 문수보살의 모습을 떠올리며 문수보살좌상을 만들게 했고, 이 좌상은 지금까지 상원사에 잘 보관되어 있다. 세조가 죽은 뒤에 왕위에 오른 예종은 상원사를 세조의 명복을 비는 사찰로 지정하여 조세를 면하게 하는 특혜를 베풀기도 했다.

조선시대 이후로 이처럼 나라의 특별한 보호를 받아온 상원사는 월정사와 함께 오대산의 최고 명찰로 꼽힌다. 한국전쟁 당시 남쪽의 군인들이 북쪽 군인들에 의해 밀려 내려갈 때 북쪽 군인들이 머무를 곳을 없앤다는 명목으로 월정사의 온갖 건물을 불에 태워 완전히 없애버렸지만, 상원사만큼은 그대로 두었다. 상원사를 군인들의 만행으로부터 지켜낸 것은 한암(漢巖)선사의 꼿꼿한 오기였다. 조선 최대의 선승(禪僧) 경허(鏡虛) 스님의 제자이기도 한 한암선사는 군인들에게 절집을 태우려거든 나와 함께 태우라고 호령하며 법당 한가운데에서 꼼짝하지 않았고, 군인들은 급기야 그냥 물러났다고 한다.

월정사와 상원사를 품은 오대산에 들르게 된다면 누구라도 월정사 전나무 숲길에서 피어나는 천년의 향, 그리고 상원사 잎갈나무에서 뿜어 나오는 임금의 기품을 한껏 즐기게 되리라.

진묵조사

늙은 부부 팽나무에 담긴 세월의 뜻

아, 만경벌! 가도 가도 끝이 없는 전라북도 김제의 너른 벌판. 우리나라에서 이처럼 넓은 평원을 찾아보기란 쉽지 않다. 서해안 고속도로의 서김제 나들목으로 빠져나가 드넓게 펼쳐지는 벌판을 따라 서해 쪽으로 가다보면 목적지를 향한 그리움을 잠시 잊은 채 '아 만경벌!' 하는 감탄부터 내놓게 된다. 석양 내리비치는 저녁 무렵의 풍경은 더 장관이다. 참 넓게 펼쳐진 벌판이다. 그 벌판의 끝자락, 바닷가에 한적하고 작은 절집 망해사(望海寺)가 있다. 동해안에 낙산사가 있고, 남해안에 향일암이 있다면 서해안에는 망해사가 있다고 해야 할 만큼 망해사는 바다에 붙어 있는 대표적인 절집이다. 최근에 새만금 간척 사업으로 망해사 앞바다는 저만치 물러났지만, 그래도 절집 앞으로 멀리 트인 풍경은 여전히 장관이다.

바다가 바라다보이는 자리라 해서 망해(望海)라는 이름이 붙은 절집에 생불(生佛)로 불리던 한 스님의 자취가 남아 있다. 뒤에 진묵(震默)이라는 법호로 더 많이 알려진 승려 일옥(一玉)이다. 김제에서 태어난 일옥은 겨우 글을 깨우칠 만한 나이인 일곱 살에 전주의 봉서사(鳳棲寺)로 출가했는데, 한 번 읽은 불경은 곧바로 외웠을 정도로 어린 시절부터 비상한 재능을 보였다. 그가 말년에 주석한 절집이 망해사다.

망해사는 오래된 사찰이라면 당연히 있음직한 보물이나 문화재가 유난하지 않은 보잘것없다 할 만큼 소박한 절집이다. 오랜 연륜보다는 도리어 한적한 바닷가의 살풋한 이미지가 먼저 눈에 들어오는 옛 절집이다. 어찌 보면 별다르게 볼 것 없는 절집이기에 오히려 전각 귀퉁이마다 깃든 불심의 깊이가 남다르게 느껴지는지도 모른다.

길모퉁이를 돌아 절집 안으로 들어서면 새로 지은 요사채와 법당 그리고 자분자분 밟히는 모난 돌이 자르르 깔린 조붓한 마당이 환하게 다가선다. 그 환한 마당의 한쪽 끝은 곧바로 바다 쪽으로 이어졌다. 바다를 배경으로 그 자리에 마치 바닷속에서 솟아오른 듯 종각 한 채가 외로이 서 있다. 1989년에 새로 지은 종각이라고 하지만 마치 오래전부터 그 자리를 지키고 있던 것처럼 의연하다. 깊은 산에 자리잡은 절집 분위기에 익숙한 탓에 바닷가 종각이 익숙할 리 없다. 아담하게 세운 종각의 범종에서 울리는 종소리가 파도를 타고 멀리 퍼진다는 생각을 하자니 가슴이 뻥 뚫리는 듯한 느낌이다.

마당 안쪽으로는 위압적이지 않게 마치 조금 큰 우리네 여염집 안채처럼 편안한 느낌을 가진 법당이 있고, 더 안쪽으로는 옛사람

두 그루의 팽나무는 비바람에 부러진 서로의 상처를 하염없이 바라보며 긴 세월을 이겨냈을 것이다.

- 모악산 망해사 팽나무

들의 운치가 가득 담긴 한 채의 단출 소박한 건물 낙서전(樂西殿)이 있다. '해 지는 서쪽을 즐긴다'는 뜻을 가진 전각이다. 몇 차례의 중건을 되풀이했지만 낙서전은 오래된 전각의 느낌을 잃지 않았다. 낙서전을 오래된 전각으로 더 잘 느끼게 하는 건 연륜 깊은 나무 두 그루 때문이다. 낙서전 앞뜰에서 바다를 바라보고 서 있는 전라북도 기념물 제114호로 지정한 한 쌍의 팽나무다. 400년쯤 살아온 이

나무를 절집 사람들은 제가끔 할배나무, 할매나무라고 부른다. 두 그루 가운데 마당 안쪽인 서쪽의 나무는 동쪽에 서 있는 나무에 비해 왜소해 보이기 때문인지 할배의 삶을 보필하는 할매의 고난스러운 삶을 닮았다. 7~8미터의 거리를 두고 바닷가 언덕 위에 우뚝 서 있는 나무 두 그루의 어울림은 마치 평생 동반자의 그것처럼 다정하다.

원래 섬이었다고 하는 이 자리에 처음 절집을 세운 건 백제 후기인 642년(의자왕 2)에 부설(浮雪)거사였다고 한다. 그로부터 100여 년이 지난 754년(경덕왕 13)에 당나라에서 건너온 중도(中道)법사가 이곳에서 백일기도를 올리고, 왜구의 침입이 잦은 앞바다에 평화가 깃들기를 기원하는 마음으로 망해사라고 절집 이름을 지었다. 그러나 그 시절의 절집은 바닷가의 연약한 땅이 무너지면서 사라지고, 그 뒤에 다른 스님들이 이 자리를 거쳐가면서 여러 차례에 걸쳐 다시 지었다. 쇠락과 중창을 거듭한 망해사는 조선 후기에 이르러 중수를 거치며 사세를 복원해 지금에 이르렀다.

망해사를 거쳐간 스님들 가운데 가장 걸출한 업적을 남긴 스님이 바로 진묵대사, 일옥 스님이다. 조선시대의 대표적 선승 가운데 한 사람인 진묵대사는 거칠 것 없는 무애행과 파격적 기행으로 잘 알려진 인물이다. 주로 전라북도 지역을 주유하며 불법을 설파한 그는 망해사에 주석하던 때에 절집의 사세를 크게 중흥시켰다고 한다.

망해사의 몇 안 되는 전각 가운데 전라북도 문화재자료 제128호로 지정된 낙서전도 진묵대사가 이곳에 머물면서 지은 전각이다. 스님은 낙서전을 짓고 법당이자 요사채로 사용했다. 이 소박한 전각 앞뜰에 서 있는 두 그루의 팽나무는 진묵대사가 낙서전을 짓고 곧바로 심은 것으로 짐작된다. 진묵대사가 낙서전을 지은 게 1589년인데, 팽나무의 나이도 그즈음인 400년 선쯤으로 보인다는 게 짐작의 근거다. 여느 팽나무의 자람과 비교하고, 또 짠 내음 품은 바닷바람 맞으며 자라야 하는 환경을 감안한 짐작이다.

두 그루 가운데 할배나무로 불리는 조금 큰 나무는 키가 21미터나 되고, 가지는 동서로 24.8미터, 남북으로 22미터나 펼쳤다. 사방으로 고르게 펼친 나뭇가지는 전체적으로 둥그런 수형을 이뤘다. 그 곁에 서 있는 할매나무는 할배나무만큼의 위용은 아니지만 역시 큰 나무에 속한다. 할매나무는 키가 17미터, 가지퍼짐은 동서로 16.7미터, 남북으로 17미터나 된다.

꼼짝 못 하고 선 채로 바닷바람을 온몸으로 맞아야 했지만, 한 쌍의 팽나무는 심고 가꾼 사람의 정성이 닿았는지 여전히 고운 모습을 잃지 않았다. 어쩌면 사나운 바람을 이겨내기 위해서 스스로 모난 곳을 버리고 온몸을 둥글고 곱게 키우는 게 유리하다는 걸 알아챈 건지도 모른다. 아마도 두 그루의 팽나무는 서로 오순도순 마주보고 비바람에 찢기고 부러진 서로의 상처를 하염없이 바라보며 긴 세월을 이겨냈을 것이다. 우리네 평범한 할아버지 할머니들이 살아온 세월과 팽나무가 지내온 세월은 그렇게 닮았다. 그래서 팽나무라는 식물분류학의 이름보다 할배나무, 할매나무라는 별명이 더 다정하게 다가온다.

서해의 아름다움을 즐겁게 바라보려는 뜻으로 지은 절집 전각 낙서전, 그 앞에 선 두 그루의 늙은 부부 팽나무. 그들에게 변화무쌍하게 비쳤을 수백 년에 걸쳐 이어진 서해안 낙조(落照). 그 안에 담긴 세월의 뜻을 가만히 생각해본다.

4장

더불어 배부른 웃음 지으려면

애장왕

슬픈 운명의 어린 임금이 심은 느티나무

세월 흐르면 생로병사를 겪어내며 제 몸 안에 나이듦의 자취를 쌓아가는 건 사람이나 짐승이나 마찬가지다. 바위처럼 말없이 살아가며 나이테를 덧씌워가는 나무는 더 그렇다.

나무의 몸 안에 새겨진 나이테를 면밀히 분석하면 기록이 흔치 않은 오래전의 기후 변화 상황은 물론이고 이에 따른 인류의 흥망성쇠까지 짚어볼 수 있다. 그런 까닭에 나이테를 연구하는 고유 학문에 대한 관심은 갈수록 높아지고 있다. 연륜연대학(年輪年代學, dendrochronology/Tree ring dating)이라고 부르는 이 분야의 연구 성과는 기록이 많이 남지 않은 오래전의 과거 역사를 연구하는 데에 결정적인 실마리를 제공하기도 한다.

나이테만 그런 건 아니다. 특히 자연과 더불어 살아온 농경문화권 민족들의 살림살이를 짚어보는 데에 나무는 매우 요긴한 매개물이다. 자연의 힘에 기대어 사는 사람들은 마을 중심이나 어귀의 큰 나무를 중심으로 문화를 형성하게 마련이다. 따라서 나무를 둘러싸고 이어지는 이야기들에는 사람살이의 흔적이 고스란히 남는다.

결국 오래된 나무를 바라보는 건 나무가 제 몸속 깊은 곳에 감추어둔 사람살이의 흔적을 들춰내는 일과 다름없는 일이다. 나무가 일일이 옛사람의 이야기를 들려주는 건 아니다. 그 이야기를 끄집어내고 그 의미를 짚어내야 하는 건 여전히 나무 곁에서 살아가는 지금 사람들의 몫이다.

기록 문헌이 그리 넉넉지 않은 우리나라의 역사를 돌아볼 때에 뜻밖에도 나무를 통해 전해오는 사람들의 이야기에서 역사의 실마리를 찾아볼 수 있는 경우가 있다. 나무를 심은 사람을 정확히 전하는 경우도 적지 않다.

경상남도 합천 가야산의 대표적인 산사 해인사에도 1200년 전에 나무를 심은 사람이 기억되는 나무가 있다. 지금은 생명을 잃은 고사목이라는 게 아쉽기는 하지만 그 안에 새겨진 사람살이의 흔적만큼은 여전히 살아남았다.

나무가 이 자리에 심어진 것은 신라 애장왕(哀莊王, 재위 800~809) 때다. 애장왕은 800년에 열세 살의 어린 나이로 왕위에 올라 10년 동안 신라 왕국을 다스렸던 제40대 임금이다. 본래 이름은 청명(淸明)이었는데 왕위에 오르면서 중희(重熙)로 이름을 고쳤다. 제39대 소성왕(昭聖王, 재위 799~800)의 맏아들로 태어나 800년 음력 6월에 태자로 봉해졌으나 그달에 아버지 소성왕이 죽자 곧바로 어린 나이에 왕위를 이어받았다. 어린 임금을 보필하는 명목으로 당시 병부

령(兵部令)이던 숙부 김언승(金彦昇)이 섭정을 했다. 숙부의 도움에 기댈 수밖에 없던 애장왕은 김언승을 어룡성(御龍省) 사신(私臣)으로 임명했다가 상대등(上大等)의 지위로 올려 세우면서 그에게 최고의 지위를 보장했다.

어린 나이에 즉위한 그는 숙부 김언승의 섭정으로 어렵사리 왕위를 유지하며 태종 무열왕과 문무왕의 묘당(廟堂)을 세우고, 신라를 지켜낸 선왕의 뜻을 이어받으려 애썼다. 애장왕은 신라의 외교 관계를 효과적으로 이어갔던 임금으로 평가되는데, 특히 임금으로 지내는 동안 당나라와 우호적인 외교 관계를 유지하면서 일본과도 좋은 관계를 맺은 것으로 알려졌다. 803년(애장왕 4) 일본과 사신을 교환한 것을 시작으로 일본은 804년, 806년, 808년 등 해를 걸러 신라에 사신을 보냈고, 애장왕은 그들을 몸소 맞이했을 정도로 후하게 대했다.

왕위에 오른 어린 임금은 관례에 따라 혼례를 치렀는데, 그가 맞이한 왕후는 얼마 가지 않아 알 수 없는 병에 걸렸다. 임금은 좋은 약을 구해서 왕후를 치료하려 했지만 차도를 보이지 않았다. 마침내 어린 애장왕은 불가의 힘에 기대려 했다.

당시 합천 지역에는 법력이 높기로 유명한 순응(順應)과 이정(利貞)이라는 두 스님이 있었다. 임금은 가야산에서 용맹정진 중이던 두 스님을 찾아가 왕후의 병을 낫게 해달라고 간청했고, 두 스님은 임금의 청을 받아들여 왕후의 병을 낫게 할 기도에 전념했다. 얼마 뒤 두 스님이 올린 간절한 기도의 힘으로 왕후의 병은 씻은 듯이 나았다. 이를 몹시 기뻐한 어린 임금은 순응과 이정 스님에 대한 보은의 사례로 가야산 자락에 큰 절을 지으라고 했다.

절이 다 지어지자 임금은 절의 이름을 '해인사'라 지었다. 왕후의 안위를 지켜준 절이라는 점에서 해인사는 애장왕의 각별한 애정이 담길 수밖에 없었다. 해인사를 여느 절에 앞서는 귀한 절로 키우고 싶었던 애장왕은 해인사를 자주 찾았고, 그때마다 손수 좋은 나무를 골라 절집 주위에 심었다. 절집의 풍경을 더 풍성하게 하는 나무로 그는 느티나무를 골랐고, 절집에 드는 첫 대문인 일주문 주변에서부터 여러 그루를 심었다고 한다.

의미 있는 일을 마무리한 기념으로 왕이 나무를 심는 일이 당시로서 희귀한 일은 아니었을 게다. 그러나 왕후의 병을 낫게 해준 스님에 대한 보답으로 절을 짓고, 그 주위에 왕이 손수 심은 '왕의 나무'라는 점에서 해인사의 느티나무들은 각별한 의미를 가진다. 무려 1200년 전의 일이다.

여기서 흥미로운 일은 애장왕이 해인사를 직접 창건하고 왕실에서 직접 경영하기까지 했지만, 해인사를 창건한 802년으로부터 4년 뒤인 806년에는 교지를 내려 사찰의 창건을 금지하고 겨우 수리만 허락했다는 사실이다. 또 비단으로 불사하는 일이나 금과 은으로 불교의 기물(器物)을 만드는 것까지 금지시켰다. 이는 귀족 세력을 왕권에 복속시키기 위한 조치였다. 당시 귀족들은 막대한 토지나 재력을 바탕으로 지방에 연고지를 가지고 있었는데, 대체로 원당(願堂)과 같은 절을 세워 재산을 관리했기 때문에 불교의 절집을 제한해 왕권을 강화할 필요가 있었던 것이다. 그러나 애장왕의 개혁은 귀족 세력이 난립하는 신라 하대(下代)의 흐름 속에서 적지 않은 반발과

나무는 죽어서도 임금의 기품을 갖추고 의젓하게 오가는 나그네들을 맞이한다.

- 합천 해인사 일주문 앞 고사목

도전에 직면했고, 이는 곧 왕위에서 쫓겨나는 결과를 불러왔다.

사찰 창건을 금지해 귀족 세력의 확장을 경계하는 등 나름대로의 정책을 실행하며 애장왕은 숙부인 김언승의 섭정에서 벗어나고자 했다. 자신의 왕권을 강화한 친정(親政)체제를 구축하려 안간힘을 다했지만 결국은 809년(애장왕 10)에 김언승과 그의 동생인 김제옹(金悌邕)이 일으킨 반란으로 목숨을 잃고 말았다. 애장왕 살해를 주도한 애장왕의 숙부 김언승은 애장왕에 이어 제41대 헌덕왕(憲德王, 재위 809~826)이 됐고, 헌덕왕의 아들 가운데 한 명은 왕실의 구역질 나는 싸움에 환멸을 느끼고 출가하여 승려가 됐다. 그가 바로 나중에 대구 팔공산의 명찰 동화사(桐華寺)를 중창한 심지(心地)대사다.

해인사를 왕실에서 직접 경영하던 때 임금이 심었던 느티나무 가운데 아직까지 살아 있는 나무는 한 그루도 없다. 그만큼 세월의 풍진이 모질고 사나웠다는 이야기다. 그러나 다행히 임금의 이야기를 또렷이 담고 있는 흔적은 남았다. 일주문에서 천왕문으로 오르다 오른쪽에서 만나게 되는 우람한 둥치의 고사목이 그것이다. 바로 임금이 손수 심고 애지중지했던 느티나무다. 생명을 잃고 부러진 줄기만 남았지만 그 듬직한 품 안에는 임금의 손길과 세월의 흐름이 그대로 담겼다.

오래전에 죽은 나무여서 줄기는 말랐지만 크기는 주변의 살아 있는 여느 나무도 따를 수 없을 만큼 웅웅하다. 가히 '왕의 나무'라 할 만한 멋을 갖춘 고사목이다. 부러지고 남은 둥치의 줄기 둘레는 5미터를 훨씬 넘고, 키도 7미터 가까이 되는 엄청난 크기다. 지금처럼 죽기 전에 수백만 장의 잎사귀를 달고 무성했을 때의 아름다움은

능히 짐작하고도 남음이 있다. 임금이 몸소 심은 나무라는 사연 탓인지 나무는 죽어서도 임금의 기품을 갖추고 의젓하게 오가는 나그네들을 맞이한다.

절집 사람들은 나무 앞에 나무의 유래를 알리는 안내판을 세웠다. 고사목이 된 '왕의 나무'의 위용은 지나는 사람들의 발걸음을 저절로 멈추게 할 정도로 도드라진다. 사람들은 나무 앞의 안내판에 새겨놓은 나무의 유래를 살펴보고, 죽어서도 위엄을 잃지 않는 '왕의 나무'에 감탄사를 내놓곤 한다.

해인사 일주문 앞 고사목은 죽었지만 엄연히 임금의 흔적과 기품을 잃지 않은 명실상부한 '왕의 나무'다. 나무 앞에 서서 가만가만 나무줄기 안에 들어 있을 세월의 흐름을 마주하면 그 안에 깃든 1200년 전 어린 임금과 그를 둘러싸고 권력을 찬탈하기 위해 살인조차 머뭇거리지 않던 권력자들의 피비린내가 살아나올 듯하다.

사람이 마을을 이루기 전에 나무는 언제나 그 자리에 먼저 있었다. 그리고 나무와 더불어 살던 사람들이 속절없이 사람의 마을을 떠나도 나무는 남아 사람의 향기를 전한다. 한 그루의 고사목은 제 몸 안에 뚜렷이 남아 있는 어린 임금의 슬픈 운명을 앞으로도 오랫동안 나무를 바라보는 많은 사람들에게 절절이 풀어낼 것이다.

마의태자

조국 잃은 한을 품고 틔운 싹

1100년쯤 전인 935년(경순왕 9) 10월, 신라는 견훤(甄萱)과 왕건(王建)의 세력에 대항할 길이 없자 군신(君臣)회의를 열고 고려에 항복할 것을 논의했다. 이때 경순왕의 태자는 천년 사직을 하루아침에 버릴 수 없다고 강하게 반대했다. 그러나 경순왕은 "고립되고 위태로운 사정이 심각하여 나라의 형세가 보전될 수 없다. 이미 강해질 수 없고 또 더 이상 약해질 수도 없는 상황이다. 무고한 백성들만 길에서 참혹하게 죽게 할 일을 나는 차마 할 수 없다(孤危若此 勢不能全 旣不能强 又不能弱 至使無辜之民 肝腦塗地 吾所不能忍也)"라며 고려에 스스로 복종하겠다는 뜻의 '귀부(歸附)'를 청하는 국서(國書)를 전달하고 말았다.《삼국사기》에 전하는 이야기다. 끝까지 항복을 거부하던 경순왕의 태자는 결국 통곡하며 세속을 떠나기로 결심하고는 아내와 자식을 죽인 뒤에 먼 길을 떠났다.

천년 왕국 신라의 쇠망을 가슴아파한 태자는 조국을 잃은 설운 마음을 견딜 수 없었다. 하늘 아래 고개 들고 살 수 없다는 마음이 깊어 태자는 하릴없이 세속을 떠나기로 작정했다. 덧없는 나그네 신세가 된 신라의 마지막 왕자는 삼베 옷[麻衣]을 입고 금강산 깊은 산속으로 무거운 걸음을 옮겼다. 멀고 험한 길을 수굿이 걷고 또 걸었다. 지친 몸을 이끌고 산 좋고 물 좋은 경기도 양평 땅의 용문산에 이르렀다.

나라 잃은 왕자가 잠시 다리쉼을 하고 지친 몸을 누이기 위해 머무른 곳은 용문사(龍門寺)였다. 용문사는 신라 선덕왕 2년인 913년에 대경대사(大鏡大師)가 천하의 명승 용문산에 지은 천년 고찰이다. 그곳에서 왕자는 수명을 다한 조국을 생각하며 나무 한 그루를 심었다. 한 그루의 나무가 이곳에 뿌리를 내리고 천년 왕국의 대를 되살려 이어가기를 바라는 마음이었다. 그리고 그는 곧바로 금강산에 들어가 초근목피(草根木皮)로 연명하며 무너진 조국의 마지막 자존심을 지켰다. 신라가 고려에 의해 멸망하던 935년의 일이다.

양평 용문사 은행나무에 얽힌 대표적인 이야기이지만, 이 나무를 신라의 의상대사가 심었다고 하는 전설도 있다. 7세기 초에 태어나 702년에 세상을 떠난 고승 의상대사가 용문사에 들렀을 때 짚고 다니던 지팡이를 꽂아둔 것이 이리 크게 자랐다는 이야기다. 의상대사의 지팡이 전설을 따르면 나무의 수령은 무려 1300년이나 된다.

어느 전설을 받아들이든 나이 하나만으로도 우리나라를 대표하는 나무임에 틀림없다. 놀라울 만큼 신비로운 생명력을 자랑하는 용문사 은행나무는 나이만큼이나 거대한 규모를 가진 나무로도 유명하다. 이 같은 여러 가치가 인정되어 국가 지정 천연기념물 제30호로 지정한 나무다.

양평 용문사 은행나무는 마의태자와 의상대사의 전설을 품어 안고 그 자리에 뿌리를 내리고 무럭무럭 자랐다. 옛사람의 뜻과 그 뜻을 기억하는 사람들의 보살핌에 따라 그때부터 천 년에 걸쳐 용문사의 명물로 우뚝 섰다.

용문사 은행나무는 참으로 장하게 자란 나무다. 은행나무는 소나무, 느티나무와 함께 우리나라에 노거수가 가장 많은 나무다. 나라 안 곳곳에서 자라는 그 모든 은행나무 가운데에서 누구나 첫손에 꼽을 만큼 장한 나무가 양평 용문사 은행나무다.

나무가 살아온 신라 패망으로부터 1100년이라는 긴 세월은 100년을 채 살지 못하는 사람으로서는 헤아리기 힘든 세월이다. 처음에 조국을 잃은 슬픔을 담고 싹 틔운 나무였지만 이제는 나무의 어느 곳에서도 그런 슬픔의 흔적을 찾을 수 없다. 오히려 천년 왕국 마지막 왕자의 자존심을 지키듯 융융하기만 하다.

용문산 자락을 지키는 이 은행나무는 오래전부터 우리나라를 대표하는 나무였다. 조선시대에는 세종이 이 나무에 벼슬을 내리기까지 했다. 용문사 은행나무가 세종으로부터 받은 벼슬은 당상직첩(堂上職牒)으로 정삼품(正三品)보다 높은 벼슬이다. 소나무 가운데 속리산의 정이품송이 세조 때 벼슬을 받았으니, 벼슬을 한 나무로는 우리나라 최초의 나무라 해야 하겠다.

용문사 은행나무는 그동안 우리 민족이 겪은 모든 고난을 고스란히 겪었다. 나라에 험한 변고가 다가올 때면 언제나 나무는 미리 큰 울음소리를 냈다. 나무의 울음소리를 듣고 사람들은 곧 닥쳐올 변고에 대비했다. 임진왜란 때도 그랬고, 1950년 한국전쟁 때도 어김없이 큰 울음소리로 변고의 기미를 알렸다고 한다. 또 고종이 승하했을 때에는 큰 가지 하나가 부러지면서 슬퍼했다는 이야기도 전한다. 사람들이 나무에 기대어 살 수밖에 없는 까닭이다.

나무도 적지 않은 위기를 거쳤다. 애시당초 망국의 치욕을 한으로 새기며 생명을 얻은 나무인 까닭인지 나무는 특히 이 나라의 모든 수난의 역사를 고스란히 간직하고 있다. 일제가 조선병합을 서두르던 1907년 즈음 용문사 은행나무는 큰 위험을 맞이했다. 그때에 나라 곳곳에서는 부정한 일제에 항거해 의병이 일어났다. 이 시기에 일어난 의병이 정미의병이다. 이를 그냥 두고 보지 못했던 일본군은 1909년에 이르러 대토벌작전을 벌였다. 일본군은 의병의 은거지가 될 만한 곳곳의 산사를 불에 태우는 만행을 저질렀는데, 이곳 용문사도 일제의 만행을 피할 수 없었다. 용문사의 모든 전각이 불길에 휩싸여 허물어졌다. 절집 주변의 숲도 불에 탔다. 그러나 놀랍게도 이 커다란 은행나무만큼은 화재를 피했다. 화마를 이겨낸 은행나무는 무너진 사천왕전(四天王殿) 앞자리를 사천왕 대신 버티고 서게 되었고, 절집의 불자들은 은행나무를 천왕목(天王木)이라고 부르며 신령하게 보호했다.

이 거대한 은행나무는 가을이면 씨앗을 맺는 암나무다. 한창때 이 나무에서 맺는 씨앗을 털어 거두면 무려 30가마니나 됐다. 물론 요즘도 씨앗을 맺긴 하지만 예전만큼 무성히 달리지는 않는다. 용문사 주지 스님인 호산 스님께 여쭈어본 적이 있다. 스님은 나무가

조국 잃은 슬픔을 담고 싹을 틔운 나무였지만 이제는 천년 왕국의 자존심을 지키듯 융융하다.

- 용문사 은행나무

해거리를 하기 때문에 고르지는 않아도 많이 열리는 때에는 8가마니 정도를 줍는다고 했다. 일부러 털어내는 게 아니라 저절로 떨어진 게 그 정도란다. 그야말로 대단한 게 한두 가지가 아닌 나무다. 스님은 은행나무 씨앗을 정성껏 잘 주워 여러 개의 작은 바구니에 포장해서 나무와 자연과 생명의 가치를 소중히 여기는 분들께 선물한다고 했다. 놀라운 생명력으로 맺은 은행 씨앗은 참으로 귀한 선물이 아닐 수 없으리라.

용문사 주지 스님과 나눈 말씀 가운데 흥미로운 이야기가 있다. 용문사 해우소는 여전히 재래식 화장실 형태다. 이 해우소가 냄새도 나고 불결하다고 보는 사람들이 적지 않지만 스님은 수세식으로 고칠 생각이 없다고 했다. 이 해우소 아래 깊은 곳으로 은행나무의 뿌리가 뻗어 있다는 생각 때문이었다. 이 해우소에서 사람들이 버린 찌꺼기는 필경 은행나무에게 매우 좋은 거름이 된다는 것이다. 그래서 갑자기 이 뿌리 주변의 환경을 바꾸면 나무에게 좋지 않은 영향을 미칠지도 모른다는 말씀이다. 바로 '사람과 나무가 한 몸'이라는 생각이다. 사람이 먹고 버린 것들을 거름으로 삼아 나무는 다시 사람이 즐겨 먹을 수 있는 열매를 천 년 넘게 맺었다. 그걸 다시 또 사람이 먹는다. 그렇게 끊임없는 순환의 고리를 이루고 있는 한 축이 바로 나무였다는 이야기다. 같은 하늘 아래에서 같은 공기를 마시고, 같은 영양을 취하고 살아가는 생명체로서 나무와 사람이 다를 게 뭐 있는가. 사람과 나무가 더불어 살아가야 한다는 데에서 한 걸음 더 나아가 아예 나무와 사람이 한 몸이 되는 것이다. 양평 용문사 은행나무는 이 땅의 모든 생명체들이 더불어 생명을 이어가는 순환

고리의 매우 중요한 축을 지키고 있다는 뜻깊은 말씀이었다.

용문사와 주위 마을에서는 이 나무의 신령함을 존중해서 오래전부터 해마다 한 번씩 나무 앞에 모여 대신제를 지냈는데, 최근에는 이를 양평군의 축제로 발전시켰다. 해마다 은행잎이 노랗게 물드는 가을에 양평군 주관으로 열리는 '천년향기 나눔 축제'가 바로 이 은행나무 대신제의 연장인 셈이다.

경기도 양평 용문산 용문사를 찾는 사람들은 누구라도 절집보다 먼저 은행나무를 바라보게 된다. 사람들은 은행나무 아래에 잠시 서서 끝을 헤아릴 수 없는 은행나무 가지 끝을 올려다보며 생명의 신비에 대한 외경심을 다져보곤 한다.

류청신

반역자의 손길을 따라 들어온 호두나무

누군가에 손길을 따라 이 땅에 처음 들어온 나무에는 그 당시의 사람살이가 또렷하게 남아 있다. 심지어 그 한 그루의 나무가 사람들의 경제생활까지 바꾸어놓을 만큼 요긴한 나무라면 더더욱 그렇다. 더불어 나무가 누구에 의해 어떤 경로로 들어왔는지를 살펴보면 당시 나라와 나라 사이의 외교 관계뿐 아니라 두 나라의 문화적 차이까지 엿볼 수 있어 흥미롭다.

호두나무가 그렇다. 호두나무의 열매인 호두는 우리나라뿐 아니라 서양에서도 무척 아끼는 먹을거리다. 고대 로마에서는 최고의 신인 주피터에게 제사를 올릴 때 반드시 호두를 바쳤다는 이야기도 전할 정도다. 호두를 '주피터의 열매(Jupiter's Nuts)'라 하는 것은 그래서다. 학명인 '주글란스(Juglans)'의 어원도 거기에서 왔다.

세계를 정복했던 알렉산더 대왕도 평소에 호두를 즐겨 먹었을 뿐 아니라 전쟁 중에는 반드시 호두를 비상식량으로 지참할 정도로 좋아했다는 이야기도 전해온다. 우리도 호두를 좋아하기는 마찬가지다. 물론 여느 음식이 거의 그렇지만 호두 알레르기로 고생하는 사람들도 적지 않다. 그래도 여전히 호두는 우리에게 좋은 먹을거리임이 분명하다. 해마다 정월 대보름에 부럼으로 즐겨 찾을 뿐 아니라 최근에는 견과류의 영양적 가치가 널리 알려지면서 더 많은 사람들이 호두를 즐겨 찾는다. 호두에는 지방, 단백질, 칼슘, 포도당, 비타민 등이 풍부해 노화 방지와 강장제로서의 효과가 높아 견과류의 대표 식품으로 각광받는다. 또 사람의 뇌를 닮은 호두는 기억력 증진과 건망증이나 치매를 예방하는 효과까지 크다고 한다.

호두나무의 고향은 중국이라고도 하지만 중국 쪽에는 2000년 전 한무제가 중앙아시아에 파견한 장건(張騫)이라는 사람이 호두나무를 가져왔다는 기록이 나온다. 이를 바탕으로 하면 원래 호두나무는 페르시아 지역에서 자생한 나무로 보는 게 맞을 듯하다. 지금은 유럽은 물론이고 세계 전 지역에서 심어 키우는 나무가 됐다.

나무가 자기 영역을 확장해가는 방법은 여러 가지가 있다. 때로는 나무들끼리 치열한 생존경쟁을 벌이는가 하면, 동물의 힘을 빌려 세력을 넓히는 경우도 있다. 동물의 힘을 빌리는 방법도 여러 가지인데, 호두나무는 사람의 입맛을 길들여서 사람들로 하여금 더 많은 곳에 자신의 후손을 번식시키도록 유도했다.

700여 년 전인 고려 때에 류청신(柳淸臣, 1257~1329)도 중국에서 자라던 호두의 영역을 우리나라로까지 넓혀주는 역할을 했다. 여전히 호두를 즐겨 먹는 우리로서 당연히 그에게 고마워해야 하는 게 마땅하겠으나, 그의 행적을 톺아보면 그를 공경하고 고마워하기만 할 수 없는 여러 이유를 찾게 돼 안타까운 것도 사실이다. 그는 빈역자였고 매국노였다. 그가 원나라와 손을 잡고 조국 고려에 반역할 수 있었던 출발점은 바로 그가 능란하게 구사했던 몽골 말이었다.

원래 이름이 비(庇)였던 그는 몽골어에 능통해 원나라 사신으로 적격이었다. 원나라와의 관계를 중시했던 고려의 충렬왕은 원나라와의 소통에서 중추적인 역할을 그에게 맡기고 총애했다. 그를 낭장에 임명한 건 대단한 특채였다. 고려시대는 국가에 아무리 큰 공을 세워도 부곡 출신이라면 그의 벼슬이 오품(五品) 이상으로 오를 수 없었는데, 충렬왕의 총애를 받은 그는 신분의 장벽을 넘어 정승의 반열까지 올랐다. 더불어 천민의 마을로 대접받았던 부곡을 현(縣)으로 승격시키기까지 했다. 그의 승진은 승승장구였다. 우승지에서 부지밀직사사(副知密直司事)를 거쳤으며, 뒤에 충선왕(忠宣王)이 되는 세자의 요청으로 동지밀직사사(同知密直司事)와 감찰대부(監察大夫)에 임명되기도 했다. 또 충선왕 때에는 광정원부사(光政院副使)로서 참지기무(參知機務)를 겸했으며, 곧 판밀직사사(判密直司事)로 승진하며 부귀영화를 누렸다.

물론 거개의 벼슬살이가 그렇듯 류청신이 가는 길이 탄탄대로이기만 했던 건 아니다. 한희유무고사건(韓希愈誣告事件)이 일어났을 때에는 이에 연루되어 원나라에 압송되고, 충선왕 지지자들과 함께 파직된 적도 있다. 그러나 역시 능란한 몽골어 구사의 재능은 그를 그냥 두지 않았다. 얼마 지나지 않아 복직된 그는 도첨의찬성사(都僉議贊成事)에 올랐으며, 원나라에 억류되어 있던 충선왕의 환국을 위해 자신의 능력을 발휘하며 도약의 발판으로 삼을 수 있었다. 그의 뜻대로 이는 입지를 다지는 중요한 계기가 됐다. 1307년에 원나라 무종(武宗) 옹립의 공으로 실권을 장악한 충선왕이 류청신을 판군부사사(判軍簿司事)로 중용한 건 그런 연유에서였다.

이즈음 원나라를 찾아간 그는 황제로부터 충실한 신하라는 뜻으로 '청신(淸臣)'이라는 이름을 받았다. 그로서는 명예로운 이름이라 할 수 있겠으나, 고려의 입장에서는 원나라 황제에게 충성을 다하는 신하라는 뜻이니 치욕스러운 이름이다.

우여곡절을 거치면서도 그는 정승 벼슬을 충숙왕 때까지 이어갔다. 1320년에 원나라에서 충선왕이 고려인 환관 임백안독고사(任伯顔禿古思)의 참소를 받아 티베트로 유배되는 일이 일어났다. 이어 이듬해에는 충숙왕 역시 참소를 받아 원나라로 소환되었는데, 이때 류청신은 충숙왕을 따라 원나라에 갔다. 그곳에서 권한공(權漢功), 채홍철(蔡洪哲) 등과 함께 그는 이른바 심왕(瀋王)옹립 운동을 일으켰다. 원나라에 계속 머무른 그가 오잠(吳潛)과 함께 고려에 원나라의 내지(內地)에 설치된 행성(行省)을 두자는 이른바 입성책동(立省策動)을 획책한 것이다. 충숙왕이 정사를 제대로 돌보지 못하니 고려를 원나라의 일개 성으로 복속시켜 달라는 치욕적인 반역이다. 류청신의 모략에 원나라는 고려의 국호를 없애고 정동성(征東省)이라는 일개 성으로 개편하려 시도했다. 그러나 간신이 있으면 충신도 있는 법, 이제현(李齊賢)을 비롯한 선비들이 원나라에 장문의 글을 올려 류청신의 모의를 꺾어냈다.

나중에 충숙왕은 고려에 돌아오게 되지만, 류청신은 지난날의 모반에 대한 처벌이 두려워 고향에 돌아오지 못하고 이국 땅에서 간신으로서의 치욕스러운 삶을 마감했다. 입성책동과 심왕옹립 운동, 그 밖의 크고 작은 무고 사건 등으로 그는 마침내 《고려사》의 간신전에 '류청신'이라는 이름을 영원히 남기고 말았다.

나라를 팔아넘기려 했던 반역자 류청신을 정사(政事)와 무관하게 기억할 일이 하나 있다. 호두나무 이야기다. 원나라를 제 나라처럼 편하게 드나들던 류청신은 원나라에서 맛나게 먹어본 적이 있던 호두를 고향 땅에서도 널리 키워보고 싶었다. 그래서 그가 원나라에서 돌아올 때 호두나무의 묘목과 씨앗을 가져왔다. 1290년(충렬왕 16)의 일이다.

이때 이 나무의 이름을 류청신은 오랑캐 나라에서 들여왔다는 뜻에서 호(胡), 열매가 복숭아처럼 열린다 해서 도(桃)라는 글자를 붙였다. 그때부터 오랫동안 호도나무로 불리다가 표준어 규정의 개정에 따라 지금은 호두나무로 부른다. 류청신은 원나라에서 가져온 호두나무의 씨앗을 천안 광덕면 매당리의 고향집에 심고, 묘목은 집에서 가까운 절집 광덕사에 심었다.

광덕사는 신라 진덕여왕 때인 652년에 자장율사가 창건하고, 9세기 초인 흥덕왕 시절에 진산화상이 중건했다고 전하지만, 관련 기록이 정확하지 않다. 광덕사는 임진왜란 때 모두 소실되었다가 후에 몇 차례의 중건을 거친 고찰이다. 절집에 이르면 근사한 누각 보화루 앞에 우뚝 서 있는 호두나무가 먼저 눈에 들어온다. 낮은 키의 나무들이 주변에 심어져 있지만 큰 키로 높이 솟아난 호두나무는 멀리서도 눈에 확 띈다.

나라를 팔아넘기려 했던 반역자 류청신은 원나라에서 맛나게 먹어본 호두를 고향 땅에서도 키워보고 싶었다.

- 광덕사 호두나무

우리나라에 처음 들어온 호두나무이니 필경 보호해야 할 가치는 충분하다. 결국 천연기념물 제398호로 지정해 국가에서 보호하게 됐다. 그러나 이 나무는 최근 들어 건강 상태가 부쩍 나빠졌다. 땅에서부터 크게 두 개의 줄기로 갈라져 자란 나무는 뿌리 근처와 중간 가지 등에 외과수술 자취가 남아 있고, 일부의 가지를 제외하고는 잎도 제대로 달리지 않는다. 몇 개의 가지에서는 그래도 아직 살아 있음을 주장하는 푸른 잎과 호두 열매가 올망졸망 달려 있지만 전체적인 건강 상태는 불안해 보인다.

광덕사 호두나무는 류청신이 처음 심었으니 700년이 조금 넘은 오래된 나무다. 키가 18미터까지 자란 이 나무는 뿌리 근처의 둘레가 4.5미터에 이르며, 동서로 나뉜 두 개의 줄기 중 하나는 2.82미터, 다른 하나는 2.64미터의 굵기로 자랐다. 가지펼침도 넓찍해 동서로 16미터, 남북으로 14미터의 넓이로 펴졌다.

법당 앞의 보화루 앞 계단참에 서 있는 나무는 법당에 오르려면 누구나 한 번쯤은 바라보게 되는 하늘을 향해 치솟은 늙은 나무다. 보화루 맞은편으로는 광덕산 정상에서 내려오는 광덕천의 맑은 물이 흐르고 있어 생육환경이 그리 나쁘지 않다. 그러나 700년이라는 긴 세월 동안 이 나무가 맺었던 헤아릴 수 없이 많은 열매를 떠올리면 건강을 잃고 쇠약해지는 것도 그럴 만한 일 아닌가 싶기도 하다.

광덕사 호두나무를 중심으로 천안 지역에서는 이후 호두나무를 집중적으로 키우게 됐고, 호두는 천안의 특산물로 자리잡았다. 그 가운데 1934년에 천안 시내에 있던 한 제과점에서 호두를 첨가한 호두 모양의 과자를 개발했는데, 이것이 오늘날까지 천안의 대표 명물로 유명해진 호두과자다.

광덕사는 물론이고 천안시 전체의 상징물처럼 우뚝 서서 사람살이를 풍요롭게 이어온 늙은 호두나무. 그의 속살 깊은 곳에 새겨진 700년 넘는 세월의 더께에 담긴 질곡의 자취는 우리 역사의 소용돌이와 옛사람들의 안간힘, 그리고 사람살이를 더 풍요롭게 한 삶의 역사가 고스란히 담긴 것이다.

태조

전쟁 통에 교실 역할을 해준 느티나무

고향을 떠올릴 때 가장 먼저 마을 어귀에 우뚝 서 있는 둥구나무를 떠올리기 십상인 것처럼 어린 시절의 학교를 떠올릴 때에도 대개는 학교 안의 나무를 먼저 생각하게 된다. 딱히 시골 학교에서만이 아니라 도시에서도 웬만한 학교에는 크고 작은 나무가 학교의 상징처럼 서 있게 마련이다. 학교마다 교목(校木)이나 교화(校花)를 지정한 것도 그런 이유에서일 게다. 교목, 교화의 의미를 강렬하게 남기기 위해 학교에서는 그 나무를 교정 앞 화단이나 울타리에 줄지어 심어 키운다. 하지만 학교에 다니며 매일 나무를 쳐다볼 때에는 그리 대수로이 여기지 못한다. 나무가 오롯이 떠오르는 건 필경 학교를 떠난 뒤 어린 시절의 풍경을 추억할 때다.

전라남도 담양 대전면 대치리 한재초등학교에는 그러나 지금 이 학교를 다니는 어린아이들도 매우 자랑스럽게 생각하는 특별한 나무 한 그루가 교정 안에 있다. 한 걸음 더 나아가면 아이들로서 나무 없는 학교를 떠올리는 게 불가능할 정도다. 그만큼 나무가 크고 아름나운 까닭이다.

한재초등학교 교정 한켠에 서 있는 나무는 천연기념물 제284호로 지정하여 보호하는 '담양 대치리 느티나무'다. 우리나라의 느티나무 가운데에서는 키가 가장 큰 나무로 기록된 이 나무의 키는 무려 34미터나 된다. 도시의 일반적인 건축물에 비교하면 무려 12층에 달하는 어마어마한 높이의 나무다.

사람의 가슴높이에서 잰 나무의 줄기 둘레도 8.78미터라는 엄청난 수치를 나타낸다. 초등학교 아이들이라면 예닐곱 명이 둘러싸야 겨우 손을 맞잡을 수 있을 만큼 큰 나무다. 규모로 보아 우리나라에서 가장 큰 느티나무 몇 그루 가운데 하나임에 틀림없다. 교정을 가득 채울 듯 치솟은 나무의 융융한 높이 탓에 학교 건물이 실제보다 더 낮아 보일 수밖에 없다.

대치리 느티나무는 크기뿐 아니라 전해오는 유래도 남다르다. 나무는 조선을 건국한 태조 이성계가 손수 심었다고 한다. 고려 말의 명장이던 이성계가 조선 건국의 대업을 이루기 위해 이 자리에 들러 치성을 드리고 심은 나무라는 이야기다.

고려 공민왕(恭愍王, 재위 1351~1374) 시기부터 급부상한 신흥 무장 세력 가운데 한 사람인 이성계는 중앙 귀족 가문 출신이 아니었다. 원나라의 지배를 받던 쌍성총관부에서 힘을 키우던 변방의 세력이었다. 쌍성총관부는 원나라가 고려에 침입하여 설치한 통치 기구였다. 변경에서 그것도 고려의 관리가 아니라 원나라의 관리로 복무하던 이성계가 조정에 등장한 것은 공민왕이 쌍성총관부를 수복하려 했던 때문이다. 이성계는 그의 아버지 이자춘을 도와 쌍성총관부를 고려에 되돌릴 수 있도록 일조했다. 이는 이성계가 실력자로 급부상하게 된 계기였다.

탄탄한 사병 조직을 가지고 있었고, 지역에 뿌리박고 살면서 키운 인맥과 경제력 또한 만만치 않았다. 당시 20대 청년이었던 이성계는 뛰어난 무예를 갖추고 있었다. 특히 활을 매우 잘 쏘았던 것으로 전해지는 그는 동북면의 여진족과 고려인들을 수하로 부리면서 장수로서의 자질을 키워나갔다. 중앙 무대에 명함을 내민 이성계는 자신의 능력에 힘입어 곧 두각을 나타내며 승승장구했다. 홍건적의 침입으로 개경이 함락됐을 때도 이성계는 사병 조직을 이끌고 개경을 탈환해 맨 처음으로 입성했다. 그 뒤로도 그는 최영 장군과 함께 고려 왕실의 안정을 도모하며 탄탄한 입지를 확보했다. 여러 업적을 바탕으로 당대 최고의 장수로 자리잡은 그는 삼남 지역의 왜구 침입을 격퇴한 전투에서는 물론이고, 왜구를 황산에서 섬멸한 '황산대첩' 등 적지 않은 무공을 이어갔다. 그의 승승장구에 가세한 전투들이었다.

명성에 따라 주변에 사람들이 모이자 이성계는 신진사대부들과 함께 운이 다한 고려를 뒤엎고 새 세상을 여는 꿈을 꾸기 시작했다. 그 무렵 명나라가 중국을 장악했고, 늘 이성계의 앞자리에 있던 최영 장군은 명나라를 정벌하자는 이른바 '요동정벌'에 나설 것을 주장했는데, 이를 이성계가 적극 반대했다. 그러나 최영과 우왕은 이성계의 의견을 무시하고 요동정벌 전투에 나섰다. 이성계도 따라나

오래전부터 아이들은 나무 앞에서 이 나라의 역사를 배웠다.

– 담양 대치리 느티나무

설 수밖에 없었다. 하지만 압록강을 건너 위화도에 주둔한 이성계는 회군을 선택했다. 반역자의 길을 선택한 것이다 대군은 곧바로 쿠데타 군사가 되어 최영 장군을 제거하고, 우왕을 왕위에서 내쫓았다. 이성계는 결국 급진파 신진사대부의 중추인 정도전과 결탁하여 정권 탈취의 발판을 마련하여 1392년 들어 마침내 왕위에 올랐다. '조선'의 시작이다.

조선이라는 새 나라를 이루기 위한 이성계의 고민은 깊었을 것이다. 변방의 세력으로, 늘 최영 장군의 그늘에 갇힌 채 뜻을 펼치기 쉽지 않았던 그였기에 역성혁명을 꿈꾼다는 건 쉽지 않은 일이었다. 그는 조선 팔도를 주유하며 하늘의 기운을 받고자 애썼다. 가는 곳마다 사람들이 채 알 수 없는 건국의 뜻을 기도하며 그 자리에 이러저러한 나무를 심었다. 담양 대치리 한재초등학교 느티나무도 그때 심은 나무라는 이야기다.

이야기대로라면 나무의 나이는 620살을 조금 넘는다. 이만큼 오래 살아온 나무치고는 생육 상태가 건강한 편이다. 학교 운동장을 정비하던 오래전에 나무가 있는 자리를 조금 높여 나무뿌리 부분에 복토를 한 흔적이 뚜렷하지만 생육에는 큰 지장이 없어 보인다.

오래전부터 한재초등학교 아이들은 나무 앞에서 이 나라의 역사를 배웠다. 아이들은 태조 이성계가 심은 나무 아래에서 역사를 공부한다는 생각으로 나무에 대한 혹은 학교에 대한 자부심을 키웠을 것이다. 나무는 그냥 그늘만 드리운 것이 아니라 아이들에게 이 나라 역사에 대한 자긍심까지 불어넣었다. 나무 그늘 아래에서 삶과 역사를 배우면서 지금 이곳의 문화를 이뤄가는 아이들의 삶이 아름

이성계는 건국의 기원을 다지기 위해 백일기도를 올린 뒤 청실배나무 씨앗 하나를 심었다.

- 진안 은수사 청실배나무

답다. 나무가 키워내는 사람살이의 현장이다.

대치리 느티나무 외에도 이성계가 심은 것으로 전하는 나무는 한 그루 더 있다. 전라북도 진안 마이산의 아늑한 절집 '은수사' 경내에 서 있는 청실배나무가 그 나무다. 무주, 장수와 함께 진안은 우리나라 최고의 청정 마을 가운데 하나로 손꼽히는 곳이다. 진안은 세계 최대의 타포니지대라 하는 마이산이 있어 더 신비롭다. 말[馬]

의 귀[耳]를 닮아서 그런 이름을 가진 마이산은 진안군에 들어서면 벌써부터 그 신비로운 풍광을 드러낸다. 쫑긋 세운 말의 두 귀를 꼭 빼닮은 두 개의 바위산이다.

이 바위산 자락에 자리잡은 은수사 경내에 서 있는 한 그루의 청실배나무는 담양 대치리 느티나무와 마찬가지로 이성계가 건국의 기원을 다지기 위해 백일기도를 올린 뒤 손수 심은 씨앗이 싹을 틔운 나무라고 한다.

조선을 개국하기 전에 이성계는 꿈속에서 선인으로부터 '이 나라 땅을 헤아려보라'며 금으로 된 자[金尺]을 받았다고 한다. 그리고 얼마 뒤 그는 마이산을 지나면서 꿈속에서 선인으로부터 금척을 받았던 곳의 모습과 똑같은 마이산을 보고 놀랐다. 그러자 이성계는 이 산에 자리를 잡고 나라를 세울 꿈을 키우게 되었다. 마이산은 그렇게 조선 개국의 전설을 담고 있는 영산(靈山)이 되었다.

산의 신령한 기운을 안고 조선 개국의 꿈을 키우려 이곳에 똬리를 튼 이성계는 그때 절집의 샘물을 떠 마시면서 물이 은(銀)처럼 맑다 하여 절집의 이름을 '은수사(銀水寺)'라고 붙였다. 이 절집에 머무르면서 그는 개국의 꿈을 키웠고, 열렬한 마음으로 하늘에 기도를 올렸다. 모든 계획을 치밀하게 마무리하고 기도를 마친 뒤 돌배를 먹고는 씨앗을 창문 밖 마당에 심었다. 바로 그 씨앗이 자라나 지금까지 한 그루의 아름다운 나무로 남았다. 천연기념물 제386호로 지정해 보호하는 청실배나무다.

진안 은수사 청실배나무는 이성계의 전설을 바탕으로 나이가 600살이 넘은 것으로 짐작되고, 키는 18미터, 가슴높이 줄기 둘레는

2.8미터나 되는 큰 나무다. 나무의 줄기는 어른 키보다 좀 윗부분에서 넷으로 갈라져 곧게 솟아오르다가 사방으로 고르게 가지를 발달시켰다. 가지퍼짐이 단정해 보이는 청실배나무는 동서로 16미터, 남북으로 14미터 정도 뻗었다. 우람한 모습은 아니지만 조선 개국의 전설과 함께 늠름하게 자리잡고 있다. 사람들의 왕래가 무척 많은 곳임에도 불구하고 좋은 기후 조건에 맑은 공기를 마시며 살고 있어서인지 나무의 보존 상태는 좋은 편이다.

청실배나무는 우리나라 산야에서 흔히 자라는 돌배나무의 일종이다. 청실배나무는 꽃이 아름다워 우리나라에서는 삼국시대부터 절집이나 선비들의 정원에 심고 꽃을 감상해왔으며, 가을에 열매도 즐겨 먹었다. 은수사에서 자라고 있는 청실배나무는 맛과 향이 특별히 좋아 왕실 진상용으로 재배되었다고 전한다. 청실배나무는 열매가 돌배나무와 비슷하게 맺지만 푸른빛을 띠고 있어 청실배라는 이름이 붙었다.

오랫동안 우리의 먹을거리로 환영받아왔던 배나무. 우리 토종의 돌배는 찾아보기 힘들고 큼지막한데다 단맛이 강한 외국산 배만 넘쳐나는 이즈음, 산사의 앞마당에 홀로 서 있는 우리의 청실배나무는 그렇게 한 나라를 일으킨 전설을 간직하고 의연히 세월의 무게를 버티고 서 있다. 은수사를 더 맑은 절집으로 느끼게 하는 까닭이다.

이곳 은수사에서는 눈길을 끄는 또 하나의 나무를 만날 수 있다. 줄사철나무다. 은수사 뒤쪽의 마이산 자락은 그 줄사철나무가 군집을 이루어 자라는 곳으로, 천연기념물로 지정 보호하고 있다. 보호 상태의 군락지를 직접 들어가서 볼 수는 없지만 보호구역이 시작되는 은수사 입구에서 줄사철나무를 몇 그루 볼 수 있다.

줄사철나무는 아주 추운 지역을 뺀 우리나라 대부분의 지역에서 잘 자라는 사철나무의 한 가지다. 줄사철나무는 사철나무와 매우 비슷한 모습을 하고 있으나 줄기에서 뿌리가 내려 다른 물체에 붙어 올라가며 자라는 특징을 가졌다. 나무 가운데 사철 푸르른 잎을 간직하는 나무로는 소나무, 잣나무, 향나무와 같은 침엽수와 돈나무, 가시나무와 같은 활엽수가 있는데, 상록활엽수의 대부분은 남쪽지방에서 자란다. 중부지방에서 볼 수 있는 상록활엽수로는 사철나무가 대표적이다. 그런 탓에서인지 상록수를 대표해서 그냥 '사철나무'라고 부르기도 한다. 사철나무의 껍질을 한방에서 이뇨제로 쓰기도 한다지만, 무엇보다 사철나무는 생울타리로 알맞춤한 나무다. 자라는 데에 그리 까탈을 부리지 않는 사철나무는 습한 곳이나 건조한 곳에서 다 잘 자라고, 공해나 바닷가 소금기에도 강한 편이다.

조선 태조 이성계가 개국의 꿈을 키운 절집 은수사는 작고 소박한 절집이다. 500년 영화를 누려온 조선 왕조의 시작은 이처럼 작은 절집에서 시작됐다. 절집 한 귀퉁이에 홀로 남은 청실배나무 한 그루는 그렇게 왕조의 역사를 몸으로 증거하고 서 있다.

김구정

화기를 누르는 연못에 심은 소나무

나무는 사람살이의 오랜 내력을 담고 살아남지만 나무 스스로 사람살이의 내력을 드러내 이야기하는 법은 없다. 나무 안에 담긴 사람의 역사는 나무와 더불어 살아가는 사람이 아니고서는 지켜낼 수도 알아볼 수도 없다. 나무를 지키려는 사람들의 노력이 없다면 나무는 그저 평범한 자연물에 불과하다. 하나의 자연물이 사람의 정신과 문화를 상징하는 의미를 갖게 되려면 반드시 그를 지키는 사람들의 수굿한 노력이 전제돼야 한다. 그게 아니라면 나무의 줄기에 새겨진 사람살이의 속내는 한날 먼지 되어 사라지고 만다. 나무에 새겨진 삶의 정신과 가치를 지켜내고 살리는 것은 온전히 지금 사람의 몫이라는 이야기다.

경상북도 상주시 화동면의 청도 김씨 세거지인 판곡리에 들어서면 먼저 마을의 내력을 상징하는 재실을 만나게 된다. 임진왜란 때

의병을 일으킨 김준신(金俊臣, 1560~1592) 의사의 제단비가 있는 재실이다. 청도 김씨 출신의 의병장인 김준신 의사는 이 마을의 역사 속에서 가장 빛나는 업적을 일군 선조 가운데 한 사람이다.

재실 곁으로 너른 들판이 내다보이는 자리에는 앙증맞은 연못이 있다. 연못 가운데에는 못 전체를 가득 채울 듯한 인공 섬이 있고, 그 섬 안에 아름다운 수형의 소나무가 한 그루 서 있다. 연못과 소나무가 모두 아늑한 자연 마을에 잘 어울려 운치가 살아 있는 풍광이다.

이곳에 연못이 지어진 때는 조선 건국 무렵이다. 당시 황간 지역에서 현감을 지내던 김구정(金九鼎, ?~?)이라는 선비가 있었다. 고려가 망하고 이성계가 새 왕조를 세우자 그는 두 임금을 섬길 수 없다며 벼슬을 버리고 은거할 곳을 찾아 나섰다.

그의 눈에 들어온 터가 바로 이곳 판곡리였다. 숲이 우거지고 골이 깊어서 세상살이와 거리를 두고 살기에 알맞춤한 곳이라고 판단했다. 그러나 이 땅은 유난히 불의 기운인 화기(火氣)가 드셌다. 풍수설에 따르면 이 마을의 안산(案山)인 백화산(白華山)이 불기운[火星]을 띠고 있어 마을 입향조인 김구정의 일가에게 해롭다는 것이다. 김구정은 그래서 화기를 누르기 위해 마을 중심에 연못을 팠다.

지금 '낙화담(落花潭)'으로 불리는 연못은 고작 330제곱미터, 옛 단위로는 100평 남짓한 규모이지만, 옛이야기에 따르면 처음에 무려 5,000제곱미터, 1,500평을 넘는 큰 연못이었다고 한다. 낙화담이라는 이름은 임진왜란 때 마을 사람들의 한스러운 내력이 보태지며 붙었다. 김구정의 후손으로 상주 지역에서 의병을 일으켜 온갖 전투에서 승승장구한 김준신 의사가 순직한 뒤의 일이다.

상주 지역은 임진왜란 때 치열한 전투가 있었던 곳이다. 지금도 800여 순국 희생자를 모신 임란북천진적지가 바로 상주 지역에 있다. 당시 의병의 피가 개울처럼 흘렀다고 한다. 바로 이 북천 전투에서 김준신 장군이 왜군과 맞서 싸우다 장렬히 전사했다. 장군이 순직하고 의병의 기세가 꺾이자, 일본의 고니시 유키나가(小西行長) 군대가 청도 김씨의 씨를 말리겠다녀 이 마을에 쳐들이와 행패를 부렸다.

그때 왜병의 행패를 피하려던 아낙들은 적군에 의해 몸을 더럽히느니 차라리 스스로 목숨을 끊겠다며 차례차례 연못에 몸을 던졌다고 한다. 지금 연못의 규모로는 짐작할 수 없는 일이지만 당시 주변 풍광을 압도할 만큼 큰 연못이었음을 생각하면 충분히 가능한 일이다. 낙화담 옆에 세운 경상북도 기념물 제113호인 '김준신 의사 제단비'도 그때의 사정을 기억하게 한다. 이 비는 1850년(철종 1)에 건립되었다. 구국충절의 진심을 느끼게 하는 마을 풍경이다.

참혹했던 옛일을 또렷이 바라보았을 낙화담 소나무는 여전히 싱그러운 자태로 600년의 세월을 증거하고 서 있다. 아담한 크기의 규모로 작아진 연못에 잘 어울리는 소나무는 김구정이 연못을 완공한 뒤에 손수 심었다고 한다. 사람들이 손쉽게 건너갈 수 있는 연못 가장자리에 인공 섬을 쌓고 그는 그 위에 한 그루의 소나무를 심었다. 풍광 좋은 연못에 솔향기 가득 품은 자연 정자를 지은 셈이다. 그때가 조선 건국 무렵이니 나무의 나이는 600살을 넘은 셈이다.

소나무 종류 가운데에 온 가지를 땅으로 늘어뜨리는 처진소나무

참혹했던 옛일을 또렷이 바라보았을 낙화담 소나무는 여전히 싱그러운 자태로 600년의 세월을 증거하고 서 있다.

- 상주 판곡리 낙화담 소나무

다. 작은 연못 분위기에 알맞춤하게 가지를 늘어뜨린 수형이 아름답다. 마을 사람들도 이 나무를 마을을 지켜주는 수호목이자 마을의 상징물로 소중히 여기며 귀하게 잘 보호하려 했지만, 나무는 여러 차례 생사의 고비를 넘었다.

"저 나무가 두 번이나 죽을 고비를 넘겼지. 1964년에는 거의 죽은 거나 마찬가지였어. 정말 어렵게 살려냈지. 내가 젊어서 고향을 떠나 있던 사이에 동네 사람들은 나뭇가지에 그네를 걸고 놀기도 했지만, 보살필 줄을 몰랐던 거야. 나무가 반절 가까이 죽었더라고."

김구정이 일으킨 청도 김씨의 후손으로 가문을 이어가는 대종중 김재궁 부회장의 이야기다. 조사 끝에 그는 곁에 있는 방앗간에서 흘러나와 연못으로 스며든 기름이 원인임을 알아냈다. 인공 섬에까지 기름기가 차올라 나무가 숨쉬기 어려울 지경이었다. 김 부회장은 연못의 흙을 새 흙으로 교체하는 어려운 작업을 마다하지 않았다. 기계도 없이 손수 삽과 지게를 짊어지고 해낸 수고로운 일이었다. 당시 전문가들도 나무의 생존 가능성을 50퍼센트 미만이라고 했다. 하지만 김 부회장의 수굿한 노력으로 나무는 죽음의 고비를 이겨냈다.

또 한 번의 고비는 1992년에 찾아왔다. 소나무에 해충이 들면서 시들해진 것이다. 이때에도 김 부회장은 나라 안에서 용하기로 소문난 나무병원의 전문가들을 불러들여 자문을 구하고 나무를 치료해 살려낼 수 있었다.

"저 나무가 어떤 나무인데 그냥 죽이겠어. 우리 조상께서 손수 심으신 나무이고, 또 이 연못에 우리가 살아온 고난의 역사가 아로새겨져 있는데 그걸 지키지 않고서야 어떻게 하늘을 바라보고 살 수 있겠어."

김 부회장의 낙화담 소나무에 대한 사랑은 단지 한 그루의 소나무에 대한 사랑만은 아니다. 이는 필경 나무를 심은 조상과 이 땅의 역사에 대한 지극한 애정, 그리고 자존심임에 틀림없다.

낙화담 소나무는 물속의 험난한 생육환경에서도 13미터의 높이로 자랐다. 가슴높이 줄기 둘레도 2미터를 넘겼다. 죽을 고비를 여러 차례 넘기면서도 나무는 생명력을 잃지 않고 여전히 싱그럽다. 600년 세월 동안 이 마을에서 살림살이를 이어온 후손들과 지금의 김재궁 부회장의 지극정성이 만들어낸 결과다. 마침내 나무는 지난 2004년에 경상북도 기념물 제147호로 지정됐다.

옛것을 지키는 건 결코 쉬운 일이 아니다. 스러져가는 옛것을 지키기 위해서 가진 것을 선선히 내놓는 헌신적인 노력만이 우리의 오래된 가치와 정신을 지켜낼 수 있다. 아늑한 자연 마을에서 옛것을 지키기 위해 애쓰는 사람의 향기를 머금고 낙화담 소나무는 앞으로도 오랫동안 우리 앞에 펼쳐질 천년의 역사를 다시 쓸 것이다.

개혁파 선비들

허망하게 좌절한 이상의 자취

오동나무 넓은 잎에 꿀로 새겨 쓴 네 글자 '주초위왕(走肖爲王)'이 피바람의 시작이었다. 달콤한 꿀의 향기를 찾아온 벌레들은 꿀을 핥으며 넓은 잎에 구멍을 냈다. 시간이 지나자 마침내 한 장의 오동잎 위에 '반역'을 상징하는 글자가 선명하게 드러났다. 오동잎에 꿀을 발랐던 사람들은 계획대로 잎을 따 들고 임금을 알현했다. 그들은 "주(走)와 초(肖)가 합하면 조(趙)가 된다"면서 "장차 조씨가 왕이 되려 하는 조짐이 엿보인다"며 "이를 경계해야 한다"고 했다.

조씨 성을 가진 사람 가운데 가장 위험한 인물로 그들은 당시 급진 개혁을 주창하던 정암(靜菴) 조광조(趙光祖, 1482~1519)를 꼽았고, 그를 엄중히 벌해야 한다고 간언했다. 조광조의 개혁 대상이던 반대파 관리들의 터무니없는 음모였다. 조선 중종 때 참혹한 피바람을 불러온 기묘사화(己卯士禍)는 그렇게 한 장의 나뭇잎에서 시작됐다.

500년 전인 1519년(중종 14)에 일어난 기묘사화는 마흔이 채 되지 않은 젊은 정치가 조광조를 중심으로 한 사림파의 강력한 개혁이 반대파의 저항에 부닥쳐 화를 입은 조선조 최대의 정치적 사건이다. 중종은 곧바로 조광조를 비롯해 그와 뜻을 같이하는 모든 선비들을 숙청했다. 벼슬을 빼앗은 건 물론이고 조정의 많은 관리들을 유배지로 귀양 보냈다. 반대파들이 '가장 위험한 반란가'로 꼽은 조광조는 훈구파의 모함에 따라 유배지에서 사약을 받고 죽음의 길로 떠났다. 죽어서도 조광조는 위험인물이었다. 그의 주검에 손을 대는 것조차 임금에 대한 반란에 가담하는 일이라고 엄포를 놓았다. 그때 아무도 모르게 조광조의 시신을 거둔 사람이 있었다. 당시로서는 대단한 용기를 낸 그는 조광조보다 여섯 살 아래인 학포(學圃) 양팽손(梁彭孫, 1488~1545)이라는 전라남도 화순 출신의 선비였다.

조광조와 어린 시절부터 가까운 사이였던 양팽손은 스물세 살 되던 1510년에 조광조와 함께 생원시에 등과했으며, 평생 그와 뜻을 같이했다. 그는 기묘사화의 피바람이 불자 고향인 화순으로 내려와 작은 서재를 짓고 은거하며 시서화(詩書畵)에 몰두했다.

'학포당(學圃堂)'이라는 이름으로 남은 전라남도 화순군 이양면 쌍봉리의 조그마한 서재가 그곳이다. 나중에 잠깐 '현령'이라는 벼슬을 맡기도 하지만, 이후 대부분의 시간을 양팽손은 학포당에 기거하며 시화(詩畵)에 몰두했다. 이곳에서 짬짬이 후학을 양성하기도 했다.

조선 문인화 가운데 남종화의 시조인 그는 〈산수도〉를 비롯한 여러 점의 중요 작품을 남겼다. 특히 〈산수도〉는 전래되는 작품이 희귀한 16세기 한국 회화사의 단면을 보여주는 좋은 자료다. 학포당은 이 같은 양팽손의 걸작을 낳은 조선시대 문인화단의 산실이라고 할 수 있다.

실의에 젖어 학포당을 지은 그는 담장 곁에 한 그루의 나무를 심었다. 그가 심은 나무는 은행나무다. 대부분의 유학자들이 좋아하던 나무라는 이유도 있었겠지만, 세파에 시달리지 않고 오래 살아남는 나무라는 이유도 컸을 것이다. 이루지 못한 개혁의 뜻을 오래도록 유지하려는 마음이 담긴 선택이지 싶다.

나무를 심은 그는 매일 아침 새로운 모습을 드러내며 도담도담 자라나는 나무를 바라보며 그림으로 자신의 이상을 표현했다. 이제 그가 떠난 자리에 남은 은행나무 한 그루가 허망하게 좌절한 이상의 자취를 드러내고 있다. 옛 수묵화처럼 도도하면서도 우울한 모습의 은행나무다.

키가 20미터쯤 되는 이 은행나무에는 처음 심은 사람인 양팽손의 삶이 그랬듯이 어려운 시절을 살아온 삶의 피로가 그대로 담겨 있다. 500년 세월이 할퀴고 간 여러 상처가 역력히 남은 나무는 쇠잔할 만큼 늙었다. 중심되는 줄기는 썩어 문드러지고, 줄기 주변에서 새로 자란 맹아지가 커다란 둥치를 이뤘다. 굵게 자란 여덟 개의 맹아지는 줄기 주변에서 옹기종기 자랐는데, 마을 사람들은 이 모양을 보고 양팽손의 여덟 아들을 상징하는 뜻이라고도 이야기한다.

양팽손처럼 벼슬을 빼앗기고 혹은 몰래 피바람을 피해 고향을 찾은 선비들도 적지 않았다. 개혁의 옳고 그름을 따질 겨를은 없었다. 우선은 사납게 몰아치는 피바람을 피해야 했다. 당시 전라남도 나

그가 떠난 자리에 남은 은행나무 한 그루가 허망하게 좌절한 이상의 자취를 드러낸다.

- 화순 학포당 은행나무

소나무, 대나무 부러질 듯 눈 쌓여도 새빨간 꽃 몇 송이 새로 피어난다.

- 나주 송죽리 금사정 동백나무

주 지역으로 피신한 선비들 가운데에 승지를 지낸 임붕(林鵬), 직장 버슬을 지낸 나일손(羅逸孫), 생원 정문손(鄭文孫) 등 11명의 사림파 선비가 있었다. 조광조의 구명 상소까지 올렸지만 별무소용임을 알게 된 그들은 하릴없이 고향 나주 땅에 돌아왔다. 암담한 정치 현실에 좌절했지만 아무리 돌아봐도 왕도 정치를 주창하던 자신들의 뜻에서 틀린 건 찾을 수 없었다. 문제가 있다면 개혁을 추진하는 방식이 급격한 데에서 나타나는 문제점 정도였다. 현실 정치에서 좌절한 그들은 난리 통을 피해 고향에 숨어들었다. 그러나 그들은 개혁의 이상까지 포기할 수 없었다. 선비들은 곧바로 금강십일인계를 조직하고, 짬짬이 세상 이치를 짚어보며 뜻을 이룰 수 있는 훗날을 기약했다.

그로부터 10년쯤의 세월이 지나면서 금강십일인계의 선비들은 미래에 대한 채비를 공고히 하기 위해 집회 장소로 이용할 정자 한 채를 지었다. '개혁 정치'의 이상을 포기할 수 없는 선비들의 토론장으로 쓰자는 생각이었다. 정자는 금강결사의 뜻을 따 '금사정(錦社亭)'이라 이름 붙였다. 단출한 한 칸 방의 정자 앞에 그들은 뜻을 모아 한 그루의 나무를 심었다.

동백나무였다. 숱하게 많은 선비들의 정자 가운데에 동백나무를 관상수로 심은 곳이 없는 건 아니지만, 그건 대개 화평한 세월에 자연의 아름다움을 완상하려는 의도에서 심은 게 대부분이다. 피바람을 피해 고향에 숨어들어 목숨을 걸고 미래를 서약한 비밀결사 조직의 선비들이 그들의 토론장인 정자 앞에 심은 나무로 동백나무는 어울리지 않는다. 한겨울에도 동백나무에서 피어나는 붉은 꽃을 여유롭게 감상하려는 뜻에서 고른 것이라고 보기에 그들이 보낸 세월은 그리 녹록지 않았으리라.

동백나무는 원래 겨울에 꽃 피우는 나무다. 물론 부산의 동백섬을 비롯한 우리나라 남쪽의 일부 지방에서는 한겨울인 1월부터 붉은 꽃을 피운다. 그러나 남쪽의 몇 곳을 제외한 대개의 지역에서 동백꽃은 봄 돼야 피어난다. 남쪽지방이기는 하지만 전라남도 여수와 같은 동백꽃의 명소에서도 3월 지나야 꽃이 피어난다. 심지어 동백나무가 자생하는 가장 북쪽 지역인 고창 선운사의 경우에는 4월 중순 되어야 겨우 꽃을 볼 수 있을 정도다. 춘백(春栢)이라는 말도 그처럼 봄에 피어나는 동백꽃을 따로 부르기 위해 지어낸 표현일 게다.

동백나무를 골라 심은 까닭을 기록으로 남기지 않았으니 선비들의 깊은 속내까지 짚어보는 건 어렵다. 그러나 그들의 뜻을 짐작해 볼 여지가 없는 건 아니다. 짐작의 실마리는 뜻밖에도 조선 중기 한문사대가의 한 사람인 장유(張維, 1587~1638)가 지은 칠언절구의 한시 한 편에서 얻을 수 있을지 모른다.

소나무 대나무 부러질 듯 눈 쌓여도	雪壓松筠也欲摧
새빨간 꽃 몇 송이 새로 피어난다	繁紅數朶斬新開
아무도 찾지 않는 적막한 산골에	山扉寂寂無人到
이따금 새들만 찾아와 꽃잎 두드린다	時有幽禽暗啄來

—〈눈 속의 동백꽃(雪裏山茶)〉

겨울에 피는 꽃, 동백꽃의 특징을 고스란히 드러낸 한시다. 사철 푸르름을 잃지 않는 소나무, 대나무 가지가 부러질 듯 눈에 쌓였지만, 동백꽃은 더 새빨갛게 피어나 사람의 마음을 흔든다는 자연의 깨우침이다. 숱하게 많은 한시에서 선비들은 소나무와 대나무를 그들이 갖추어야 할 절개의 상징으로 썼다. 그러나 소나무, 대나무도 눈이 쌓이면 부러질 수 있지만 동백나무만큼은 엄동의 추위를 이겨내고 새빨간 꽃을 피운다고 시인은 동백나무를 예찬했다. 장유뿐 아니라 동백나무를 엄혹한 시기에 더 아름다운 꽃을 피우는 나무라고 칭송한 시는 어렵지 않게 찾아볼 수 있다.

굳이 덧붙이자면 동백꽃은 화려한 붉은빛으로 피어났을 때도 좋지만, 그 못지않게 낙화할 때의 멋도 좋다. 전혀 시들지 않은 붉은 꽃봉오리가 노란 꽃술을 그대로 담은 채 후드득 떨어지는 순간의 신비는 숨이 멎을 듯한 지경이다. 어느 대중가요의 노랫말처럼 '눈물처럼 후드득 지는 그 꽃'이 바로 동백꽃이다.

금강십일인계의 선비들에게도 동백꽃의 이 같은 특징은 또렷이 느껴졌지 싶다. 개혁의 뜻을 짓밟힌 채 낙향한 선비들은 동백나무의 처지가 당시 자신들이 처한 상황과 꼭 닮았다고 생각했을 것이다. 댕강댕강 모가지가 잘리듯 싱그러운 채로 떨어진 동백꽃을 보면서 자신들의 처참한 처지를 떠올린 것이다. 하지만 사철 푸르른 동백나무의 잎처럼 언제까지라도 뜻을 굽히지 말고 푸르게 살아남자는 다짐을 나무에 담았다고 짐작할 수 있다. 덧붙여 소나무, 대나무가 부러질 정도라고 할 만한 엄혹한 정치 현실 속에서도 우리의 뜻을 언젠가는 더 아름답게 피워내자는 핏빛 기대가 담긴 애절한 선택이라 할 만하다.

동백나무 푸른 잎과 추울수록 더 새빨갛게 피어나는 동백꽃을 바라보며 앞날을 꼼꼼히 채비했지만 11명의 선비들이 꿈꾸던 기회는 다시 찾아오지 않았다. 세월은 무심히 흘렀고, 금사정을 수굿이 찾아들던 선비들은 하나둘 세상을 떠났다. 사람은 그렇게 모두 떠났지만, 그들이 한뜻으로 심어 키운 한 그루의 동백나무는 금사정 앞에 뜸직하게 서서 옛 선비들의 이루지 못한 뜻을 지키며 500년 세월을 견뎌왔다.

조상의 뜻을 이어 나주 송죽리 마을에서는 여전히 금강계를 이어간다. 물론 옛 선비들처럼 개혁 정치를 이루기 위한 비밀결사 조직은 아니다. 후손들의 화합을 위한 계의 형태로 이어지고 있다. 나주 나씨 후손이 중심이 되어 해마다 한 번씩 이 금사정에서 계원들이 모임을 갖는다. 모임은 그저 서로간의 안부를 확인하는 친목 모임처럼 진행되기도 하고, 때로는 가벼운 잔치를 벌이기도 한다. 개혁 정치가들의 뜻과는 전혀 다른 모임이지만 같은 이름의 모임이 그 후손들에 의해 이어진다는 것이 고마울 따름이다.

10여 년 전만 해도 금사정 마당에는 금강계 구성원들과 관련한 금사정 관리인이 작은 오두막을 짓고 살면서 금사정을 관리했다. 천연기념물로 지정되기 전까지의 일이다. 그러나 나무가 천연기념물로 지정되자 이 허름한 살림채도 허물었다. 관리인이 철수하고 금사정 인근 지역을 국가에서 관리하게 된 건 최근이다. 옛 선비들의 핏빛 한을 안고 살아온 동백나무를 '나주 송죽리 금사정 동백나무'라는 이름으로 천연기념물 제515호에 지정한 2009년 12월 이후의 일이다.

동백나무는 오랫동안 우리 민족의 사랑을 받아온 나무이건만 독립 노거수로서 동백나무 한 그루를 천연기념물로 지정한 건 처음이다. 금사정의 동백나무는 금강계를 조직하고 10년쯤 뒤인 1530년 무렵에 심었다는 정확한 기록을 바탕으로 하면 480년이 넘은 오래된 나무다. 크기도 우리나라의 동백나무 가운데에서는 최고라 할 수 있다. 나무는 키가 6미터나 되고, 뿌리 부근의 둘레는 2.4미터쯤 된다. 이만큼 큰 동백나무는 나라 안 어디에서도 찾아보기 어렵다. 단아한 정자 앞에 서 있는 이 동백나무는 뿌리 부분에서부터 사방으로 고르게 줄기가 나눠지면서 이룬 전체적으로 둥근 수형이 마치 솜씨 좋은 정원사가 잘 다듬어낸 것처럼 매끄럽다. 꽃 피지 않아도 그냥 화려하고 멋진 나무다.

양팽손의 은행나무처럼 좌절한 선비의 한을 담고 자란 동백나무는 한 많은 세월을 이겨내며 우람차게 컸다. 겨울 추위가 추울수록 빛깔 고운 꽃을 피우는 동백나무의 특징 때문인지, 나무에 담긴 핏빛 한은 우리나라의 여느 동백나무도 견주기 어려울 만큼 나무를 화려하게 키워냈다.

나주 송죽리 금사정 동백나무는 개혁의 뜻을 잃지 않기로 맹세했던 옛 선비들의 핏빛 다짐을 잊지 않고 긴 세월 동안 제자리를 지켜왔고, 앞으로도 피처럼 붉은 꽃을 끊임없이 피워낼 것이다. 사람의 마을에서 사람은 들고남을 거듭하면서 숱한 변화를 일구겠지만, 나무는 오로지 제게 주어진 빛깔과 향기에 맞춤한 모습으로 살아남을 것이다. 세월 흘러도 이 땅을 아름답게 지켜줄 한 그루의 동백나무가 더 소중한 까닭이다.

말없이 살지만 나무는 그에게 처음 생명을 준 사람의 뜻을 결코 잊지 않는 듯하다. 이루지 못한 이상을 오래도록 이 땅에 기억시키기 위해 오래 사는 은행나무, 그리고 추울수록 더 아름다워지는 동백나무. 두 그루의 나무는 모두 '기묘사화'라는 피바람을 이겨내며 오늘 우리가 살아가야 할 바른길을 가리키듯 당당하게 제자리를 지키고 서 있다.

변협

왜구의 침입에 맞선 해남 군민의 용맹

스스로 속내 깊숙이 품은 이야기를 가벼이 털어내는 경박함이 없는 나무는 그래서 사람살이를 기록하는 데에 좋은 벗이 된다. 이른바 '기념식수'라는 게 그런 뜻에서 만들어진 행사일 것이다.

요즘이야 기념이 될 만한 일을 기록할 수 있는 수단이 헤아릴 수 없이 많지만, 별다른 기록 방법이 없던 시절에 사람들은 하나라도 더 많은 사람에게 알려야 할 뜻깊은 일이 있을 때에는 어김없이 나무를 심었다. 훌륭한 관리를 기념하기 위해서라든가, 마을 사람 모두에게 영원히 모범이 될 만한 효자를 기념하기 위해서 혹은 한 여인의 정절을 오래도록 후세 사람들의 가슴에 깊이 아로새기기 위해서도 사람들은 나무를 심었다.

우리나라 남쪽 땅끝에 자리한 해남의 군청 앞마당에서 자라고 있는 '수성송(守城松)'이라는 이름의 곰솔은 바로 한 용맹하고 현명한 관리를 오래도록 기억하기 위해 심고 가꾼 대표적인 나무가 될 것이다.

수성송은 전라남도 기념물로 지정 보호되어 오다가 지난 2001년 9월 천연기념물 제430호로 승격한 이 지역을 상징할 만한 나무다. 키가 17미터, 가슴높이 줄기 둘레가 3.38미터로, 굵은 외줄기가 곧게 솟아오른 뒤 여러 개의 가지로 나뉘어 넓게 펴신 모습이 아름답다.

이 나무는 약 450년 전인 조선시대 명종 10년(1555)에 일어난 달량진사변(을묘왜변)과 깊은 관련을 갖고 있다. 임진왜란이 일어나기 37년 전에 일어난 이 사변은 일본 대마도 해적들이 60여 척의 배로 지금의 북평면 남창리인 달량진으로 쳐들어와 장흥, 강진, 영암 등 해남성 주위의 거의 모든 성을 약탈했던 변란을 일컫는다.

사변을 수습하기 위해 조정에서 파견했던 병마절도사 원적(元績, ?~1555)과 군사들은 왜구의 공격을 이겨내지 못해 항복하고 말았고, 이후 전라감사, 전주부윤, 남원판관과 긴급히 파견한 호조판서, 이조좌랑 등이 힘겹게 버텨낸 전주부윤 이윤경(李潤慶, 1498~1562)과 합세해서야 겨우 물리칠 수 있었다. 남해안 일대가 대부분 왜구의 침략에 시달리던 그때 해남성은 뛰어난 지략(智略)을 지닌 맹장(猛將) 변협(邊協, 1528~1590) 현감이 이끌고 있었다.

본관이 원주(原州)인 변협은 20대 후반인 1548년에 무과에 급제하고 선전관을 거쳐 해남현감으로 부임했다. 왜구의 침략 전쟁이 벌어졌을 때 변협은 다른 지역과 달리 해남 지역에서 왜구를 성공적으로 물리쳤다. 그는 해남 군민의 불굴의 용맹심을 동원해 해남성을 끝까지 지켜냈다. 평화를 되찾은 뒤 변협은 수성(守城)의 공로

변협은 군민이 한마음으로 해남성을 지켜낸 기상을 오래도록 간직하자는 생각으로 곰솔 한 그루를 심었다.

- 해남 수성송

를 인정받아 장흥부사로 승진하여 떠나게 됐다. 그때 변협은 자신이 해남을 떠나더라도 군민이 한마음으로 해남성을 지켜낸 기상과 공훈을 오래도록 간직하자는 생각으로 당시 동헌 앞뜰에 곰솔 한 그루를 심었다. 나무에는 해남성을 지킨 모두의 공을 오래 기억하기 위해 '수성송'이라는 이름을 붙였다.

'해남 군민의 애국적인 의지와 충절의 상징과 기상'을 상징할 만한 기품을 지닌 수성송을 만나러 가게 되면 군청 입구 모퉁이에서 500년 된 느티나무 한 그루를 먼저 만나게 된다. 이 자리가 수성송과 함께 예전부터 해남 군민들이 이어온 살림살이의 중심지였음을 짐작케 하는 나무들이다.

수성송은 소나무과의 상록활엽수로, '해송(海松)', '흑송(黑松)', '숫솔', '완솔'이라고도 불리는 곰솔이다. 소나무는 바닷가의 소금기 짙은 바람을 맞으며 살기 힘들지만 곰솔은 바닷가에서 잘 자란다. 곰솔은 잎이 육지의 소나무보다 억세고 날카로워 따가움을 느낄 정도다. 원래는 바닷가에서 자란다는 뜻에서 육지의 소나무를 '육송(陸松)'이라고 부르는 것처럼 '해송'이라고 불렀다. 그러나 중국에서 바다 건너 해동국에서 들여온 소나무를 일괄적으로 '해송'이라고 부르는 바람에 그 이름을 피해 곰솔이라 부르게 되었다.

곰솔의 줄기 껍질은 검은색을 띠고 있다. 뭍에서 자라는 소나무 껍질이 붉은색을 띠고 있다고 해서 적송(赤松)이라 부르는 것처럼 사람들은 곰솔을 흑송이라 부르기도 하지만, 국가표준식물목록에서 정한 식물명은 '곰솔'이다. 우리나라에서는 남해안의 섬 지방에서 서해안으로는 경기도 인근까지, 동해안에서는 강릉까지 바닷가에서 자라는데 대부분은 수십 그루가 모여 자란다. 이 같은 특성 때문에 곰솔은 바닷가에서 방풍림으로 많이 심기도 한다. 바닷가에서 쉽게 만날 수 있는 소나무 숲은 대부분 곰솔 숲이라고 보면 틀리지 않을 것이다. 그러나 해남의 수성송처럼 육지 안쪽 깊숙한 곳에서 잘 자라는 나무들도 적지 않다.

수성송을 해남성에 심고 장흥으로 떠난 변협 현감은 장흥 지역에서도 선정을 베풀었고, 나중에 제주(濟州)목사가 되었다. 왜구와의 대치가 심각하게 이어지던 1587년(선조 20)에는 전라우방어사의 직분으로 녹도(鹿島), 가리포(加里浦)에 나아가 왜구를 성공적으로 쫓아냈으며, 마침내 공조판서 겸 도총관, 포도대장에 이르렀다. 그가 죽은 지 2년 지나 임진왜란이 일어났는데, 선조는 변협과 같은 장군이 없음을 안타까워했다고 한다. 죽은 뒤에 그는 좌의정에 추증되었다.

자신의 공을 내세우기 위해서가 아니라 해남 지역민들의 용맹한 기개를 오래 기억하게 하고, 앞으로도 해남을 잘 지켜 오래도록 평화를 유지할 수 있기를 바란다는 마음으로 한 선량한 정치가가 심은 나무, 바로 해남 군청 앞의 수성송이다.

성이성

백성을 살피는 암행어사의 선정

담양의 관방제림은 담양읍을 감돌아 흐르는 담양천의 북쪽 언덕을 따라 조성된 숲이다. 관방제는 담양읍 객사리에서부터 남산리를 거쳐 천변리에 이르는 2킬로미터 구간을 말한다.

담양의 나무와 숲에는 많은 이야기가 담겨 있다. 무엇보다 흥미로운 건 관방제림을 조성한 조선시대의 담양부사 성이성(成以性, 1595~1664)에 관한 이야기다. 성이성은 판소리 〈춘향가〉의 주인공인 이몽룡의 실제 모델로도 알려진 인물이다. 어진 사또로 널리 알려진 그는 담양의 부사로 내려와 먼저 여름 홍수 때마다 범람하는 강을 다스리고자 했다. 농사를 짓고 사는 담양 주민들의 가장 큰 애로였던 때문이다. 담양천변에 둑을 쌓고 둑을 튼튼히 지키기 위해 나무를 심었다. 그게 지금의 관방제림이다. 주종을 이루는 나무는 푸조나무이지만 그 밖에도 느티나무와 같은 낙엽성 활엽수로 이뤄진 이 숲은 천연기념물 제366호로 지정 보호하고 있으며, 지정된 구역 안에 모두 185그루의 나무들이 있다.

성이성은 관방제림을 가꿀 때에 자신의 재산을 흔쾌히 내놓았다고 한다. 굳이 백성의 고혈을 짜내지 않고 자신의 재산을 썼다. 고을의 살림살이를 다스리는 지도자의 이 같은 솔선수범 정신을 오래도록 이어온 담양은 그야말로 숲의 고장이라 할 수 있게 됐다. 담양의 숲과 나무는 그래서 더 아름다울 뿐 아니라 이야기도 많이 남아 있다.

성이성은 1610년(광해군 2)에 진사가 되고, 광해군 때의 난세에는 벼슬길에 나아가지 않았다. 1627년(인조 5)에 식년문과에 병과로 급제하면서 벼슬살이를 시작했다. 사간원정언, 홍문관 부수찬·부교리, 사헌부지평 등의 벼슬을 지냈고, 진주, 강계 등 네 고을의 현감을 지냈다. 가는 곳마다 그는 선정을 펼쳐 강계 지역에서는 백성들로부터 '관서지방의 살아 있는 부처'라는 뜻의 '관서활불(關西活佛)'이라는 이름으로 불리기까지 했다. 뿐만 아니라 조정에서 꼽은 청백리의 한 사람이 되기도 했다.

성이성과 얽힌 흥미로운 이야기는 그가 〈춘향가〉에 나오는 이몽룡의 행적과 닮았다는 점이다. 성이성의 아버지 성안의(成安義, 1561~1629)는 1607년(선조 41)부터 1611년(광해군 3)까지 남원부사를 지냈는데, 이때 성이성도 아버지를 따라와 남원에서 살았다. 그때 그의 나이가 열세 살부터 열일곱 살이었다. 성이성은 아버지와 함께 머무르다가 남원을 떠난 뒤 서른세 살 때 식년문과에 급제했다. 그 뒤 네 차례에 걸쳐 암행어사 임무를 수행했다는 점도 이몽룡과 흡사하다.

어진 사또였던 성이성은 담양천변에 둑을 쌓고 나무를 심어 범람하는 강을 다스리고자 했다.

– 담양 관방제림

성이성의 후손인 성씨 문중에서는 오래전부터 이몽룡의 모델이 성이성이라는 이야기를 알고 있었는데, 양반의 자제가 기생과 사랑에 빠졌다는 이야기를 널리 알리고 싶지 않았다고 한다. 또 흔치 않은 성씨인 '성'을 춘향의 성으로 쓴 것도 〈춘향가〉의 제작자가 성이성을 염두에 둔 배치 아니겠느냐고 짐작할 수 있다. 문중에서는 아마도 성이성의 아버지 성안의와 가까이 지내던 친구가 〈춘향가〉를 처음 쓴 게 아니겠는가 이야기한다.

담양 관방제림의 나무들은 모두 예쁘게 만들어진 이름표를 달고 있다. 이름표도 그리 크지 않고 아담하여 보기 좋은데, 세가끔 '제1번목, 푸조나무'와 같은 식이다. 둑길 위로 줄지어 선 나무 사이를 산책하면서 한 그루 한 그루의 나무 이름을 짚어보는 것도 재미있는 일이다.

담양 관방제림은 천연기념물로 지정해 보호하는 숲이지만 여전히 사람들이 자유롭게 이용할 수 있다는 것도 특별한 점이다. 천연기념물로 지정한 대개의 다른 숲과 다른 점이라 할 수 있다. 우리나라의 오래된 깊은 숲 가운데 담양 관방제림만큼 편안한 마음으로 넉넉히 산책할 수 있는 곳은 찾아보기 어렵다. 언제 찾아가도 이곳에서는 사람과 나무가 어우러져 빚어내는 아름다운 풍광을 만날 수 있다.

산책 나온 마을 사람들의 모습은 여러 가지이다. 나무 그늘 아래 자리잡고 둘러앉아 두런두런 이야기 나누는 마을 아낙들, 지팡이를 짚고 천천히 걷는 노인들, 갓난아이를 앉힌 유모차를 밀고 걷는 노파, 자전거를 타고 벌써 몇 번째 숲길을 오가는 늙수그레한 아저씨, 바라보는 모든 것이 그저 아름답기만 하다는 눈치의 외지 처녀들까지……. 둑 중간에 놓인 정자에서는 한낮이지만 술판이 벌어지기도 한다. 그저 걷고만 싶어지고, 마냥 쉬고만 싶어지는 아름다운 숲, 걸어도 걸어도 힘들지 않고 진력나지 않는 숲길이다.

담양천변 둑 위에 조성된 담양 관방제림은 오랜 세월에 걸쳐 그처럼 많은 사람의 손길을 거쳐 오늘에 이르렀다. 둑 아래쪽으로는 현대식 도로로 포장된 담양천변로가 매끈하지만, 둑 위의 숲은 세월의 무게와 깊이를 고스란히 간직했다.

성이성의 또 다른 자취를 찾아볼 수 있는 곳은 경상북도 봉화군 물야면 가평리에 있다. 계서당(溪西堂)이라는 이름의 고택이다. 성이성은 네 차례의 암행어사 출사를 거친 뒤에도 다시 암행어사로 출사하기를 제안받지만 모두 거절하고 봉화 시역에 집을 짓고 머물렀다. 그때 지은 집이 바로 이 계서당이다.

오랫동안 계서당은 사람의 발길이 잦지 않은 고요한 곳이었으나 최근 성이성이 〈춘향가〉에 등장하는 이몽룡의 실제 모델이라는 사실이 알려지면서 봉화군에서는 적극적으로 계서당 부근과 이몽룡 이야기를 관광 자원으로 활용하는 중이다. 계서당 가는 길에 '이몽룡 생가'라는 입간판을 크게 세우고 사람들의 발길을 끈다. 소설 속에 이몽룡으로 등장한 인물인 성이성의 생가라는 이야기다. 성이성의 생가는 존재하지 않지만, 성이성의 생가로 여겨지는 추측을 바탕으로 계서당 인근에 생가를 복원해서 관광지로 활용하는 것이다. 지금 계서당에서는 성이성의 후손이 살림을 하고 있으며, 고택 체험 프로그램도 운영한다.

고택 계서당의 뒤쪽으로는 낮은 언덕이 이어지는데, 언덕을 조금 오르면 꽤 오래된 소나무 한 그루가 눈에 들어온다. 보호수로 지정한 이 소나무는 보호수 조사 당시 수령을 500년이라고 했지만, 여느 지역의 500년 된 소나무에 비하면 조금 작은 편이다. 성이성이 벼슬을 내려놓고 이 지역에 와서 이 집을 지었다는 사실에 비추어보면, 이 나무는 아무래도 성이성이 집터를 닦고 주변 풍광을 운치 있게 꾸미는 과정에서 집 뒤쪽 언덕에 심은 나무로 볼 수 있다. 그렇다면 나무의 수령을 대략 400년쯤으로 보는 게 온당하지 싶다.

이 소나무는 길게 뻗은 줄기가 고택 안채를 향해 드러누울 듯 굽었는데, 아마도 버팀목이 아니었다면 진작에 쓰러졌을 듯한 모양이다. 이 땅의 여느 소나무에 비해 훌륭한 나무라고 칭송할 것까지는 아니지만, 고택 뒤란에서 이 집의 오랜 역사를 증거하는 상징으로 남았다는 점에서 의미 있는 나무이지 싶다. 정확한 내력은 기록으로 남아 있지 않지만 한 그루의 나무를 통해 옛사람의 흔적을 짐작해보는 일은 나무를 바라보는 사람에게 더 흥미로운 느낌을 준다.

인조

추위를 이겨내며 나라를 지킨 탱자나무

나라를 연 단군왕검이 하늘에 제사를 올린 곳도, 몽골의 침략을 피한 고려 때의 임금이 임시로 궁을 짓고 머물던 곳도, 오랑캐가 전쟁을 일으킨 400년 전 조선의 인조 임금이 피신한 곳도 강화도다. 뿐만 아니라 한국전쟁 때에 삼팔선 이북의 개성 부근 지역에서 배를 타고 피난 온 실향민의 한 많은 삶이 터잡은 곳이기도 하다.

강화도는 개국 이래 우리가 겪어온 모든 질곡의 역사를 간직한 '지붕 없는 박물관'이라 할 만하다. 강화도의 사람살이에는 이 민족 고유의 한이 서리서리 배어 있다. '역사의 섬' 강화도에는 고향도 천성도 모두 버린 특별한 나무가 있다. 오랑캐의 침략으로부터 나라를 지켜낸 강화 갑곶리 탱자나무, 사기리 탱자나무가 그 나무다.

강화도가 임금의 피난처로 쓰인 건 고려 고종(高宗, 재위 1213~1259) 때 몽골의 침입으로부터 비롯한다. 지리적으로 서울에서 가까울 뿐 아니라 배를 타고 이동해야 하는 섬인 까닭에 강화도는 피난처로 알맞춤한 섬이었다. 외적의 침입을 피해야 했던 고려 왕실이 강화도로 자리를 옮겨간 건 자연스러운 일이었다. 강화도로 옮긴 고려 왕실에서는 피난처에 궁궐을 지어 나라 살림을 이어갔다. 아직까지 정확한 근거를 찾지는 못했지만 고려 궁궐이 있었던 가장 유력한 자리를 '고려궁지'라는 이름으로 복원 보전한 상태다.

고려에 이어 조선시대에도 강화도는 임금의 피난처로 이용됐다. 1627년 정묘호란 때의 일이다. 1623년에 김류(金瑬), 김자점(金自點), 이귀(李貴), 이괄(李适) 등 서인의 반정(反正)으로 왕위에 오른 인조가 그때의 임금이었다. 선조의 손자인 인조는 광해군 때의 중립정책을 지양하고 반금친명(反金親明)정책을 지향했다. 그러던 중 1627년에 정묘호란을 맞이했다.

당시 쇠퇴해가는 명나라와 본격적인 대결 상태에 들어간 후금은 1627년에 3만 대군을 이끌고 압록강을 건너 빠르게 한반도를 침략했다. 조선의 방어선은 대책 없이 무너졌다. 평복 차림의 임금 인조는 강화도로 피신했다. 오래전부터 인해전술에 강하고 해전(海戰)에 약한 중국 군대를 피하기 위해서는 강화도만큼 좋은 곳이 없었다. 곡절 끝에 이 땅을 점령한 후금의 군대와 강화도로 피신한 조선의 왕실이 명나라의 연호(年號)를 쓰지 말 것과 왕자를 인질로 보낼 것을 조건으로 화의를 맺은 계기로 난은 일차적으로 마무리됐다. 이때 조선은 왕자 대신 종실인 원창군을 보냈다. 그로부터 9년 뒤인 1636년에는 청나라의 침입으로 병자호란이 벌어졌다. 우선 남한산성으로 몸을 피한 인조는 다시 강화도로 피난하려 했지만, 눈 쌓인 산길을 말을 타고 이동하는 게 어려워 하릴없이 남한산성에 머무르게 됐다. 강화도로 피신하지 못한 인조는 결국 한양 땅에서 청나라에 항복하는 치욕을 겪어야 했고, 더불어 우리의 왕자를 볼모로 내주는 일까지 치러야 했다.

치욕적으로 전란은 마무리됐다. 그 뒤 조선의 왕실은 다시는 이 같은 치욕을 겪지 않겠다는 각오로 갖가지 방비책을 세웠다. 그 가운데 강화도에 굳건한 보장지(保障地)로서의 여러 시설을 갖추려 했다. 보장지는 왕실에 위기가 닥쳤을 때 일단 피난하여 위기를 극복하기 위한 거점으로 삼는 지역을 말한다. 그러나 병자호란 때 청나라와 맺은 12조의 조약에 따르면 청나라의 허락 없이 성곽의 신축과 보수를 할 수는 없었다. 이 같은 청나라의 내정간섭은 현종 때까지 계속되었다. 청나라의 간섭이 비교적 완화한 건 청나라의 내란에 의한 혼란기였다. 즉 현종 말기부터 숙종 초기 즈음이다.

그때 조선의 왕실에서는 보장지를 강화하는 작업을 차곡차곡 이어갔다. 특히 숙종 때에는 강화도에 방어 시설이 본격적으로 꼴을 갖추었다. 1679년(숙종 5)에 돈대를 축조하는 걸 시작으로 강화외성과 문수산성을 짓고 그 관리 체계까지 확립했다. 그때 강화도에 쌓은 성은 주로 흙으로 쌓은 토성이었다. 48개의 돈대와 강화외성은 모두 숙종 연간에 완성했다.

그러나 흙으로 쌓은 성벽은 금세 허물어졌다. 그러자 영조 때에 다시 성을 보수했다. 강화도를 그냥 둘 수 없었던 것이다. 조선시대 외적의 침입에 대비한 국가 최고 의결기관인 비변사(備邊司)의 일지인《비변사등록(備邊司謄錄)》영조 25년(1749) 8월 20일자에는 이때의 강화도 성벽 보수 과정과 탱자나무 이야기가 나온다.

'강화유수 원경하(元景夏)의 상서' 형식으로 적은 이 기록에는 "장맛비로 무너진 곳이 성의 절반이 넘어 가슴이 아프다"며 성의 보수에 많은 비용을 쓰지 않고도 장성(長城)을 만들 수 있는 계책으로 나무를 심을 것을 이야기했다. 강화 지역민을 동원해 나무를 열심히 심으면 6, 7년 안에 200리에 이르는 거리를 성처럼 쌓을 수 있을 것이라고 제안했다. 그렇게 할 경우 "밖에는 아득한 바다가 자연스럽게 호참(濠塹)을 이루어서 적을 방어하는 계책이 이것보다 좋은 곳은 없을 것이며, 연해의 토성(土性)도 탱자나무를 심기에 가장 적합하여 종종 진(鎭)과 보(堡)가 밀림(密林)이 된 곳이 많습니다"라고 했다. 덧붙여 그는 "고려(高麗)의 최영이 탐라국(耽羅國)을 격파하지 못한 것은 그 가려진 지책(枳柵, 탱자나무 목책) 때문"이라 하면서 탱자나무 성곽의 효용성을 강조했다.

바다의 소금기를 이기지 못해 쓰러지는 허술한 성벽은 누구라도 손쉽게 넘을 수 있어 불안했다. 어떻게든 방호책을 마련해야 했다. 그때 관리 원경하에게 떠오른 게 탱자나무였다. 탱자나무의 억센 가시로 무장한 성벽이라면 제아무리 날랜 도적도 함부로 넘을 수 없으리라는 생각에서였다.

따뜻한 기후에서 자라는 탱자나무는 강화도 지역에서 살기 어려웠다. 하지만 다른 축조물보다 탱자나무는 빠르게 설치할 수 있을 뿐 아니라 방어수단으로서도 효과적이었다. 결국 영남지방에서 잘 자라는 탱자나무를 긴급히 공수하여 성벽 곳곳에 줄지어 심기로 했다. 그 뒤로 얼마나 많은 탱자나무를 심었고, 얼마나 잘 키웠는지에 대한 기록은 그리 많지 않다. 그러나 그로부터 얼마 지나서 탱자나무가 제대로 공급되지 않았다는 임금의 지적과 더 많은 나무를 보내라는 지시도 있다. 이 같은 강화도 탱자나무에 대한 기록은 이후 정조 때의《비변사등록》에도 잇달아 나온다.

결국 이 땅의 남녘에서 잘 자라던 나무들은 이 나라 왕실의 위급한 상황을 지키기 위해 고향을 떠나왔다. 강화도에 자리삽은 탱자나무가 매운바람 맞으며 살아남는 건 쉽지 않았다. 나라의 파수꾼이 된 성벽의 탱자나무들은 백척간두에 선 나라와 임금을 지키기 위해 자신의 몸을 파고드는 추위와 고향을 떠난 고통을 이겨내며 버텼다. 그러나 탱자나무들이 살아나기에 강화도의 바닷바람에 실려온 추위는 힘겨웠다. 까닭에 탱자나무를 처음 심었을 때 조정에서는 강화도 탱자나무를 특별히 관리하며 나무가 자라는 모습을 자세히 보고하게 했다고 한다.

세월 흐르면서 성을 지키기 위해 심었던 탱자나무는 모두 죽어 사라지고, 단 두 그루만 살아남았다. 강화 갑곶리 탱자나무가 그 하나이고, 다른 하나는 강화 사기리 탱자나무다. 익숙지 않은 기후에서 애면글면 살아남은 두 그루의 탱자나무는 그로부터 300년의 세월을 거치면서 이제 우리나라의 대표적인 탱자나무가 되어 마침내 천연기념물로 지정됐다. 이 두 그루의 탱자나무를 천연기념물로 지정한 1962년에는 강화도 지역이 탱자나무 생육 북한계지라는 식물학적 의미가 컸다. 하지만 급격한 기후 변화에 따라 최근에는 강화보다 북쪽 지역에서 자라는 탱자나무가 발견되기도 했기에 그 뜻은 퇴색했다. 그러나 강화도의 탱자나무가 국가의 문화재로 보존되어

홀로 버티기에 매우 어려운 조건이었지만 사람들의 극진한 보살핌으로 300년에 걸쳐 건강한 상태를 유지했다.

- 강화 갑곶리 탱자나무

죽은 가지들 사이에서 기운차게 솟아오른 새 가지는 마치 새로 심어 키운 젊은 탱자나무처럼 싱그럽다.

- 강화 사기리 탱자나무

야 하는 건 단지 식물학적 이유만은 아니다. 외적의 침입으로부터 나라를 지킨 나무라는 인문학적 이유가 두 그루의 나무에 덧붙여져 오래 보존할 가치가 있으리라.

두 그루의 탱자나무 가운데 천연기념물 제78호인 강화 갑곶리 탱자나무는 키 4.2미터, 뿌리 부분 둘레 2.1미터의 큰 탱자나무다. 나무는 뿌리 부분에서부터 줄기가 여럿으로 갈라져 자라는 관목의 전형적 생김새로 자랐다. 탱자나무 홀로 버티기에 매우 어려운 조건이었지만 사람들의 극진한 보살핌에 힘입어 300년에 걸쳐 건강한 상태를 유지했다.

갑곶리 탱자나무는 한때 '강화역사관'이었고, 지금은 '전쟁박물관'으로 불리는 의미 있는 기념관이 자리잡은 강화도 동편 해안가에 서 있다. 나라를 지키기 위한 역사의 흔적 가운데 하나로 갑곶돈대가 남아 있는데, 이를 중심으로 옛 역사를 돌아보기 위해 세운 박물관이다. 강화 부근리 지석묘 근처에 강화역사박물관을 건립하기 전까지는 강화도의 역사를 한눈에 볼 수 있는 강화역사관으로 운영되던 곳이기도 하다. 역사관이라는 이름은 내려놓았지만 여전히 갑곶돈대를 중심으로 이 나라 수난의 역사를 살펴볼 수 있는 유적지다. 탱자나무는 갑곶돈대 가까이로 이어지는 언덕 기슭에 서 있는데, 이 언덕이 탱자나무로서는 견디기 힘들었을 찬 바람을 막아주는 천연의 담장 역할을 했지 싶다.

그러나 천연기념물 제79호인 강화 사기리 탱자나무는 사정이 조금 다르다. 서쪽 바다를 향해 널리 펼쳐진 들판에 홀로 서 있는 사기리 탱자나무는 죽을 고비를 몇 차례 넘겼다. 무엇보다 그를 힘겹게 했던 건 바다에서 불어오는 찬 바람이었다. 들녘에는 바닷바람으로부터 그를 지켜줄 아무것도 없었다. 겨우 목숨은 이어갔지만 줄기의 상당 부분이 오래전에 썩어들었다. 사람들은 나무의 썩은 부분을 덜어내고 텅 빈 공간을 충전재로 메워 보강했지만, 나무의 생육 상태는 그다지 좋아지지 않았다.

결국 나무를 보존하려는 사람들의 간절한 노력에도 불구하고 서쪽으로 뻗었던 가지는 완전히 죽고 말았다. 죽은 가지는 나무 바로 곁에 있는 큰 바위에 드러눕듯이 애처로운 형상으로 기대었고, 그나마 동쪽에서 곧게 자란 가지만 살아남았다. 한창때 강화 사기리 탱자나무는 키나 뿌리 굵기 등이 모두 갑곶리 탱자나무와 비슷한 크기였다고 하지만, 오랜 우여곡절을 겪고 살아남은 지금의 모습은 그에 훨씬 못 미친다. 지금은 키가 3.6미터 정도다.

불과 20년 전만 해도 사기리 탱자나무는 더 오래 살아가기 어렵겠구나 생각할 만큼 생육 상태가 심각했다. 그러나 나무는 모질게 살았다. 최근에는 동쪽 가지의 뿌리 부분에서 새로 맹아지가 돋아나서 빠르고 건강하게 자랐다. 새 맹아지가 불쑥 솟아오른 지 얼마 되지 않았지만, 이제는 언제 죽을 위기에 처했었는지 알 수 없을 정도로 옛 상처를 감쪽같이 지워내고 튼실하게 살아났다. 물론 여전히 외과 수술의 흔적을 드러낸 서쪽의 굵은 줄기는 옆으로 길게 누운 상태이지만, 늙어 죽은 가지들 사이에서 기운차게 솟아오른 동쪽의 새 가지는 마치 새로 심어 키운 젊은 탱자나무처럼 마냥 싱그럽다.

강화도의 두 그루 탱자나무는 고통의 생김새로 되살아나 마침내 간단없는 시련과 그 극복으로 이어온 우리 역사를 고스란히 증거하는 형상이 됐다. 지금 이 나무를 바라보는 느낌이 자못 새로운 건 우리 땅을 둘러싼 세계사의 흐름이 크고 빠르게 변화하는 시기인 까닭이지 싶다.

효종

볼모 생활을 도운 이 향한 각별함

충청남도 논산시 광석면. 앞들에서는 쌀이 많이 나오고, 뒷산에서는 칡이 많이 자란다 해서 갈미(葛米) 마을이라고 부르던 갈산(葛山)리. 한눈에도 풍요롭고 평화로운 이 마을에서 사람살이를 지켜주며 364년쯤 살아온 나무가 있다. 독야청청 늘 푸른 소나무다.

쌍군송(雙君松)이라는 이름의 갈산리 소나무는 나이를 정확하게 알 수 있는 나무다. 대개의 경우 300년쯤을 넘게 산 나무의 나이는 정확히 측정하는 게 매우 어려운 일이다. 다른 생명체와 마찬가지로 나무는 낡은 세포 조직을 덜어내고 해마다 새로운 세포를 돋워낸다. 오래된 세포는 나무줄기 안쪽에서 서서히 썩어 없어지기 때문에 오래된 생명의 흔적은 찾을 수 없게 된다.

그림에도 갈산리 쌍군송은 정확히 364년, 조금 틀려봐야 고작 2, 3년쯤의 오차가 있을 뿐이다. 누가 언제 심은 나무인지가 전해지기 때문이다. 바로 조선 중기의 임금 효종의 기념식수가 바로 이 나무다.

인조의 둘째 아들로 태어난 효종(孝宗, 재위 1649~1659)은 1626년(인조 4)에 봉림대군(鳳林大君)으로 봉해지면서부터 비극의 세월을 시작했다. 인조의 우유부단한 대외정책으로 1636년에 병자호란이 벌어지자 인조는 청나라 태종에게 항복하고 군신(君臣)의 의를 맺은 뒤, 아들인 소현세자(昭顯世子)와 봉림대군을 볼모로 넘겨주는 치욕을 당했다. 뒤에 효종이 되는 봉림대군이 볼모로 청나라에 잡혀 있던 시절은 무려 8년이나 된다. 봉림대군은 소현세자의 동생이었지만 인조로부터 미움을 받던 소현세자가 청나라에서 돌아와 변사(變死)한 뒤 곧바로 세자에 책봉되었으며, 1649년 인조가 죽자 왕위에 올랐다. 당시 소현세자의 맏아들 석철이 원손이었지만 인조에 의해 폐위되고 봉림대군이 세자로 책봉됐다. 이는 나중에 서인과 남인이 벌인 정쟁의 실마리가 됐다. 왕위에 오른 봉림대군 효종은 오랫동안 치욕적인 볼모 생활을 거친 청나라에 대한 설욕의 뜻을 이루고자 했다. 이는 자연히 볼모 생활 중에 소현세자와 자신을 시중하던 관료들에 대한 각별한 대우로 이어졌다.

논산 갈산리 쌍군송도 그런 사례 가운데 하나다. 갈산리 갈미 마을에는 권육(1588~1655)이라는 선비가 살았다. 병자호란 때 소현세자와 봉림대군을 호위하기 위해 청나라에 따라 들어갔던 그는 중국의 앞선 문물과 과학서를 두루 접했다. 고국에 돌아와서는 이를 바탕으로 요긴한 생활품과 병기를 지어냈다. 나중에 예조판서까지 지냈던 그가 예순일곱 살에 세상을 떠나자 효종은 손수 소나무 두 그루를 골라 그의 묘 앞에 심도록 했다. 1655년의 일이다.

마을 사람들은 임금이 내린 한 쌍의 소나무가 황송했고, 임금의 뜻을 오래도록 기리기 위해 임금 군(君) 자를 내세워 쌍군송이라는 이름으로 불렀다. 그 소나무가 여태껏 푸르게 살아 있는 것이다. 처음에 튼실한 묘목을 심었으니 당시에 대략 3년쯤 된 묘목으로 볼 수 있겠다. 나무의 나이를 364살쯤으로 추정하는 근거다.

쌍군송은 1982년에 충청남도 기념물 제27호로 지정한 두 그루의 곰솔이다. 한 그루는 16미터의 키에 3미터 가까이 되는 둘레를 가졌고, 자람이 조금 늦은 다른 한 그루는 12미터의 키에 2미터가 넘는 굵기를 가졌다. 같은 시기에 심은 나무이지만 바람과 햇살을 따라 자람에는 차이가 생겼다. 게다가 그중 한 그루는 얼마 전에 심하게 불어닥친 바람에 큰 나뭇가지 하나가 부러졌다.

마을 안쪽 동산에 10여 미터의 거리를 두고 서 있는 한 쌍의 곰솔은 제가끔 마을의 살림살이를 보살피듯 허리를 마을 쪽으로 살짝 굽혔다. 살아온 연륜에 비해 규모가 큰 나무라 할 수야 없지만, 오랫동안 마을의 자존심으로 지켜온 만큼 큰 나무의 기품을 갖췄다. 크지 않아도 여느 큰 나무 못지않은 도도한 기품을 갖춘 쌍군송은 지난 세월 동안 그랬던 것처럼 여전히 마을의 자랑거리이자 자부심이다.

나무 곁으로는 나무가 넉넉히 자랄 수 있는 생육 공간을 두고, 둘레에 울타리를 쳐서 엔간한 사람은 접근하지 못하도록 막았다. 울타리 한쪽에 여닫이문이 있지만 커다란 자물쇠가 입을 앙다물고 나무를 지키고 있다.

갈산리 쌍군송은 사람과 나무가 서로 보살피고 자랑하며 더불어 살아가는 법을 침묵으로 보여주고 있다. 하기야 사람살이를 지켜주

마을 사람들은 임금이 내린 한 쌍의 소나무가 황송했고, 그 뜻을 오래도록 기리기 위해 임금 군(君) 자를 내세웠다.

- 논산 갈산리 쌍군송

는 나무가 어디 갈산리 쌍군송뿐이겠는가. 나무 없이 세상의 어떤 생명체가 살아남을 수 있으랴.

봉림대군의 볼모 생활과 관련한 나무가 한 그루 더 있다. 충청남도 부여군 규암면 진변리 마을 어귀에 서 있는 '부여동매'라는 이름의 매실나무다. 이 나무는 효종 때 영의정을 지낸 이 마을의 백강(白江) 이경여(李敬輿, 1585~1657)와 관련된 이야기를 담고 있다. 세종의 /대손이기도 한 이경여는 이 마을의 대표적인 인물로, 1601년(선조 34)에 사마시를 거쳐 광해군 때에 벼슬길에 올랐다. 그러나 광해군의 실정이 심해지자 벼슬을 버리고 낙향해 고향인 부여 진변리에 머물렀다. 인조반정으로 광해군이 물러나자 광해군의 정치 행태를 거부했던 이경여가 조정의 부름을 거부할 일이 없었다. 그는 수찬(修撰)이라는 벼슬로 인조의 지근거리에서 활동했다. 특히 '이괄의 난'으로 공주에 피신한 인조를 보필하며 인조의 총애를 받았다. 이괄의 난이 평정된 뒤에 이경여는 부제학(副提學), 좌승지, 전라도관찰사 등 여러 벼슬을 지냈다. 그는 또 1636년 병자호란이 일어났을 때에도 인조를 시중하며 남한산성에 함께 있었고, 1642년에는 봉림대군과 함께 선양(瀋陽)에 억류되기도 했다. 배청친명파(排淸親明派)로 몰렸던 이경여는 조선이 청나라 연호를 쓰지 않는 이유로 청나라의 노여움을 사게 된 상황에서 청나라에 갔다가 다시 억류되어 이듬해에 돌아왔다는 게 공식적인 기록이다.

그러나 마을 사람들이 전하는 마을의 선조 이경여에 대한 이야기는 조금 다르다. 병자호란 때 청나라에 항복한 조선은 소현세자를 비롯해 봉림대군과 인평대군을 청나라에 볼모로 잡혀가게 했는데,

북벌을 향한 그의 뜻은 이루어지지 않았고, 그와 관련한 몇 그루의 나무만 남았다.

– 부여 진변리 부여동매

이때 이들과 함께 억류되었다는 이야기다. 인평대군은 이듬해 돌아왔으나 이경여는 1650년까지 8년 동안 소현세자, 봉림대군과 함께 중국 선양에 억류되어 있었다는 이야기다.

이경여에 대한 사실에 차이가 있는 것처럼 그가 심었다는 부여동매에 얽힌 이야기 또한 다르다. 마을 사람들의 이야기에 따르면 선양에 억류되어 있던 시절에 이경여는 창밖에 동매가 피는 것을 보고 이역만리 타국에서 향수를 달랬으며, 귀국길에 한 그루의 매실나무를 가져와 지금의 부산서원 앞에 심었다는 설이다. 이경여는 추운 겨울에 꽃이 피는 이 매화를 동매(冬梅) 또는 설중매(雪中梅)라 불렀다고 하는 게 마을 사람들이 오랫동안 믿어온 이야기다.

다르게 전하는 이야기도 있다. 이경여가 명나라에 사신으로 갔다가 매실나무 세 그루를 가져와 심었는데, 그때 가져온 세 그루 가운데 두 그루는 고사하고 나머지 한 그루가 일제 강점기 때까지 잘 살았는데, 그마저도 일제 강점기 말기에 불에 타 죽었고 현재의 동매는 불에 타 죽었던 나무뿌리에서 싹이 나 자란 것이라고 한다. 현재 문화재청의 공식 기록에 적힌 부여동매의 내용이 그렇다.

두 이야기의 차이가 커서 어느 쪽을 믿어야 할지 헷갈린다. 공통적인 건 마을의 선조 이경여가 심어 키우고, 이를 여태까지 마을을 지키며 살아가는 후손들이 애지중지 보호하고 있다는 사실뿐이다.

힘없는 나라의 한을 어떻게든 풀어보려 애썼던 효종은 북벌을 이루기 위해 군사를 양성하고 군비를 확충하여 1654년에는 한강변에서 1만 3,000명의 병사가 펼치는 대대적인 관병식을 거행했으며, 이때 마침 제주에 표류해온 네덜란드인 하멜과 그의 일행들에게 서양식 무기를 제조하게 하여 그 무기를 시험하기도 하였다. 그러나 청나라의 국세가 더 강대하게 일어나자 북벌의 기회를 얻지 못했다. 더구나 내부에서는 사대부의 반대까지 겹쳤다. 사대부의 지지를 받지 못한 효종은 정책의 동력을 상실했고, 뜻을 이루지 못한 채 스러졌다. 북벌을 향한 그의 뜻은 결국 그와 관련한 몇 그루의 나무에만 남았다. 그 안에 담긴 한 많은 사연조차 정체가 불분명하게 떠도는 전설이 되어 가물가물한 옛이야기가 되고 말았다.

고종

우리 민족의 대표 소나무를 심다

세상의 모든 살아 있는 생명들이 그러하지만 나무 역시 홀로 살아가지 않는다. 그럴 수 없다. 숲에서의 생명을 이어가기 위해 다른 생물들과 밀접하게 맺는 물리적인 관계는 물론이지만 그게 끝이 아니다. 사람과 더불어 살아가기 위해 나무는 어쩔 도리 없이 사람의 문화와 역사를 제 몸 안에 새겨 넣어야 한다. 결국 한 그루의 나무가 가진 문화적 의미와 가치를 온전히 새겨보기 위해서는 나무가 사람과 어떤 관계를 어떠한 시기에 어떻게 맺었는지 살펴보아야 한다. 나무 안에서 인문학의 알갱이를 탐구하려는 이유가 바로 거기에 있다.

삼척의 낮은 동산 마루에는 우리 민족이 얼마나 소나무를 사랑하는 소나무 문화 민족인지를 알려주는 의미 깊은 나무가 한 그루 있다. 바로 삼척 준경묘(濬慶墓)의 금강소나무다. '미인송'이라는 별명으로도 많이 부르지만 공식적인 명칭은 아니다. 굳이 나무에 붙은 공식적인 이름을 끄집어내야 한다면 '정이품송과 혼례소나무'라고 해야 할 것이다. 어법상 혼돈이 없는 건 아니지만, 나무 바로 앞에 낭낭하게 서 있는 입간판에 적힌 공식 명칭이 그렇다. 영문 이름은 'Bride of the Jeongipum Pine Tree'로 돼 있다. 어법으로 보면 한글보다 영문이 더 명쾌하다. 즉 충청북도 보은 속리 정이품송과 혼례를 치른 소나무라는 이야기다.

100년쯤 된 이 금강소나무를 제대로 알려면 지난 2001년 5월에 전통 혼례 방식으로 떠들썩하게 혼례를 올린 그의 부군인 정이품송부터 짚어봐야 한다. 천연기념물 제103호인 보은 속리 정이품송의 전설은 조선의 세조가 속리산 법주사로 행차하던 중에 이 소나무의 늘어진 가지가 임금의 가마를 막아 세웠다는 데에서 시작한다. 세조는 몸소 "연(輦, 임금이 타고 다니던 가마) 걸린다"라고 한마디 던졌고, 이를 알아들은 소나무가 곧바로 가지를 치켜들어 임금의 행차를 도왔다고 한다. 이를 신통하게 여긴 세조는 나무에 정이품이라는 현재의 장관급에 맞먹는 벼슬을 내렸다는 전설을 가진 나무다.

정이품송은 이처럼 나무를 사람 못지않게 귀하게 여긴 특별한 전설을 가진 우리나라의 대표적인 소나무로 오랫동안 우리 민족의 사랑을 받은 나무이지만, 이제는 늙고 건강이 상해 예전의 융융하던 기세를 잃고 말았다. 지나친 복토를 비롯해 솔잎혹파리의 습격 등 나무를 덮친 여러 재해를 더 이상 이겨내기 버거워졌다.

소나무를 가장 좋아하며, 그 소나무 가운데에서는 가장 아름다운 소나무로 정이품송을 꼽는 데에 머뭇거리지 않는 우리 국민은 이 땅에서 정이품송을 더 오래 보고 싶었다. 어쩔 수 없이 정이품송이 죽어야 한다면 그만큼 아름다운 나무를 다시 볼 수 있기 원했다. 정이품송의 유전자를 보존해서 꼭 닮은 자손 나무를 얻어 정이품송의 대를 잇자는 데로 생각이 이어졌다. 물론 최근에는 천연기념물처럼 우수한 나무의 유전자를 보호하기 위해 후계목을 키우는 경우가 적잖이 있다. 그러나 정이품송에 대해서만큼은 그보다 훨씬 전에 유전자를 보존하려는 생각이 절실했다는 이야기다.

오래전부터 정이품송에게는 부인이 있었다. 이른바 정부인 소나무다. 정이품송의 오래된 정부인은 정이품송 못지않게 크고 아름다운 소나무다. 바로 천연기념물 제352호인 보은 서원리 소나무다. 서원리 소나무를 정부인송이라고 부를 때만 하더라도 정이품송은 수세가 그리 나쁘지 않았다. 정이품송의 후계목을 얻겠다는 바람보다는 그저 정이품송 부근에 그만큼 훌륭한 나무가 있다는 걸 기념하겠다는 뜻에서 붙인 이름이었다.

그러나 차츰 정이품송의 임종을 준비해야 할 만큼 나무의 사정이 나빠진 뒤로 상황은 달라졌다. 정이품송의 유전자를 보존하는 게 더 급했다. 이 같은 생각에서 사람들은 정이품송의 배필을 정하기로 했다. 그게 생각만큼 간단한 일이 아니었다. 오래도록 정부인의 자리를 지켜온 나무가 있으니 그를 통해 유전자를 보존할 수도 있는 일이었다. 하지만 보은 서원리 소나무가 정부인의 지위를 가진 것은 앞에서 짚어본 것처럼 유전자 보존의 의미 때문이 아니었다. 서원리 소나무가 훌륭한 나무이긴 하지만 정이품송의 유전자를 이어받기에는 아쉬움이 있었다. 이미 오랜 세월을 살면서 생식능력이 약해졌을 뿐 아니라 정이품송이 하나의 굵은 줄기로 우뚝 솟아오른 수형인 것과 달리 뿌리 부분에서부터 줄기가 둘로 나뉘면서 자란 것도 문제였다. 그가 낳을 후손이 어떤 모습으로 나올지 확신할 수 없었던 게다.

그래서 다시 정이품송의 유전자를 가장 정이품송답게 이어갈 수 있는 대상을 찾아야 했다. 전국의 소나무를 골고루 조사한 끝에 정이품송의 유전자를 가장 잘 물려받을 소나무 종류로 우선 금강소나무를 선택했다. 하나의 굵은 줄기가 곧게 높이 자란다는 점에서 정이품송과 유사한 형태로 자랄 가능성이 가장 높은 나무라고 생각한 때문이다. 그러고는 금강소나무 가운데에서 건강하면서도 잘생긴 소나무를 온 나라 안에서 수소문했다. 한참을 찾은 끝에 마침내 삼척 지역의 금강소나무 군락이 눈에 들어왔다. '삼척 준경묘·영경묘'라는 이름으로 사적 제524호에 지정한 묘역 주변의 숲이다.

삼척 준경묘는 《용비어천가》의 '해동 육룡이 나르샤' 구절에 나오는 육룡 가운데에 첫째 시조인 목조의 아버지 이양무(李陽茂, ?~1231) 장군의 묘지다. 조선 왕조 최고의 선대묘인 셈이다. 이양무 장군은 전주 이씨의 본토인 전주에 살다가 삼척 지역으로 이주한 뒤 이곳에서 죽어 묻혔다고 한다. 이성계는 조선을 건국한 뒤 선대의 묘를 찾으라는 어명을 내렸다. 아무래도 정권의 뿌리가 부실했던 이성계로서는 정권의 당위성을 신화적으로 창조해서라도 강조할 필요가 있었을 게다.

전주 이씨의 후손 이성계의 선조 가운데 한 사람인 이양무가 오지인 이곳 삼척에 자리잡게 된 연유도 흥미롭다. 이성계의 선조는 대대로 전주에서 살았다. 그런데 이성계의 4대조인 이안사(李安社, ?~1274)는 고려 후기의 전주 호족이었다. 그는 전주 관아의 관기를 좋아했는데, 이 기생을 놓고 전주에 부임한 별감과 다툼을 벌인 일이 있었다. 그때 별감이 군사를 동원하여 이안사를 치려 한다는 소식을 접하고 황급히 피난하여 자리잡은 곳이 삼척이었다. 이안사를 따라 삼척으로 옮겨온 전주 이씨 가문은 모두 170가구쯤 되었다고 한다. 이안사가 삼척을 선택한 건 그의 아버지 이양무가 삼척 이씨 이강제(李康濟)의 딸과 혼인했다는 사실과도 연관지어 생각할 수 있다.

그리하여 이안사 일가는 삼척 활기리에 터잡고 살게 됐는데, 그로부터 1년 지난 뒤에 이안사의 아버지 이양무가 죽었다. 이안사는 아버지 묏자리를 구하려고 사방을 헤매던 중에 마침 활기리 산마루에 들어 잠시 쉬던 때가 있었다. 그때 한 노승이 동자승과 함께 지나면서 지금의 준경묘가 있는 자리를 가리키며 '길지(吉地)'라고 말하는 걸 들었다. 노승은 "여기에 소 백(百)마리를 잡아서 제사를 지내고, 시신을 금관(金棺)에 안장해 장례를 치르면 5대손 안에 나라를 바로잡는 임금이 태어날 것"이라고 말했다. 노승의 이야기를 훔쳐들은 이안사는 아버지의 묏자리를 그곳에 쓰고 싶었지만, 소 100마리와 금으로 지은 관을 구하는 게 불가능했다. 그러자 궁여지책으로 이안사는 흰 소 한 마리를 구해 제사를 지낸 뒤, 귀리짚으로 관을 만들어 아버지의 장례를 치르고 노승이 가리킨 명당 자리에 아버지의 묘를 세웠다. 이안사는 100마리의 백(百)을 흰 백(白)으로 대신하고, 노란 귀리짚으로 금을 대신한 것이다. 600여 년 전에 처음으로 준경묘가 터잡게 된 연유에 얽힌 전설이다. 백우금관(百牛金棺)의 설화라고도 한다.

태조 이성계는 자신의 뿌리인 이양무 장군의 묘역을 정비하고, 이곳에서 국가적인 제사를 올렸으며 묘역을 철저하게 관리했다. 더불어 당시 현이었던 삼척을 부로 승격시키기까지 했다. 그렇다면 지금 이 준경묘 숲에 있는 나무들은 이성계가 조성한 때부터 존재했던 것으로 볼 수 있겠지만, 숲의 나무는 고작해야 100년 정도 되는 나무들이다. 100년 전이라면 태조 이성계가 아니라 그로부터 훨씬 뒤인 고종 때다.

그러고 보면 지금 준경묘의 아름다운 금강소나무를 심은 사람은 고종이라는 이야기가 된다. 조선 왕조 내내 성역으로 지켜오던 이 묘역은 1899년(광무 3) 4월 16일에 고종이 공식적인 선조의 묘로 추봉하고 묘와 재각, 비각 등을 수축, 정비하는 등 대대적인 정비 작업에 착수했다. 태조 이성계가 혼란한 정국에서 자신의 권위를 강조하기 위해 묘역을 정비했던 것과 마찬가지로 고종 역시 혼란한 정국에서 자신의 권위를 세우기 위한 고육지책으로 자신의 뿌리인 선조의 묘를 정비하고 조상의 음덕에 기대고자 했던 것으로 짐작된다.

이때 묘역 주변을 더 아름답게 꾸미기 위해 심은 나무가 금강소나무였다. 그러니까 지금 준경묘역에 둘러 서 있는 아름다운 금강소나무들은 고종 때인 100여 년 전에 심어 키운 것이 시작이라 할 수 있다. 이때 함께 정비한 묘역으로 영경묘(永慶墓)가 있다. 영경묘는 준경묘에서 4킬로미터쯤 떨어진 곳에 있는 이양무 장군의 부인 평창 이씨의 묘다. 영경묘 역시 금강소나무로 에워싸인 주변 풍광

곧게 뻗은 나무줄기의 끝부분은 그야말로 아득히 멀다.

- 삼척 준경묘 금강소나무

이 아름답기로 유명한 묘역인데, 이 두 곳을 합해 국가 지정 사적으로 보호하는 중이다.

정이품송의 대를 이어갈 후손을 생산할 건강하고 아름다운 금강소나무를 바로 이 삼척 준경묘의 금강소나무 가운데에서 찾은 것이다. 2001년 당시 이 금강소나무는 95년 된 나무로, 정이품송에 비하면 무척 어린 셈이다. 나무는 키가 30미터를 넘으며, 가슴높이 줄기 둘레도 2미터가 넘는 장대한 금강소나무로 정이품송을 닮은 후손을 생산할 수 있는 가능성이 높다고 보았다. 또 생육 상태가 건강하다는 점도 그를 간택한 이유의 하나였다.

삼척 준경묘 금강소나무 숲의 다른 나무들도 모두 훌륭하지만 특히 이 정이품송의 새 부인 소나무는 그 기세가 대단하다. 나무 앞에서서 나무 꼭대기를 쳐다보려면 고개가 아플 정도로 높지거니 솟았다. 곧게 뻗은 나무줄기의 끝부분은 그야말로 아득히 멀다. 엄청나다는 생각을 하지 않을 수 없다.

마침내 2001년에 전통 방식의 혼례식이 치러졌다. 혼례의 주례는 산림청장이 맡았고, 신랑 측 혼주는 정이품송의 고향인 보은의 군수가, 신부 측 혼주는 준경묘 금강소나무의 고향인 삼척의 시장이 맡았다. 보은의 정이품송에서 꽃가루를 받은 함은 보은군의 초등학교 남자아이가 들고 혼주인 보은군수와 함께 삼척 준경묘로 왔다. 준경묘 미인송 앞에서는 일찌감치 보은의 초등학교 남자아이가 전해줄 꽃가루 함을 받을 삼척의 초등학교 여자아이가 삼척시장과 함께 꽃단장을 하고 기다렸다. 마침내 정이품송의 꽃가루가 담긴 함은 주례인 산림청장에게 전달됐고, 이 함은 다시 삼척시의 신부측에게 건네졌다. 삼척의 어린 여자아이가 받은 함 안에 담긴 꽃가루는 트리클라이밍에 익숙한 아보리스트가 받아들고 30미터 높이의 소나무 줄기를 타고 올라가 세심하게 암꽃미리에 묻혀주며 혼례를 마쳤다. 그로부터 2년 뒤 마침내 삼척 준경묘 미인송의 가지 위에서 잘 여문 솔방울을 채취해 정이품송의 후계목을 키워낼 수 있게 됐다.

그즈음 오랫동안 정이품송의 정부인으로 살아왔던 보은 서원리 소나무에서도 전통 혼례식이 치러졌다. 삼척 준경묘의 미인송과 혼례를 치른 뒤인 2002년과 2003년의 일이다. 정부인 자격으로는 뒤늦은 혼례였다.

삼척 준경묘 미인송에서 생산한 정이품송의 후계목은 서울 남산을 비롯해 대전정부청사, 광릉수목원, 속리산휴게소 등 우리나라 곳곳에 옮겨 심어 잘 키우고 있다. 한 그루 소나무의 유전자를 보존하기 위해 전통 혼례를 치르고, 그 후계목을 키워나가려 애면글면한 정성은 우리 민족이 얼마나 소나무를 아끼는 민족인지를 돌아볼 수 있는 좋은 사례라 할 만하다.

물론 이 후계목들이 얼마나 정이품송과 같은 수려한 모습으로 자랄지는 앞으로 더 두고 봐야 한다. 나무는 바람과 하늘과 별을 바라보며 사는 생명체이니까.

5장

마땅히
있어야 할 자리를 찾아

김구

조국 수난사의 숨결을 가득 담고

1895년 대한제국의 마지막 왕비 명성황후가 일본인 자객에 의해 살해됐다. 그로부터 1년 뒤 일본의 특무장교 한 사람이 처참하게 살해됐다. 조국의 왕비를 살해한 일본인 자객에 대한 한을 품고 살아가던 열혈 청년 백범(白凡) 김구(金九, 1876~1949)의 맨손에 의한 처단이었다.

백범 김구는 열일곱 살에 조선시대 최후의 과거에 응시하였으나 뜻을 이루지 못했다. 그러나 오히려 그즈음에 그는 벼슬에 오르지 못한 사정을 계기로 벼슬자리를 사고파는 당시의 부정과 부패를 살펴보게 됐다. 청년 김구는 부정한 세태에 울분을 참지 못하여 동학에 들어 황해도 지역을 담당하는 도유사(都有司)가 됐다. 열아홉 살에는 팔봉접주(八峰接主)가 되어 동학군의 선봉장으로 해주성(海州城)을 공략한 적도 있는데, 이때 그와 필생의 관계를 맺는 안중근(安

重根, 1879~1910)을 만났다.

이미 어린 시절부터 민족의식과 정의감이 넘쳤으며, 비분강개하는 기운이 넘쳐났던 그는 마침내 스물한 살 되던 1896년 2월 안악 치하포(鴟河浦)에서 일본군 특무장교 쓰치다(土田壤亮) 중위를 처단하고 체포됐다. 명성황후가 살해된 이듬해의 일이다. 곧이어 그는 사형이 확정됐지만 고종의 특사로 사형은 면한 채 인천 감옥에서 수형 생활을 했다.

하지만 열혈남아 김구는 탈옥에 성공하여 충청도 땅 공주의 마곡사(麻谷寺)로 숨어들어 승려가 됐다. 본래 이름이 창수(昌洙)였던 그는 원종(圓宗)이라는 법명으로 수도 생활을 시작했다. 1898년의 일이다. 이듬해인 1899년에 김구는 서울의 봉원사를 거쳐 평양 대보산(大寶山) 영천암(靈泉庵)의 주지로 주석하기도 했지만, 악랄하게 이어지는 일본의 치욕적인 침탈을 두고 볼 수 없어 결국은 승려복을 벗어던졌다. 주지 생활은 몇 달 하지 못했다. 원종이라는 법명을 버린 그는 김두래(金斗來)라는 이름으로 새 삶을 시작했다. 광대한 꿈을 갖고 열혈남아 김구는 조국을 떠났다. 오로지 조국의 광복에 일생을 바치기로 마음을 다잡았다.

김구의 조국 광복 투쟁은 치열하게 이어졌다. 그는 우리 스스로의 손으로 일본을 물리치고 조국의 주권을 회복하려 했지만, 일본은 세계대전의 흐름에 밀려 이 땅에서 물러갔다. 끝내 스스로 일본을 몰아내지 못했다는 아쉬움을 안고 김구는 조국에 돌아왔다. 무너앉은 조국의 일상을 되돌리기에는 할 일이 많았다. 그 많은 일의 실마리를 김구는 자신에게 의미가 있는 지역에서 대중 모임을 여는

아름다운 풍광을 자랑하는 마곡사의 나무에는 이 땅의 광복과 해방을 간구한 한 사내의 염원이 담겨 있다.

– 공주 마곡사 백범 향나무

데에서 시작했다. 첫 번째로 그가 찾은 곳은 수형 생활을 했던 인천 감옥이었고, 다음으로는 3년 동안 승려 생활을 하던 마곡사였다.

마곡사를 찾은 그는 조국의 완전한 광복을 염원하는 마음으로 나무를 심었다. 승려 생활을 하던 옛일을 '영원히 잊지 않겠다'는 마음과 함께 무궁화 한 그루와 향나무 한 그루를 절집 마당에 심었다고 《백범일지》에 기록했다. 그가 심은 무궁화는 지금 찾아볼 수 없지만 그때 심은 향나무가 아직 마곡사 경내에 살아남았다. 나이라고 해봐야 일흔 살이 채 안 되는 작은 나무이지만 마곡사와 이 민족 수난의 역사를 기억하는 큰 상징이다. 마곡사 마당에서 도담도담 잘 자라고 있는 이른바 '백범 향나무'다. 우람한 크기로 자란 것은 아니지만 절집 마당의 눈에 띄는 자리에 서 있기 때문에 누구나 한 번쯤은 그 나무 앞에서 걸음을 멈추게 된다.

키는 불과 5미터 남짓밖에 안 되며, 가슴높이 줄기 둘레라 해봐야 1미터가 채 안 되는 작은 나무다. 작지만 한눈에도 이 나무가 절집 사람들에게 얼마나 귀하게 여겨지고 있는지를 충분히 짐작할 수 있다. 무엇보다 이 작은 향나무 앞에 세워놓은 안내 표석이 우선 그런 생각을 하게 한다. 처음에 이 나무는 경내에 들어서기 위해 거쳐야 하는 극락교를 건너자마자 가장 눈에 띄는 자리에 있었다. 그 자리에서 사람들의 눈길을 받으며 나무는 잘 자랐다. 그런데 한때 나무의 생육 상태가 좋지 않았던 적이 있었다. 여러 조사 끝에 나무 곁으로 흐르는 개울에서 올라오는 습기가 나무에 좋지 않은 영향을 미친다는 판단을 했다. 습기뿐 아니라 사람의 통행이 잦은 곳이어서 나무의 생육에 좋을 게 없다는 판단도 덧붙여졌다. 결국 나무의 자리를 옮기기로 결정했다. 그래서 옮긴 자리는 예전에 김구가 승려 생활을 할 때 머무르던 요사채 앞이다. 나무의 위기를 피하기 위한 방책이었지만 결과적으로는 오히려 잘됐다 싶다.

백범 향나무는 절집 사람들의 극진한 보살핌을 받아서인지 혹은 끊임없이 이어지는 나그네들의 눈인사 탓인지 아름다운 모양으로 자랐다. 생김새가 여느 절집의 500년 된 다른 향나무에 결코 모자람이 없으리라 생각하게 되는 것은 나무에 담겨진 뜻을 먼저 생각한 탓일지도 모른다. 이 정도의 기품을 갖춘 나무라면 굳이 오랜 세월을 살아온 나무가 아니라 해도 지나는 사람들의 눈길을 받을 만하다는 생각이다.

줄기에서 독특한 향이 나는 향나무는 소나무, 은행나무, 느티나무와 함께 우리나라에서 가장 오래 사는 나무 가운데 하나다. 향기가 좋다는 까닭에 한자로는 목향(木香)이라고 쓰기도 한다. 옛날에 대부분의 향기는 나무에서 만들어냈는데, 그 대표적인 나무가 향나무다. 특히 향나무의 향기는 몸과 마음을 맑게 할 뿐 아니라 그 향기가 하늘 끝까지 퍼져나간다는 생각에서 하늘과 사람을 연결해주는 중요한 수단으로 여겨왔다. 불가의 모든 의식이나 민간의 제사 때에 향불을 피우는 것도 그래서다.

향나무는 그래서 예부터 우리 생활의 필수품이었고, 사람들은 보다 고급 향을 가진 향나무를 얻기 위해 갖은 애를 다 썼다. 옛사람들의 그 같은 노력 가운데에 우리 조상들에게는 특별한 의식이 있었다. 바로 매향(埋香)의식이다. 매향은 민간에서 얻기 어려운 침향(沈香)을 얻기 위한 의식을 말한다. 침향을 태울 때 나는 진기한 향기는 정신을 맑게 할 뿐 아니라 건강에도 뛰어난 효과를 보인다고 하여 옛사람들은 보석보다 더 귀하게 여겨왔고, 임금이나 귀족들만이 사용할 수 있었다. 민간에서는 침향을 피우는 것이야말로 극락왕생으로 들어서는 길이라고 믿었지만, 값이 비싸고 구하기도 어려운 침향은 평범한 백성들이 쉽게 얻을 수 없었다. 그래서 민간에서는 우리나라에서 흔히 자라는 향나무를 오랫동안 땅속에 묻어두면 침향이 될지도 모른다는 생각으로 향나무를 땅속에 몇백 년 동안 묻어두고 기다렸다. 좋은 품질로 바뀐 침향은 자연스레 바다에서 용이 솟아오르듯 스스로 떠오르게 되고 그때가 바로 미륵 세상, 즉 민중의 꿈이 실현되는 때라는 생각이었다.

향나무는 뿌리를 내리는 방법이 특이하다. 향나무의 열매는 땅에 떨어져 저절로 뿌리를 내리지 않는다. 이 열매가 뿌리를 내리려면 열매를 새들이 먹은 뒤 배설물에 섞여 나와 땅에 묻혀야만 한다. 새의 뱃속에서 열매껍질이 산성의 소화액에 의해 부식된 뒤에 싹이 트기 좋은 상태로 배설물에 섞여 나와야 뿌리를 내리게 된다. 이때 새의 배설물은 땅에 떨어진 향나무 씨앗에 적당한 온도와 영양분을 제공해 뿌리를 내리고 싹이 틀 때까지 알맞은 보호 역할까지 한다.

마곡사는 빼어난 자연환경을 갖춘 곳으로도 빼놓을 수 없지만, 충청남도 지역 불교의 중추적 역할을 담당해온 거찰(巨刹)의 면모를 갖춘 절집이다. 640년에 신라의 고승 자장율사가 세운 절집으로 알려져 있다. 마곡사라는 이름은 큰스님들의 설법을 들으려 절집에 몰려든 사람들이 마치 삼[麻]밭에 삼이 늘어선 것과 같이 골짜기[谷]를 가득 메웠다고 해서 붙여졌다고 한다. 공주 남동쪽의 계룡산 갑사(甲寺)가 가을에 아름다운 절이라면, 북서쪽의 태화산 마곡사는 봄에 더 아름답다 하여 예로부터 '춘마곡 추갑사(春麻谷秋甲寺)'라고 했다. 하지만 마곡사는 봄뿐 아니라 사철 내내 아름다운 산사다.

여전히 아름다운 풍광을 자랑하는 절집이지만 마곡사에는 이 땅의 완전한 광복과 해방을 간구한 한 사내의 처절한 염원이 담겨 있다. 형태로 남지 않은 사람의 한은 그가 심은 한 그루의 나무 안에 고스란히 남았다. 마침 그가 심은 나무는 오래전부터 우리 선조들이 평화 세상의 상징으로 여겨왔던 향나무다. 아직 어린 나무이지만 오래도록 잘 보호해야 할 나무다. 해마다 봄이면 마곡사에 가서 우리네 삶의 역사 속에 큰 화두로 남은 백범 향나무를 오래오래 바라보아야 할 일이다.

심훈

민족의 염원을 담고 살아남은 상록수

그날이 오면 그날이 오며는
삼각산이 일어나 더덩실 춤이라도 추고
한강물이 뒤집혀 용솟음 칠 그날이
이 목숨이 끊지기 전에 와주기만 하량이면
나는 밤하늘에 나는 까마귀와 같이
종로의 인경을 머리로 들이받아 울리오리다.
두개골은 깨어져 산산조각이 나도
기뻐서 죽사오매 오히려 무슨 한이 남으오리까.

그날이 와서 오오 그날이 와서
육조(六曹) 앞 넓은 길을 울며 뛰며 뒹굴어도
그래도 넘치는 기쁨에 가슴이 미어질 듯하거든

드는 칼로 이 몸의 가죽이라도 벗겨서
커다란 북을 만들어 둘처 메고는
여러분의 행렬에 앞장을 서오리다.
우렁찬 그 소리를 한 번이라도 듣기만 하면
그 자리에 꺼꾸러져도 눈을 감겠소이다.

—〈그날이 오면〉

식민지 치하의 시인 심훈(沈熏, 1901~1936)은 목숨이 끊어지기 전에 해방의 그날이 오기만 한다면 "종로의 인경을 머리로 들이받아 울리오리다"라며 피 끓는 충정을 노래했다. "두개골은 깨어져 산산조각이 나도 기뻐서 죽사오매 오히려 무슨 한이 남으오리까"라고 그날을 간절히 기다렸다. 제 나라 말조차 제대로 쓰기 힘들었던 식민지시대 양심적 지식인의 애절한 희망을 이토록 간절하게 표현할 수 있을까 싶다. 소설《상록수》의 작가이기도 한 심훈이〈그날이 오면〉에 쏟아낸 조국 해방을 향한 염원은 당시의 어떤 노래보다도 치열하고 애달프다.

서울에서 태어난 심훈은 경성제일고등보통학교 시절 3·1운동에 참가한 이유로 4개월 동안 감옥 생활을 했고, 그뒤 중국의 상하이로 건너가 이동녕, 신채호 등 민족 지도자들과 교류했다. 1923년에 고국으로 돌아온 심훈은 극단을 만들어 활동하면서 문화를 통한 민족해방 운동에 앞장섰다. 그는 극본을 쓰기도 했고, 연출을 맡기도 했으며 배우로 직접 출연하기도 했다. 영화〈장한몽〉의 이수일 역으로 출연할 정도로 그의 문화 운동은 역할을 가리지 않고 적극적이었다. 1927년에는 영화 〈먼동이 틀 때〉를 원작 집필부터 각색과 감독까지 맡아서 제작하기도 했다.

이와 함께 신문기자 생활을 했던 그는 민족의 염원인 조국 광복을 희구하는 시를 모아 시집 《그날이 오면》을 내려 했으나 일제의 검열에 걸려 뜻을 이루지 못했다. 나라 잃은 지식인이 도시에서 할 수 있는 일이란 대관절 무엇이란 말인가. 심훈은 결국 도시 생활을 청산하고 당시 그의 아버지가 살고 있던 충청남도 당진군 부곡리로 찾아들었다. 1932년이다.

일제 탄압의 잔혹함 아래 붓끝을 날카롭게 벼린 심훈은 민중의 삶을 자신의 온몸으로 깨닫고자 했다. 농촌은 우리 민중의 애환이 그대로 녹아 있는 곳이다. 그는 그의 붓을 벼리고 벼려 우리 삶의 희망이 될 글을 쓰기로 하고, 글쓰기에 전념할 수 있는 오두막 한 채를 지었다.

집터로 적당한 자리를 찾던 때 그는 아끼던 상아 담뱃대를 잃어버렸다. 담뱃대를 찾으러 이곳저곳을 찾아다니다 담뱃대를 찾았는데, 그 자리에서 내다본 시골 풍광이 정겨워 그곳을 집터로 정했다고 한다. 마을의 논과 밭이 어우러져 농촌 공동체의 삶이 활발하게 이루어지는 곳이었다. 그 자리에 조그마한 오두막 한 채를 지어 올렸다.

당진 필경사(筆耕舍)다. 필경사는 '밭을 갈면서 글을 쓰는 집'이라는 뜻이다. 농민의 삶을 가까이에서 살펴보고 자신도 몸소 농사를 지으면서 농민의 삶에 오랜 세월 동안 묻어 있는 가난과 무지몽매를 깨우쳐보겠다고 생각했다. 글을 쓰되 우리 농민의 삶에 희망을

기뻐서 죽사오매 오히려 무슨 한이 남으오리까.

– 당진 부곡리 필경사 향나무

줄 수 있는 글을 쓰자는 생각에 따른 실천이었다.

집을 다 짓고 그는 한 그루의 나무를 심었다. 조국을 향한 충정, 민족의 삶을 향한 희망의 염(念)을 상징할 수 있는 나무를 골랐다. 세월이 하 수상하여도 언제나 변함없이 민족 고유의 정신과 문화를 잃지 않을 수 있는 상징이려면 사철 푸르른 잎을 가진 나무여야 했다. 또 해방의 그날을 향한 우리의 희망과 기원이 하늘에까지 닿을 수 있으려면 이 땅에 짙게 드리운 침략자의 악취를 말끔히 씻어낼 고상한 향기를 가진 신성한 나무여야 했다. 향나무는 그렇게 골라낸 나무였다.

필경사 마당 옆에 상록수인 향나무 한 그루를 심은 심훈은 생각한 대로 소설을 쓰기 시작했다. 때마침 농촌 계몽 운동에 투신했다가 영양실조와 과로로 스물여섯 살의 젊은 나이에 유명을 달리한 최용신이라는 여성의 이야기가 들려왔다. 최용신은 현재의 경기도 안산시 본오 3동 지역에서 농촌 계몽 운동을 하던 여성이다. 심훈은 최용신의 삶이야말로 우리 민족을 희망으로 이끌어줄 중요한 상징이 될 수 있으리라고 생각했다. 그녀의 이야기를 소설로 쓰기로 마음먹었다. 농촌 계몽 운동의 상황을 치밀하게 그리기 위해 심훈은 그의 조카인 심재영이 인근 마을에서 의욕적으로 펼치던 공동경작회 회원들의 농촌 활동에 동참했다. 농촌운동가 최용신의 감동적인 삶 그리고 자신이 직접 겪은 경험을 토대로 그는 소설《상록수》 집필에 매진했다. 한 해에 걸쳐 매달렸던 소설은 1935년에 탈고했다. 하지만 그로부터 얼마 뒤 그토록 그리던 조국 해방의 '그날'을 미처 보지 못한 채, 민족 작가 심훈은 소설《상록수》만을 남기고 치욕의 세상을 떠났다. 소설《상록수》는 우리 문학사의 귀중한 유산으로 남았다. 심훈이 소설 쓰듯 지극정성으로 심고 가꾼 향나무도 그의 작품과 같은 세월을 살아오면서 그와 맞먹는 의미와 무게로 푸르게 살아남았다.

필경사 향나무는 아직 100년을 채 살지 않았지만 나무 뒤쪽으로 거느린 대나무 숲과 앞쪽에 새로 심은 측백나무에 비해 유난스레 기운차다. 하긴 대개의 향나무가 여느 나무에 비해 기운찬 자태를 지녔다. 식민지 지식인으로서 민족의 정기를 되살리려 애쓴 시인 심훈의 눈에 향나무가 먼저 들어왔던 것도 그런 옹골찬 생김새 때문이었으리라.

향나무가 서 있는 자리는 단아하게 돌담으로 화단을 쌓았다. 지금으로서야 나무의 자람을 방해할 만큼이라 할 수 없지만, 앞으로 이 나무가 살아가야 할 긴 세월을 생각하면 조금 비좁지 싶은 크기의 화단이다. 그래도 깔끔하게 정돈된 탓에 초가지붕을 스쳐 향나무 줄기 아래로 휘돌아드는 매운바람이 상쾌하다.

1980년대 전까지만 해도 필경사는 아무런 관리가 이뤄지지 않았다. 그때 인근 송악읍 기지시리에서 신문사 지국을 운영하며 작가 생활을 하던 백승구 씨가 마을을 찾아왔다. 그는 이곳 출신은 아니지만 심훈 선생의 업적을 기리고 보존하는 건 당진 군민 모두가 해야 할 일이라며 팔을 걷어붙였다. 그게 1981년이었다. 백씨는 그동안 돌보지 않아 남루해진 필경사를 정비하고 심훈 선생의 기일에 맞춰 추모제를 열었다. 군청을 비롯한 어느 곳의 지원도 없었지만 마을 사람들은 누구 하나 불평하지 않고 흔쾌히 추모제 준비에 나섰다. 이 마을이 심훈 선생의 고향도 아니고 또 이 마을에 살았던 시간이 그리 긴 것도 아니었지만 처음 추모제를 열 때 자발적으로 나선 마을 사람들은 성의를 다했다고 입을 모은다. 군청에서 필경사를 본격적으로 관리하고 추모제를 맡아 진행하게 된 건 마을 사람들이 자발적으로 세 차례나 추모제를 치른 뒤부터였다고 한다.

주인 떠난 자리에서 나무는 돌보는 사람 없이 훌쩍 키를 키워 필경사의 초가지붕 위로 나뭇가지를 드리웠다. 필경사 마당에서 푸르른 민족 향의 상징으로 살아남은 향나무는 그를 심은 사람의 뜻에 따라 푸르게 잘 자랐다. 조국의 해방과 번영을 기원한 심훈의 염원을 읽기라도 하는 듯 나무는 뜸직하고 옹골차다. 가만히 바라보고 있으니 나무줄기 안의 나이테에 고이 새겨진 시인의 손길, 심훈의 문향이 선명하게 느껴진다.

살아 있는 동안 자신의 뜻을 모두 이루는 사람이 얼마나 있겠는가. 종로 거리 한복판에서 두개골이 깨어져 산산조각 나더라도 그날이 오기만 한다면, 덩실덩실 춤을 추고 싶다는 그는 '그날'이 오기 전에 그렇게 떠났다. 필경사만 오롯이 남았다. 그의 손때가 느껴질 듯 아늑한 초가지붕의 필경사에 그가 민족 해방의 뜻으로 심어 키운 향나무도 여전하다. 서재 안에서 창밖을 내다보면 바닷가 쪽으로 향나무가 보인다. 심훈이 처음 심었을 때에는 지금보다 훨씬 작은 나무였으니 창문 아래 틀에 겨우 가지 끝이 걸릴 정도였겠다.

아침이면 서재에서 몸을 털고 일어난 심훈이 물 한 바가지 떠 들고 나무에 물을 주며 정성 들이는 모습이 그려진다. 나무에 기울인 그의 정성은 조국 해방의 그날을 그린 염원의 표현이기도 했다. 나무도 알았을 것이다. 치욕의 세월을 견뎌내고, 더 푸르고 더 향기롭게 자라는 것이 자기가 이 땅에 뿌리 내린 한 가지 이유임을.

바람을 타고, 늘 푸른 나무 한 그루에서 심훈의 절창이 새어 나온다. 가느다란 잎새 사이사이로 조국 해방의 절치부심이 새겨져 있다. 식민지 세월을 견뎌 이토록 푸르게 가지를 뻗고 잎을 돋운 나무는 이 땅에 식민지 경험의 상처가 모두 닦아진다 해도 이 자리에 남는다. 이 땅의 민족정신을 생각하며 찾는 이에게 필경사 심훈의 향나무가 향(香)으로 전해야 할 이야기는 끝이 없다. 이제 고작 100년을 채 못 살았지만 앞으로 이 나무가 살아갈 세월은 그 몇 배가 넘을 것이다. 풀어내는 만큼 자신의 결 안에 담아야 할 사람들의 이야기도 그만큼 클 것이다.

서재의 작은 창 밖으로 도담도담 자라나는 상록수를 내다보며 한 자, 한 자 새겨나갔을 시인의 한(恨)을 되새겨볼 수 있는 오래오래 남겨야 하는 풍경이다.

손기정

가슴에서 침략자의 흔적을 가려주다

1936년 8월 9일, 청년 손기정이 베를린의 영웅으로 태어났다. 결승선에 도착하기 전 그의 마지막 100미터 기록은 11초였다. 전력을 다해 뛰어가는 아시아의 마라토너. 담담하고 묵묵하게 그는 결승선을 통과했다. 2시간 29분 19초 2의 세계 신기록이었다.

손기정은 1912년 신의주에서 태어났다. 소학교에 다니던 시절 신의주에 몰려온 해일이 그의 집을 덮쳐 집안이 몰락한 손기정은 어릴 때부터 가계를 돕기 위해 장사에 나섰다. 겨우 소학교를 졸업한 열여섯 살 즈음에는 압록강 넘어 중국 단둥(丹東)의 회사에 취직했다. 이때 손기정은 차비를 구할 수 없어 신의주부터 압록강 철교를 건너 회사가 있는 단둥까지 매일 뜀박질로 출퇴근했다고 한다. 무려 20리가 넘는 먼 길이었다. 궁핍한 살림살이가 오히려 마라토너로서의 체력 단련에 결정적 도움을 준 셈이다.

손기정은 어린 시절부터 달리기에 특별한 능력을 보였다. 소학교 6학년 때 중국의 단둥과 신의주 사이에 벌이는 대항 경기인 안의전(그때 단둥을 '안동'이라고 불렀기에 '단의전'이 아니라 '안의전'이라고 했다)에 출전한 그는 어른 선수들을 제치고 5,000미터 달리기에서 우승하며 재능을 인정받았다. 거의 모든 운동에서 재능을 보였지만 체력 훈련을 위한 경비를 뒷받침할 수 없었던 그가 재능을 발휘할 종목은 경비가 들지 않는 달리기뿐이었다. 소학교를 졸업하고 회사 생활을 하느라 학업은 중단했지만 달리기 연습은 계속했고, 기회가 되면 대회에도 출전하며 때를 기다렸다. 드디어 스무 살 되기 전인 1931년 10월에 열린 전국체육대회에 그는 평안북도 대표로 출전해 5,000미터에서 2위를 하며 가능성을 보였다. 이듬해에는 동아일보에서 주최한 하프 마라톤대회에 출전해 또다시 2위에 올랐다. 이때의 실력을 인정한 양정고등보통학교는 손기정을 정식 학생으로 입학시켰다. 중단했던 학업을 계속할 기회를 얻었을 뿐 아니라 본격적으로 마라토너로서 훈련을 받게 된 결정적인 계기였다.

우여곡절 끝에 그가 마라톤의 영웅으로 태어난 건 1936년 베를린에서였다. 그러나 청년 영웅은 기쁨을 고스란히 드러내지 못했다. 조국을 빼앗기고 침략자의 국기를 가슴에 달아야 했던 절망과 치욕이 앞섰던 까닭이다. 올림픽 메인 스타디움에 일장기가 오르고 일본 국가 '기미가요'가 흘러나올 때 월계관을 쓰고 시상대에 오른 손기정은 고개를 숙였다. 손기정은 의기소침했고 슬퍼 보였다. 금메달을 목에 건 청년은 부상으로 받은 작은 화분의 나뭇잎으로 일장기를 드러낸 가슴을 살며시 가렸다. 그 순간 나무는 애끓는 통한을 보들어주는 어머니와 같은 조국이었고, 그로부터 천 년을 더 살아서 이 땅에 새로 탄생할 영웅을 기다리는 올림픽 신화의 상징이었다. 청년 손기정은 자신의 부끄러운 가슴에 걸린 일장기를 가려준 한 그루의 나무를 바라보며 조국의 운명을 생각했다. 그리고 천년을 살아갈 나무에 조국 광복의 꿈과 새 영웅 탄생의 꿈을 담았다. 극악하게 우리 민족을 탄압하던 일제는 손기정의 작은 손짓에 담긴 뜻을 알아챘나. 그러고는 월계수나무로 일장기를 가리려 했다는 이유를 들어 상당 기간 동안 마라톤 경기에 출전하지 못하게 했다. 더불어 '위험인물'로 낙인찍힌 그는 일본 경찰에 의해 일거수일투족을 감시당했다.

올림픽의 영웅 손기정은 하루라도 빨리 그립던 고국에 돌아오고 싶었지만, 그때 마라톤 우승자는 곧바로 고국에 돌아올 수 없었다. 배를 타고 전 세계를 돌며 기념 행사를 해야 했다. 40일 넘는 긴 시간 동안 배를 타고 고국으로 돌아오는 동안 그는 화분에 담긴 어린 나무를 정성껏 보살폈다. 아침이면 물을 주고, 저녁이면 성의를 다해 온몸으로 바라보았다.

고국에 돌아온 건 10월이었다. 추위를 앞두고 어린 나무를 낯선 땅 노지에 옮겨 심을 수 없었다. 그때 마라톤 영웅을 키워낸 그의 모교 양정고등보통학교의 교사 가운데에는 무교회주의자로 잘 알려진 김교신 선생이 있었다. 나무를 잘 보호하기 위해 식물원에 옮겨서 겨울을 보내자는 의견이 있었지만, 생물 과목을 담당했던 김교신 선생은 자신이 나무를 보살피고 봄바람 따뜻해지면 교정에 심자고 주장했다. 결국 김교신 선생의 집에서 겨울을 무사히 넘긴 손기정의 나무는 이듬해 봄, 당시 서울 만리동의 양정고등보통학교 교정에 심어졌다. 청년 영웅 손기정의 손을 타고 고국에 돌아와 그를 키워낸 모교에 심어진 낯선 나무를 사람들은 '손기정 월계관 기념수'라고 불렀다.

서울시 기념물 제5호인 이 나무는 독재자 히틀러에게서 마라톤 우승의 기념으로 선물받은 나무라고 하지만 엄밀하게 보면 틀린 이야기다. 당시 베를린 올림픽 주최국인 독일의 통치자가 히틀러였던 것은 사실이지만, 그가 손수 손기정에게 나무를 선물하지는 않았다. 나무 화분은 월계관을 받은 마라톤 우승자에게 부상으로 수여하는 것이지, 히틀러가 특별히 선물한 나무는 아니라는 이야기다.

이역만리 타국에서 들어온 손기정 월계관 기념수는 그때에 우리나라에서는 볼 수 없던 특별한 나무다. 참나무 종류에 속하는 이 나무는 북아메리카 지역에서 자라는 '대왕참나무'로, 우리나라에서는 자생하지 않는 나무다. 미국인들이 흔히 '오크(Oak)', 즉 '참나무'라고 부르는 나무다. 가을에 붉은빛으로 물드는 단풍이 아름다워 최근에는 우리나라 도시에서 가로수로 많이 심어 키우게 됐지만, 손기정이 화분에 이 나무를 들고 왔을 때에는 우리말 이름이 따로 없었을 정도로 생경한 나무였다.

원래 올림픽 우승자에게는 월계수로 만든 월계관을 씌워야 했고, 당연히 월계관을 만드는 월계수 화분을 부상으로 수여하도록 돼 있었다. 그러나 당시 월계수를 구할 수 없었던 독일 베를린 지역에서는 월계관을 만들기에 가장 알맞춤한 나무로 대왕참나무가 있었고, 이 나무라면 월계관으로의 화려한 멋을 충분히 낼 수 있다고 판단했던 것이다. 그래서 베를린 올림픽 마라톤 우승자 손기정의 머리에 씌워진 월계관도 부상으로 수여한 화분의 나무도 바로 대왕참나무였다.

대왕참나무는 우리의 참나무 종류들처럼 도토리를 맺는 나무이지만 나뭇잎이 화려하다. 크고 길쭉한 잎사귀의 가장자리에 여러 차례로 깊이 팬 결각이 독특하고, 각각의 꼭짓점에는 날카로운 바늘이 돋는다. 그래서 서양 사람들은 핀오크(pin-oak), 즉 바늘참나무라고도 부른다.

잎이 독특하다는 것 때문에 그때 양정고등학교를 다닌 학생들에게는 특별한 추억이 있다. 당시에는 나뭇잎을 책갈피로 쓰는 게 유행이기도 했지만, 대왕참나무의 잎을 책갈피로 쓰는 건 영웅의 후예인 양정고등학교 학생들만의 자랑이었다.

학생들은 가을 되어 손기정 월계관 기념수의 나뭇잎이 떨어질 때만 되면 저마다 잘생긴 잎사귀를 줍느라 법석이었다. 심지어 나뭇잎이 저절로 떨어지기 전에도 성마른 학생들은 나뭇가지 위로 신발을 던져서 잎을 떨어내려고 했다. 학생들의 극성이 심해지자 학교에서는 나무에 신발을 던지는 행위에 대해 징계를 내리기까지 했다고 양정고등학교 동창생들은 그때를 회고한다.

1988년 들어 양정고등학교가 새 교사로 옮겨간 뒤로 옛 양정고등학교 자리는 '손기정 체육공원'으로 다시 정비됐고, 치욕의 기억을 간직한 손기정 월계관 기념수는 조국의 수도 서울 한복판에 우뚝 서서 영광의 순간을 상징하며 남았다. 여느 나무에 비해 훨씬 빠르고 늠름하게 자란 나무는 이제 키가 17미터를 넘었고, 줄기 둘레도

청년 손기정은 가슴에 걸린 일장기를 가려준 나무를 바라보며 조국의 운명을 생각했다.

– 서울 만리동 손기정 월계관 기념수

2미터 가까이 굵어졌다.

세상의 모든 생명이 그렇지만 그토록 모두가 귀하게 보호한 이 나무도 한때 죽을 위기에 처한 적이 있다. 잎이 시들시들하면서 생육 상태가 매우 나빴다고 한다. 여러 원인이 있겠지만 가장 중요한 원인은 뿌리를 뻗은 부분의 땅 관리가 세심하지 않았던 탓이었다. 나무가 빠르게 자라 뿌리를 멀리까지 뻗었지만 나무 바로 옆으로는 사람들의 통행로가 만들어졌고, 그 길 위로 사람들의 발길이 잦아지면서 뿌리 호흡과 물빠짐에 문제가 생겼다. 서둘러 조치를 취해 건강을 회복했지만 앞으로 더 많은 관심과 적극적인 보호 대책이 필요하다.

베를린 올림픽의 영웅 손기정은 한 그루의 나무를 남기고 우리 곁을 떠났다. 나무는 청년 영웅과 그의 뒤를 이어갈 새 영웅 신화를 꿈꾸는 이 나라 모든 젊은이들의 바람을 담아 도담도담 자랐다. 영웅의 혼으로 제 몸을 키운 손기정 나무를 바라보는 느낌은 언제나 새롭다. 떠난 영웅이 남긴 나무를 바라보며 영웅은 태어나는 것이 아니라, 세상에 의해 만들어지는 것이라는 어떤 영웅 영화의 화두가 떠오르는 것도 그래서다.

임종국

우리나라 최초의 조림왕으로 우뚝 서기까지

신혼여행에서 돌아온 제자 부부와 숲을 찾았다. 늘 혼자 다니는 답삿길이지만 동행이 있는 경우가 가끔 있다. 답사라기보다는 가벼운 나들이로, 가까운 벗들과 함께하는 경우라든가 방송 촬영과 같은 외부 스케줄에 따르는 경우가 그런 때다. 그때도 그랬다. 〈영상앨범 산〉이라는 프로그램의 촬영을 위한 길이었다. 신혼부부와 함께 담양 삼인산을 비롯해 장성 축령산까지 2박 3일에 걸쳐 산을 오르내리는 남다른 답사였다.

무엇보다 인상적인 곳은 아무래도 우리나라 제1호 치유의 숲으로 알려진 장성 축령산 편백 숲이었다. 편백 숲을 넉넉히 찾아보기 위해서 담양에서의 하루 일정을 마치고 늦은 밤에 축령산 기슭의 민박집에서 머물렀다. 이튿날 이른 아침에 서둘러 다시 산을 올랐다. 내게 장성 편백 숲 답삿길이 초행은 아니다. 이미 몇 차례의 답

비웃는 사람까지 있었지만 그래도 그는 수굿이 나무를 심었다.

- 장성 축령산 편백 숲

사를 거친 숲이기는 하지만 늘 새로운 느낌을 갖게 되는 숲이다. 그도 그럴 것이 주로 늙고 오래된 독립 노거수를 찾아다니다 보니 산을 오르는 숲 답사가 흔한 일이 아닌 때문이다. 게다가 대개의 노거수는 주로 마을 한가운데이거나 혹은 산기슭의 절집과 같이 사람의 마을에 우뚝 서 있어서 고요와 정적이 깃든 깊은 숲의 분위기는 비교적 자주 만나는 일이 아니다. 축령산 편백 숲의 느낌이 언제나 새로울 수밖에 없는 이유다.

'임종국의 숲'이라고도 부르는 장성 축령산 편백 숲을 이루는 주요 나무는 편백과 삼나무다. 하늘을 찌를 듯 곧게 뻗어 오르는 편백과 삼나무의 곧은 줄기가 겹겹이 이어지는 숲에서 만나게 되는 수직의 풍경은 우리나라의 여느 숲에서도 만나기 어려운 절경이다. 이 숲은 최근 '치유의 숲'으로 널리 알려지면서 산림 전문가뿐 아니라 일반인들의 방문도 부쩍 늘었다.

이 숲을 국가에서 사들여 산림청에서 운영하게 된 것은 2002년의 일이다. 처음에 나무를 심는 과정에서 자금이 부족해 숲이 개인 소유로 넘어가는 굴곡을 거쳐 최종적으로 정부에서 사들인 것이다. 산림청에서 2002년 4월에 41억 원으로 258헥타르를 사들인 것이 시작이었다. 이어서 2011년에는 5억 원으로 21헥타르, 2014년에는 40억 원으로 97헥타르를 확보한 뒤 약간의 조성 사업을 거쳐 '치유의 숲'이라는 이름으로 일반에 개방했다.

이 숲에는 편백과 삼나무 외에도 흔히 낙엽송이라고 부르는 일본잎갈나무가 많이 자라고 있다. 편백숲 가운데에는 국내 최대 규모인 258헥타르에 이른다. 전체의 42퍼센트 정도의 지역에서 편백이 자라며, 20퍼센트쯤이 삼나무이고, 10퍼센트가 채 안 되게 일본잎갈나무가 자란다. 그 밖에도 숲의 하층 부분에는 다양한 종류의 나무가 서로 자라면서 건강한 숲을 이루었다. 우리나라에서 처음으로 사람의 손에 의해 조성된 숲으로, 흔히 '국내 최초의 조림 성공지'라고 일컬어지는 숲이다. 물론 이 숲에서 사람의 손길이 닿기 전에 저절로 이루어진 숲의 면적은 29퍼센트쯤 된다. 사람이 손수 키운 숲은 나머지 71퍼센트다.

숲을 가꾸고 지키기 위해 사람들이 작업하기 위한 도로인 임도가 숲 안 곳곳에 뚫려 있는데, 이 길은 숲을 찾는 관람객들에게도 편안한 산책 코스가 됐다. 숲의 중심이 되는 중앙 임도 10.8킬로미터를 중심으로 하늘숲길, 건강숲길, 산소숲길, 숲내음숲길, 물소리숲길, 맨발숲길이라는 이름의 여섯 개 산책로가 편백의 향취를 즐길 수 있는 구간이다. 짧은 구간이 500미터쯤 되고, 긴 곳은 2.9킬로미터 정도 된다. 치유의 숲이라는 이름에 알맞춤하게 한국산림복지진흥원 산하 국립장성숲체원에서는 숲 안에 산림치유사가 상주하게 하고, 그들의 지도에 따라 산림 치유 프로그램을 다양하게 운영한다.

신혼의 제자 부부와 숲을 천천히 걸어 올랐다. 편안한 산책길이기는 하지만 일부 구간은 길이 가팔라 숨이 차올랐다. 그래도 가쁜 숨을 몰아쉬며 젊은이들과 나무 이야기를 함께할 수 있다는 건 즐거운 일이었다. 제자 부부 역시 숲이나 나무에 대해 관심이 깊은 건 아니지만 기왕에 숲에 들어온 길이어서였는지 나무 이야기에 귀를 쫑긋 세웠다.

숲의 싱그러움을 느끼는 일이 흔치 않았던 신혼부부이지만 이 숲은 저절로 이루어진 숲은 아닐 거라고 짐작했다. 하늘을 향해 곧게 솟구쳐 오른 나무들이 빽빽이 줄지어 서 있는 이 숲은 누가 봐도 천연의 숲이 아님을 금세 알 수 있다. 궁금해하는 젊은 부부에게 숲의 내력을 들려주었다. 이만큼 크고 아름다운 숲이 한 사람의 힘으로 이루어졌다는 이야기부터 시작했다.

춘원(春園) 임종국(林種國, 1915~1987) 선생이다. 전라북도 순창에서 태어난 임종국은 순창농업중학교 3학년까지 다닌 게 학업의 전부였다. 집안이 곤궁한 것까지는 아니었다 해도 일제 강점기라는 궁핍한 시절에 가족이 많은 그로서는 가족에 보탬 되는 일을 해야 한다고 생각한 것이다. 학업을 포기한 그는 당시 물자가 풍요로웠던 군산으로 갔다. 일을 해서 돈을 벌겠다는 생각이었다. 군산에서 그는 처음에 일본인이 운영하는 쌀가게에 취직했다. 그때까지만 해도 임종국에게 숲과 나무에 대한 생각이 그리 깊었던 건 아니다. 그저 가족의 살림살이에 보탬 되는 일을 찾는 게 우선이었다.

그러던 중에 군산의 쌀가게와 관련하여 진남포에 출장 간 일이 있었다. 길 위에 올라 주변 풍광을 보던 그는 우리의 헐벗은 산에서 큰 안타까움을 느꼈다고 한다. 우리 숲에 대한 깊은 생각을 갖게 된 계기였다. 그러나 당장에 자신이 할 일은 한 푼이라도 더 벌어들이는 일뿐이었다. 세월이 흘러 얼마 뒤 그는 전라남도 장성, 지금의 편백 숲이 있는 축령산 자락 출신의 김영금과 혼사를 치렀다. 하나의 가정을 일구고 다시 또 살림살이에 모든 걸 걸어야 했다. 헐벗은 산에 대한 안타까움을 돌아볼 여유는 없었다.

한 가정의 가장으로서 임종국은 고향인 전라북도 순창에 가서 누에를 쳐서 살림의 기반을 닦겠다고 마음먹었다. 여러 준비를 거쳐 고향 마을에서 양잠 농업에 맞춤한 장소를 찾았지만, 순창 지역의 사정이 만만치 않았다. 그때 마침 아내 김영금의 고향인 장성에서 어느 일본인이 비교적 싸게 내놓은 농원이 있다는 소식을 들었다. 그는 빚을 내 농원을 사들이고 장성으로 거처를 옮겼다. 타고난 성실함을 바탕으로 누에 농사를 지은 그는 얼마 지나지 않아 큰 경제적 결실을 얻었다. 이어 그는 고구마 재배로 사업을 확장해서 경제적 기반을 탄탄하게 다졌다.

그즈음인 1944년 여름에는 그가 농사를 짓던 장성 지역에 홍수가 났다. 당연히 임종국의 농사도 큰 피해를 봤다. 물난리와 산사태로 장성 일대는 온통 폐허가 됐다. 쏟아지는 비의 양도 많았지만 산에 나무라도 많았다면 빗물을 흡수하고 산사태도 막을 수 있었지만, 당시의 헐벗은 산은 큰 홍수 앞에서 아무 역할을 못 했다. 임종국이 나무를 심겠다고 생각한 건 그때였다.

농사를 잘 지어서 가족을 먹여 살리는 일도 중요하지만 모든 살림살이를 평안하게 하기 위해서는 먼저 헐벗은 산에 나무를 심어야 한다는 생각이었다. 한 그루, 두 그루 나무를 심었다. 먹고사는 일에 급급했던 마을 사람들은 당장에 아무런 도움이 되지 않는 나무 심는 일에 매달리는 그를 못마땅하게 생각했다. 심지어 그를 비웃는 사람까지 있었다. 그래도 그는 수굿이 나무를 심었다. 한국전쟁이 터져 장성 지역까지 전쟁의 여파가 미치던 때조차 그는 산을 떠나지 않았다. 전쟁 중에 장성을 찾아왔던 군인들도 숲을 지키는 그가 열정으로 가꾸어낸 묘포장의 건강한 나무 상태에 감동받았다는 일화가 전한다.

전쟁이 끝나고 1955년에 급기야 그는 누에와 고구마 농사로 얻은 모든 재산을 정리했다. 나무를 더 많이 심기 위해서였다. 처음에는 5,000평의 땅에 삼나무 6,000그루를 심었다. 오늘의 장성 축령산 편백 숲의 시작이다.

"마을 사람들이 아버지를 기억할 때면 물지게를 지고 산을 오르던 아버지를 가장 먼저 이야기해요. 어린 시절의 나도 그 장면이 선명하게 떠올라요. 가문 날씨가 이어지면 아버지는 물지게를 지고 산을 올랐지요. 그게 마을 사람들에게 꽤 인상적이었나봐요. 누가 시키지 않았는데도 사람들이 물지게를 지고 아버지를 따라서 산으로 올라가는 걸 봤어요. 물지게를 진 사람들이 줄지어 산을 오르는 장면은 정말 장관이었어요."

신혼의 제자 부부와 산을 오르다 만난 임종국의 딸 임순갑이 들려준 이야기다. 한 사람의 노력으로 이토록 아름다운 숲이 이뤄졌다는 데에 적잖이 감동하는 눈치였던 젊은 부부 앞에 나타난 임종국의 딸, 임순갑과의 만남은 감동을 배가했다. 그이가 들려준 이야기가 그리 많은 건 아니었지만, 아버지가 필생의 사업으로 이룬 숲을 지키는 딸의 존재만으로도 감동이라고 젊은 부부는 이야기했다.

임순갑은 축령산 숲 해설가로 활동한다. 그가 기억하는 아버지는 늘 흙 묻은 옷으로 물지게를 지고 나르던 모습이다. 임종국의 공적비가 세워져 있는 축령산 정상 부근에서 만난 임순갑은 아버지에 대한 모든 기억을 자랑스럽게 털어놓았다.

처음 나무를 심던 때 경제적으로 여유가 없던 임종국은 빚을 내서 묘목을 사들이고, 거름을 구해서 나무를 키웠다. 임종국의 열정이 널리 알려지고 나중에는 정부와 대기업의 후원이 이어져 간신히 버틸 수 있었다. 그리고 1980년에 임종국은 뇌졸중으로 쓰러졌다. 그 뒤로 병석에 누워 7년 정도 힘겨운 투병 생활을 이어가다가 이 땅에서의 모든 가쁜 숨을 거뒀다. "나무를 심는 게 나라를 사랑하는 길"이라는 유언을 남겼다고 그의 딸 임순갑은 이야기했다.

임종국은 나무를 심은 공로를 인정받아 1966년에 식산포장(殖産褒章), 1970년에 철탑산업훈장, 1972년에는 5·16 민족상을 수상했다. 이어 산림청은 지난 2000년 장성 축령산 편백 숲을 '22세기 후손에게 물려줄 아름다운 숲'으로 선정했고, 2001년에는 숲을 조성한 공로를 기려 임종국을 국립수목원 안에 있는 '숲의 명예전당'에 업적을 새겨 헌정했다. 또 그의 공적을 기리기 위해 선영에 안치돼 있던 유해를 2005년 11월 치유의 숲 느티나무 아래에 수목장을 했으며, 숲 안에 공적비도 세웠다.

짧은 만남이었지만 마치 신화처럼만 여겼던 조림왕 임종국의 실체를 가까이 느낄 수 있었던 좋은 시간이었다. 임종국의 딸 임순갑과 헤어진 뒤에 우리는 얼마 남지 않은 축령산 정상으로 올랐다. 말수가 줄어들었다. 정상 가까이에서 숨이 차올라서이기도 했지만 임종국의 고달팠던 일생을 생각한 까닭이었을 게다. 하나의 '나무를 심은 사람'은 긴 세월 지난 뒤에 헤아릴 수 없는 많은 사람들에게 깊은 감동을 남긴다. 더불어 그가 혼신을 다해 심어 키운 하나의 아름다운 숲은 이 땅에 치유하는 나무, 치유의 숲으로 영원한 감동을 오래오래 지켜갈 것이다.

민병갈

미묘한 차이에 담긴 생명의 자존심

신의 지문을 품고
나무들은 자란다네

신의 지문을 남기고
나무들은 죽는다네

절과 교회를 짓지 않아도
경을 읊지 않아도

나무는 스스로
한 채의 사원

세상 어딘들 성소 아닌 곳이 있느냐고
비탈에서도 절벽에서도

신의 지문을 몸속에
새기고 있다네

몇 해 전《나무의 수사학》의 손택수 시인이 천리포수목원을 찾아와 남긴 시다. 〈나이테〉라는 제목에 부제를 '고규홍 선생님께'라고 달았다. 시의 끝부분에는 '2014. 10. 14. 천리포수목원에서'라고 우리가 함께 천리포수목원에 머무른 날을 표시했다.

손택수 시인과 천리포수목원을 찾은 게 그날이 처음은 아니었다. 그중 기억에 남는 일이 하나 있다. 10년쯤 전의 어느 따뜻한 봄날이었다. 수목원의 중심이랄 수 있는 큰 연못 근처, 멸종 위기 식물을 수집해 전시하는 작은 못에서였다. 그날 마침 그 습지에서 키우는 매화마름의 앙증맞은 꽃이 올망졸망 예쁘게 피어 있었다. 매화마름의 꽃은 꽃송이가 작아도 대개는 무리지어 피어나기 때문에 얼핏 봐도 꽃을 찾을 수 있다. 그러나 꽃의 진정한 아름다움을 보기는 쉽지 않다. 못 가운데의 꽃송이 가까이 다가갈 수 없는 까닭에 그 작은 꽃송이의 실체를 보기가 쉽지 않아서다. 손택수 시인에게 매화마름 꽃은 자세히 보아야 아름다운 걸 알 수 있다고만 했다. 그는 가만히 무릎을 굽히고 고개를 숙인 채 말없이 매화마름 꽃을 바라보았다. 짧지 않은 시간이었다.

그날 오후. 그는 어떤 대상을 바라보기 위해 허리를 접고, 무릎을 굽히고, 머리를 조아린 게 언제였던가를 생각했다고 말했다. 하나의 대상에 접근하는 신중한 태도를 시적으로 표현한 시인의 수사였다. 하나의 작은 꽃을 일상적 삶의 행태에 빗대어 생각하는 시인의 통찰력이 놀라웠다. 꽃을 보기 위해 늘 가까이 다가서고, 심지어는 낮은 키로 피어난 꽃을 자세히 관찰하기 위해 땅바닥에 배를 깔고 엎드리는 일이 항다반사이지만, 시인처럼 삶의 전부를 던져 생각하지 못했다는 깨달음이 일었다.

어린 시절에 부모님이 일하러 바깥에 나가신 뒤에는 오로지 친구할 수 있는 게 나무뿐이었다는 손 시인은 나무를 무척 가까이 여기는 사람이다. 심지어는 집 마당에 서 있던 감나무를 그는 '내 문학의 탯줄'이라고까지 이야기한다. 나무 풍경에 익숙한 탓이어서인지 천리포수목원 숲의 풍광을 그는 금세 즐기는 듯했다. 생전 듣도 보도 못 한 나무들이 지천으로 늘어서 있는 천리포수목원이 그는 더없이 좋다고 했다.

그날의 매화마름 때문만은 아니지만 손 시인은 그 뒤로 천리포수목원을 여러 차례 찾았다. 나와 함께 찾은 적도 몇 차례 되지만 아무 기별 없이 혼자서 불쑥 찾아가기도 하고, 때로는 수목원 경내의 숙소에서 숲속의 밤을 보내다 가기도 했다. 물론 다녀와서는 나무와 숲의 분위기가 참 좋았다는 이야기를 내게 건네곤 했다.

충청남도 태안반도의 천리포수목원에는 2019년 현재 무려 1만 8,000종류의 식물이 어우러져 살아간다. 그야말로 나무의 천국이다. 하나의 수목원에서 수집한 식물 종류로는 우리나라 최대 규모일 뿐 아니라 세계적으로도 결코 적다 할 수 없는 규모다.

세상이 열리고 그 안에 나무가 있었다.

- 천리포수목원

천리포 지역에 수목원이 이루어지기 시작한 것은 이 땅에 전쟁의 상처가 지나던 무렵이다. 그때 천리포의 척박한 동산에 나무를 심는 한 사내가 있었다. 빠른 시간 안에 땅을 비옥하게 만들 요량으로 처음에는 황폐한 땅에서 잘 자라는 아이비 종류의 덩굴식물을 심었다. 나무와 함께 살기 위해 마흔의 사내는 식물 공부를 시작했다. 그러나 식물학자들은 사내의 나무 심기에 낙관하지 않았다. 식물이 자라기에는 지나치게 악조건인 황무지였던 때문이다. 그래도 사내는 300년 뒤를 내다본다며 수굿이 나무를 심었다.

식물학자들이 만류했던 천리포 땅에 나무와 사내의 세월이 겹겹이 쌓이면서 천리포에는 초록 빛깔이 서서히 내려앉았다. 나무를 심은 한 사내가 일궈가는 뜻밖의 결과에 식물학자들은 놀랄 수밖에 없었고, 오히려 천리포 동산을 찾아와 식물 생태를 공부하는 일이 벌어졌다. 심지어 식물 교과서의 일부를 수정하기도 했다.

사내는 나무만 바라보았다. 전라남도 완도를 여행하면서 그는 특별한 나무를 발견했다. 호랑가시나무와 같은 종류이지만 잎 모양이 현저하게 다른 독특한 나무였다. 세상 어디에도 없는 우리나라의 작은 섬 완도에서만 볼 수 있는 나무라고 판단했다. 긴 시간의 실험과 연구를 거쳐 그는 이 나무가 자연 상태에서 감탕나무와 호랑가시나무가 교잡하여 이룬 특별한 종류라고 결론짓고, 세계 식물학계에 당당히 '완도호랑가시'라는 이름을 올렸다.

1970년대에 이르러 사내는 이 숲을 '천리포수목원'이라는 이름으로 등록했다. 우리나라 최초의 사설 수목원이다. 그는 수집한 식물을 천리포 지역에서 가장 자연스럽게 자랄 수 있도록 키우고 싶어 했다. 그래서 처음 수목원을 등록할 때부터 세 가지 원칙을 세웠다. 화학 비료를 쓰지 않고, 화학 농약을 쓰지 않으며, 가지치기를 하지 않는다는 것이다. 그가 세상을 떠난 지금까지도 이어가도록 애쓰는 원칙이다. 하지만 그가 살아 있을 때로부터 시간이 많이 흐른 지금으로서는 세 번째 원칙, 즉 가지치기를 하지 않는다는 데에는 약간의 변화가 생길 수밖에 없었다. 그가 살아 있을 때만 하더라도 나무들은 그리 크지 않았다. 그러나 이제 나무들은 걷잡을 수 없이 자라나 나무들 사이에 짙은 그늘이 드리워졌고, 무성하게 자라난 나무들 사이에는 가지를 뻗을 최소한의 거리조차 사라졌다. 오랜 토론 끝에 수목원에서는 설립자의 자연주의 철학을 존중하는 차원에서 약간의 변화를 모색했다. 사람들에게 잘 보이기 위한 가지치기는 하지 말아야 하겠지만, 나무를 살리기 위한 최소한의 가지치기는 허용하자는 게 오랜 고민 끝에 얻은 결론이다.

자연 상태 그대로의 아름다움, 즉 자연미를 강조한 설립자의 원칙이 잘 지켜진 천리포수목원을 국제수목학회는 2000년에 '세상에서 가장 아름다운 수목원'으로 인증했다. 무엇보다 나무들이 자연스럽게 어우러진 천연의 숲이라는 게 인증 근거였다. 세계에서 12번째이고, 아시아에서는 홍콩에 이어 두 번째 일이다.

천리포수목원의 식물 1만 8,000종류 가운데에는 토종식물보다 외래식물이 더 많은 게 사실이다. 그러나 놀라운 것은 이 모든 이방의 식물들이 마치 오래전부터 이 자리에서 저절로 자라던 식물처럼 의젓하게 자리를 지키고 있다는 사실이다. 이질적이라고 생각되는 식물들조차도 잘 어우러져서 완벽한 자연 상태의 숲을 이루었다는 생각이다. 필경 사람의 힘으로 일군 인공의 정원이지만 자연미가 잘 살아 있는 숲이라 하기에 충분하다.

이토록 아름다운 숲을 이루기 위해 말없이 나무를 심은 사내는 제2차 세계대전 때 일본어 통역 장교로 일본에 주둔했다가 전쟁 직후 우리나라에 미군정과 함께 들어온 '파란 눈의 한국인' 민병갈(閔丙渴, 1921~2002)이다. 한국의 정서와 문화가 좋아 영구 귀화한 민병갈, 한국인으로 귀화하기 전에 그의 이름은 칼 페리스 밀러(Carl

Ferris Miller)였다. 1921년에 미국 펜실베이니아주 웨스트 피츠턴에서 태어난 그는 식물학자가 아니었다. 대학에서 화학을 전공한 그는 러시아어와 독일어, 한자와 일본어에 능통했다. 일본어 실력이 출중했던 그는 제2차 세계대전이 끝나기 바로 전인 1945년 4월에 일본 오키나와 섬의 미군사령부에 통역 장교로 배치됐다. 얼마 지나지 않아 일본이 투항하자 그는 연합군 중위로 한국에 들어왔다. 그의 나이 스물다섯 살 때다. 주한미군사령부 사법분과위원회 정책비서고문관을 거쳐 군 생활을 마친 그는 1953년에 한국은행에 취직해 우리나라에서 살림살이를 꾸려갈 채비를 했다. 처음 우리나라에 들어올 때부터 알지 못할 친근감이 있었다며, 스스로를 '전생에 한국인'이 아니었을까 싶다고 말하던 그였으니 자연스러운 수순이었다.

천리포 지역에 관심을 갖게 된 것은 그가 한국은행에 다니던 1960년 즈음이었다. 당시 마을의 한 노인이 내놓은 황무지 땅 5,000평을 사들인 게 시작이었다. 큰 확신은 없었지만 그는 성의를 다해 나무를 심었고, 그의 바람대로 나무들은 바닷바람과 황무지 땅을 이겨내고 잘 자랐다. 모래 천지였던 황무지 땅은 서서히 푸른 땅으로 바뀌었다. 이 숲을 천리포수목원으로 등록하고 얼마 뒤인 1979년에 그는 아예 민병갈이라는 이름의 영원한 한국인으로의 귀화 절차까지 마무리했다. 그 뒤 그는 서울의 증권사에서 외국인 컨설턴트 일을 하면서 오로지 나무 심는 일에만 온 힘을 쏟아부었다.

이 땅에서의 숨을 거두기 이태쯤 전부터 그는 암 투병 생활을 했으며, 투병 중이던 2002년에는 대통령이 수여하는 금탑산업훈장을 받았다. 아울러 그는 국립수목원의 '숲의 명예전당'에 헌정되기도 했다. 짧지 않은 투병 생활은 2002년 4월에 끝났다. 여든한 살의 나이에 그는 기적처럼 이룬 이 숲을 제2의 조국 대한민국에 내놓고 이승을 떠났다.

그때까지만 해도 천리포수목원은 후원 회원만 찾아갈 수 있는 비밀의 정원이었다. 그때 천리포수목원 숲에는 흙이 드러난 자리가 없었다. 조붓한 오솔길 위에도 작은 풀꽃이 지천이었다. 발길에 밟히는 여린 풀꽃들을 피하려 뒤꿈치를 들고 사뿐사뿐 걸어야 했다. 이른 아침엔 나뭇가지 사이로 드리운 거미줄을 끊게 될까 봐 허리를 굽히고 엉금엉금 앉은걸음을 하는 것도 자연스러웠다. 고요를 깨는 인기척을 피해 연못 가장자리에 몸을 숨기는 청둥오리도 천리포의 숲을 떠나지 않았다.

그러나! 세상 모든 일이 그렇듯 천리포 숲도 세월 지나며 적잖이 달라졌다. 수목원 숲에 급격한 변화가 들이닥친 건 천상의 숲을 일반에게 개방한 2009년, 딱 10년 전부터다. 수목원 개방은 더 많은 사람들에게 천리포에서 이룬 초록의 기적을 알려야 한다는 강한 요구에 따른 결정이었다. 문을 열어젖히자 관람객이 줄을 이었다. 대개는 나무와 자연을 아끼고 사랑하는 사람들이지만 때로는 고성방가를 일삼는 만취 관람객도 있고, 돌 틈에서 생명을 일으킨 작은 풀꽃을 몰래 캐가는 몰지각한 사람도 있다. 사진 한 컷을 위해 주변의 다른 풀꽃들을 함부로 뽑아내는 파렴치한 사진가도 있고, 관람을 마친 뒤 "볼 게 없으니 관람료를 돌려달라"는 어처구니없는 사람도 눈에 띈다.

푸른 기적의 숲에 변화가 나타난 건 당연한 순서였다. 사람들이 지나다닌 자리엔 맨흙이 고스란히 드러났다. 밀려오는 관람객들의 야단법석에 이른 아침의 이슬 머금은 거미줄은 눈에 띄게 줄어들었다. 초록의 풀이 오순도순 생명의 이야기를 나누던 풀숲에는 관람객들이 먹다버린 아이스크림 껍질이 뒹굴었다. 수목원을 개방하고 몇 해 지나지 않아 어쩌는 수 없이 받아들여야 하는 변화였다. 그래도 여전히 천리포수목원을 찾아오는 사람의 대부분은 식물에 대한 지극한 애정을 갖는 사람들이다. 800종류가 넘는 목련꽃이 한꺼번에 피어나는 봄철에 찾아오는 사람들은 그렇다 하더라도, 꽃도 단풍도 없는 한겨울까지 관람객이 끊이지 않는 게 그 증거다.

손택수 시인도 그랬다. 계절과 무관하게 그는 천리포수목원을 찾았다. 몇 차례 천리포수목원 숲의 기운을 들이마셨던 그가 나무의 나이테를 '신의 지문'이라며 한 편의 시를 천리포수목원에 남길 수 있었던 것도 나무와 자연에 대한 지극한 애정의 결과라 하지 않을 수 없다. 손 시인은 나무를 "신의 지문을 품고" 자라는 생명이라고 했다. "비탈에서도 절벽에서도" 나무는 신의 지문을 몸 안에 새긴다고 그는 한 편의 시에 적었다.

그는 천리포수목원의 모든 나무에 나무를 심는 사람 민병갈의 숨결이 아로새겨진 걸 봤는지도 모른다. 하나의 대상을 제대로 바라보기 위해 무릎을 꿇고 머리를 조아릴 수 있는 그이라면 충분히 그랬을 것이다.

미국의 대표적인 생태 칼럼니스트 마이클 폴란(Michael Pollan)은 《세컨 네이처(The Second Nature)》에서 정원은 "자연과 문화의 중간지대에서 균형을 이룬 자리"라며, "자연을 해하지 않으면서도 문화적 욕구를 충족시키는 창조적 지혜가 필요하다"고 했다. 또 "서로 대항하는 자연과 문화라는 인식"을 극복하고 "자연과 조화롭게 공존해 나갈 수 있는 알차고 유연한 능력을 개발해야 한다"고 강조했다.

천리포수목원은 마이클 폴란의 말대로 사람과 자연 혹은 자연과 문화의 중간지대에서 '문화적 욕구를 충족시키는 창조적 지혜'를 실현시킨 대표적 숲이라 할 수 있다. 인공미와 자연미의 경계를 놀랍도록 신비롭게 보여주는 천리포수목원의 숲에서 삶의 진정성을 짚어보는 것이야말로 자연과 더불어 살아가는 창조적 지혜의 실마리를 찾아가는 첫걸음이지 싶다.

세상이 열리고 그 안에 나무가 있었다. 그리고 얼마 뒤 나무를 베어내고 사람이 그 자리를 차지했다. 그러나 그 자리에서 사람이 살아가기 위해서는 반드시 나무를 심어야 했다. 지금 우리가 나무를 심은 사람의 삶과 그의 뜻을 되새겨야 하는 까닭이 바로 그것이다.

나무 찾아가기

1장 꼬장꼬장해도 올곧은 마음일 수 있다면

최치원 **합천 해인사 학사대 전나무** • 경상남도 합천군 가야면 치인리 산1-1

하동 범왕리 푸조나무 • 경상남도 하동군 화개면 범왕리 산114-3

강회백 **산청 운리 단속사 터 정당매** • 경상남도 산청군 단성면 운리 303-2

맹사성 **아산 맹씨행단 은행나무** • 충청남도 아산시 배방읍 중리 300

아산 구괴정 느티나무 • 충청남도 아산시 배방읍 중리 300

류윤 **서산 송곡서원 향나무** • 충청남도 서산시 인지면 애정리 494

청주 연제리 모과나무 • 충청북도 청주시 흥덕구 오송읍 연제리 647

공서린 **오산 궐리사 은행나무** • 경기도 오산시 궐동 147-5

송순 **담양 면앙정 굴참나무** • 전라남도 담양군 봉산면 제월리 402

주세붕 **소수서원 솔숲** • 경상북도 영주시 순흥면 내죽리 151-2

이황 **청량산 느티나무 고사목** • 경상북도 봉화군 명호면 북곡리 245

소수서원 소나무 고사목 • 경상북도 영주시 순흥면 내죽리 151

안동 도산서원 도산매 • 경상북도 안동시 도산면 토계리 679-2

신사임당 **강릉 오죽헌 율곡매** • 강원도 강릉시 죽헌동 201

강릉 오죽헌 배롱나무 • 강원도 강릉시 죽헌동 201

주이 **합천 호연정 은행나무** • 경상남도 합천군 율곡면 문림리 224-1

김정희 **서울 통의동 백송** • 서울시 종로구 통의동 35-15

예산 용궁리 추사 고택 백송 • 충청남도 예산군 신암면 용궁리 산73

2장 곁에서 숨 쉬는 존재가 전해줄 위로

엄임의 **영월 하송리 은행나무** • 강원도 영월군 영월읍 하송리 128-7

김영동 **월성 육통리 회화나무** • 경상북도 경주시 안강읍 육통리 1428

고려의 어머니 **거창 감악산 연수사 은행나무** • 경상남도 거창군 남상면 무촌리 40-1

황시간 **문경 장수 황씨 종택 탱자나무** • 경상북도 문경시 산북면 대하리 460-6

오득린 **나주 상방리 호랑가시나무** • 전라남도 나주시 공산면 상방리 469-4

김충남 **장성 단전리 느티나무** • 전라남도 장성군 북하면 단전리 291

조선의 아버지 **진안 평지리 이팝나무군** • 전라북도 진안군 마령면 평지리 991

최중룡 **연기 봉산동 향나무** • 세종시 조치원읍 봉산리 128

위윤조 **장흥 옥당리 효자송** • 전라남도 장흥군 관산읍 옥당리 160-1

3장 윤회의 굴레에서 언젠가 시들더라도

자장율사 **정선 정암사 적멸보궁 주목** • 강원도 정선군 고한읍 고한리 산214-1

원효대사 **고흥 금탑사 비자나무 숲** • 전라남도 고흥군 포두면 봉림리 699

도선국사 **옥룡사 터 동백나무** • 전라남도 광양시 옥룡면 추산리 302

이천 도립리 반룡송 • 경기도 이천시 백사면 도립리 201-11

무명 승려 **원주 반계리 은행나무** • 강원도 원주시 문막읍 반계리 1495-1

태안 흥주사 은행나무 • 충청남도 태안군 태안읍 상옥리 1154

청도 운문사 처진소나무 • 경상북도 청도군 운문면 신원리 1789

보조국사 **순천 송광사 고향수** • 전라남도 순천시 송광면 신평리 12

순천 송광사 천자암 곱향나무 • 전라남도 순천시 송광면 이읍리 1

원묘국사 **강진 백련사 동백나무 숲** • 전라남도 강진군 도암면 만덕리 산55-1

각진국사 **백양사 비자나무 숲** • 전라남도 장성군 북하면 약수리 593-1

백양사 이팝나무 • 전라남도 장성군 북하면 약수리 593-1

나옹선사 **오대산 전나무 숲** • 강원도 평창군 진부면 동산리 산1

상원사 잎갈나무 • 강원도 평창군 진부면 동산리 산1

진묵조사 **모악산 망해사 팽나무** • 전라북도 김제시 진봉면 심포리 1004

4장 더불어 배부른 웃음 지으려면

애장왕 **합천 해인사 일주문 앞 고사목** • 경상남도 합천군 가야면 치인리 산1-1

마의태자 **용문사 은행나무** • 경기도 양평군 용문면 신점리 626-1

류청신 **광덕사 호두나무** • 충청남도 천안시 동남구 광덕면 광덕리 640

태조 **담양 대치리 느티나무** • 전라남도 담양군 대전면 대치리 788

진안 은수사 청실배나무 • 전라북도 진안군 마령면 동촌리 3

김구정 **상주 판곡리 낙화담 소나무** • 경상북도 상주시 화동면 판곡리 477

개혁파 선비들 **화순 학포당 은행나무** • 전라남도 화순군 이양면 쌍봉리 411

나주 송죽리 금사정 동백나무 • 전라남도 나주시 왕곡면 송죽리 130

변협 **해남 수성송** • 전라남도 해남군 해남읍 성내리 4

성이성 **담양 관방제림** • 전라남도 담양군 담양읍 객사리 1

인조 **강화 갑곶리 탱자나무** • 인천시 강화군 강화읍 갑곶리 1016

강화 사기리 탱자나무 • 인천시 강화군 화도면 사기리 135-10

효종 **논산 갈산리 쌍군송** • 충청남도 논산시 광석면 갈산리 산26-22

부여 진변리 부여동매 • 충청남도 부여군 규암면 진변리 39-2

고종 **삼척 준경묘 금강소나무** • 강원도 삼척시 미로면 활기리 산149

5장 **마땅히 있어야 할 자리를 찾아**

김구 **공주 마곡사 백범 향나무** • 충청남도 공주시 사곡면 운암리 567

심훈 **당당진 부곡리 필경사 향나무** • 충청남도 당진시 송악읍 부곡리 251-12

손기정 **서울 만리동 손기정 월계관 기념수** • 서울시 중구 만리동2가 6-1

임종국 **장성 축령산 편백 숲** • 전남 장성군 서삼면 모암리 산98

민병갈 **천리포수목원** • 충청남도 태안군 소원면 의항리 875

나무를 심은 사람들

1판 1쇄 발행일 2020년 1월 20일
1판 2쇄 발행일 2022년 7월 11일

지은이 고규홍

발행인 김학원
발행처 (주)휴머니스트출판그룹
출판등록 제313-2007-000007호(2007년 1월 5일)
주소 (03991) 서울시 마포구 동교로23길 76(연남동)
전화 02-335-4422 **팩스** 02-334-3427
저자·독자 서비스 humanist@humanistbooks.com
홈페이지 www.humanistbooks.com
유튜브 youtube.com/user/humanistma **포스트** post.naver.com/hmcv
페이스북 facebook.com/hmcv2001 **인스타그램** @humanist_insta

편집주간 황서현 **편집** 전두현 박민애 **디자인** 김태형 유주현 한예슬
용지 화인페이퍼 **인쇄** 청아디앤피 **제본** 민성사

ISBN 979-11-6080-331-0 03910